精益生产管理实践

李春生 ◎ 著

MANAGEMENT PRACTICES IN
LEAN PRODUCTION

北京理工大学出版社
BEIJING INSTITUTE OF TECHNOLOGY PRESS

版权专有　侵权必究

图书在版编目（CIP）数据

精益生产管理实践 / 李春生著 . —北京：北京理工大学出版社，2021.3
ISBN 978 – 7 – 5682 – 9640 – 3

Ⅰ. ①精… Ⅱ. ①李… Ⅲ. ①精益生产–生产管理–教材 Ⅳ. ①F273

中国版本图书馆 CIP 数据核字（2021）第 047965 号

出版发行 / 北京理工大学出版社有限责任公司	
社　　　址 / 北京市海淀区中关村南大街 5 号	
邮　　　编 / 100081	
电　　　话 /（010）68914775（总编室）	
（010）82562903（教材售后服务热线）	
（010）68948351（其他图书服务热线）	
网　　　址 / http：//www.bitpress.com.cn	
经　　　销 / 全国各地新华书店	
印　　　刷 / 三河市华骏印务包装有限公司	
开　　　本 / 710 毫米 × 1000 毫米　1/16	责任编辑 / 刘　派
印　　　张 / 15.25	文案编辑 / 李丁一
字　　　数 / 291 千字	责任校对 / 周瑞红
版　　　次 / 2021 年 3 月第 1 版　2021 年 3 月第 1 次印刷	责任印制 / 李志强
定　　　价 / 78.00 元	

图书出现印装质量问题，请拨打售后服务热线，本社负责调换

前言 PREFACE

1985年,麻省理工学院一个偶然的活动,启动了"国际汽车计划项目",由此,几十位学者历时5年,调研了遍布世界15个国家的90家汽车整车厂,撰写了116篇专题报告,并于1990出版了经典之作——《改变世界的机器:精益生产之道》,第一次把丰田生产方式(Toyota Production System,TPS)称为精益生产(Lean Production)。该书主要讲述了两种生产方式——大批量生产和精益生产的差异。

大批量生产方式是20世纪初美国人亨利·福特创造的,即大批量流水线生产方式。第二次世界大战结束后的日本,经济十分萧条,缺少资金和外汇。在这样的发展条件下,以大野耐一为代表的丰田人进行了一系列的探索和实践,经过30多年的努力,终于形成了系统的丰田生产方式。作为丰田生产方式的鼻祖,大野耐一被誉为"日本企业复活的教父"。低调内敛的大野耐一对丰田生产方式极为自信,他说:"如果亨利·福特一世仍然在世的话,他必定会采用类似丰田生产方式的管理模式。"美国人在震惊之余,开始反思和学习。美国麻省理工学院的研究人员把丰田生产方式总结为"精益生产",说它"是一种不做无用功的精干型生产系统"。实践证明精益管理是丰田制胜的法宝,精益生产同样也能引领其他企业走向成功。

丰田生产方式是提高企业生命力的一整套理念和方法体系,是日本丰田文化与工业工程(Industrial Engineering,IE)和管理模式相结合的产物。丰田生产方式体系的主要组成部分是:两大基础——5S与改善;两大支柱——准时化(JIT)与

（将人的智慧赋予机器的）自働化①；具体工具方法有看板管理（生产）、设备管理（TPM）、质量管理（TQM）、标准化、目视化等。

  作者的精益生产之路，是1988年参加山东省质量管理协会举办的全面质量管理（TQC）培训开始的。虽然作者作为企业设备技术管理人员，并不负责质量管理工作，质量管理理论知识与实际工作经验都是空白，但当作者进入TQC，便不知不觉地被它的理论与方法体系征服了。这些理论与方法（如"老七种"工具）不仅能解决企业质量问题，作者也结合工作实际，用于尝试解决设备技术问题，并多次发布技术革新成果，丰富了自己的工作经验，增长了管理技能。

  1996年，作者作为企业设备管理骨干，参加了中国设备管理协会举办的设备管理短期培训班，系统地学习了设备管理的理论知识，重点学习了日本"全员参加的生产维修保养体制"（TPM）。当时作者担任车间主任，企业设备问题层出不穷，主要工作精力用在设备故障抢修与"救火"之中，找不到有效的设备管理办法。有了TPM，如获至宝，并在公司积极推广应用，历经半年时间，设备故障逐渐减少，生产效率不断提高，检修费用逐月降低，取得了很好的效果。作者将这一成果进行总结，撰写论文，论文被评选为1997年中国设备管理协会优秀论文。

  2012年，作者加入某企业管理咨询公司，成为一名专职企业管理顾问，才真正系统地学习研究精益生产，正式走向精益管理之旅。作为企业管理顾问，不仅需要丰富的企业管理理论知识，更需要扎实的企业管理功底。对于作者来说，一边研究精益，一边总结自己25年来企业管理成功的经验，融会贯通，理论联系实际，在自己服务的众多企业里，大力推广精益生产理念，播撒精益生产之种，弘扬精益生产之道。

  俗话说：读万卷书，行万里路。2018年，为了探寻原汁原味的精益之魂，更好地服务企业，作者决定亲赴日本丰田问道解惑。与作者一同前往还有作者多年服务的老客户——河北

---

  ① 自働化，丰田生产方式研究者通常叫作"人字旁的自动化"，即将人的智慧赋予机器设备，避免不良产品生产。

前 言

某机械生产企业的贾董及两位企业高管，一行4人。历时8天的学习，借用贾董的话，用"震撼"一词来形容学习的感受。贾董说：按照丰田企业这种生产方式，自己的企业现有700人，只需要400人即可满足生产需要。我们的企业需要改进、改善的地方太多了。

精益生产不仅仅是生产制造企业的一套工具、方法，更多的是一种管理理念和先进的管理技术。

精益生产是一种文化，是丰田人长期潜移默化形成的低调、刻苦、节约精神，并且具有家族基因式的文化传承。

精益生产是一趟没有终点的旅程，不懈坚持，靠的是企业家和实践者孜孜不倦、追求卓越的梦想和热情。

在知识爆炸的今天，精益生产方面的书籍层出不穷。本书写作的基础是基于作者多年来在企业管理过程中积累的企业管理理论及方法，一鳞半甲，以及日本丰田企业现场案例及作者的真实感受、心得体会。将其汇总成册，供企业家及企业管理者参考。本书的特点是将精益理念、管理思想、方法工具和中小企业管理实际相结合，采用了不同行业、企业的真实案例、工具图表，简单易懂，简明实用。

在中国，无论是制造业还是服务业，已有许许多多的企业开始了它们的精益生产之旅。希望这本书能够给予广大精益生产管理者和实践者一些启发，一点帮助，帮助企业快速提升整体效能，提高产品质量，降低生产成本。

面对博大精深、浩瀚无边的精益星空，限于作者对精益生产管理的学习、理解的局限性，管理实践的有限性，有些观念、方法只是作者浅见；限于作者理论水平与写作水平，书中难免有这样那样的错误，敬请读者、精益管理爱好者、企业管理干部提出宝贵意见。

最后，衷心感谢北京理工大学出版社的各位编辑给予作者的精心指导与帮助。

李春生
2020年10月6日

目 录
CONTENTS

第1章　生产计划管理 ·· 001

1.1　生产管理基本职能 ·· 001
　1.1.1　生产管理基本职能 ·· 001
　1.1.2　车间主任的基本职责 ·· 002
　1.1.3　计划管理 ·· 003
　1.1.4　计划就是变化 ·· 004

1.2　生产计划编制思路与方法 ·· 005
　1.2.1　中小企业生产计划结构模式探索 ···································· 006
　1.2.2　生产月度计划编制思路 ·· 008
　1.2.3　月度生产计划编制的建议 ·· 013

1.3　大数据法编制月计划 ··· 013

1.4　周计划与日计划编制 ··· 017
　1.4.1　周计划的编制 ·· 018
　1.4.2　日计划编制 ·· 021

1.5　生产秩序的建立与生产力会议 ··································· 022
　1.5.1　会议的作用 ·· 023
　1.5.2　生产力会议 ·· 024
　1.5.3　召开会议应注意的几个重点 ·· 029
　1.5.4　会议两个重要的角色 ·· 029

本章小结 ·· 030

第2章　设备管理 ………………………………………………………… 033

2.1　设备管理简介 …………………………………………………… 033
2.1.1　什么叫设备管理 …………………………………………… 033
2.1.2　设备管理体制简介 ………………………………………… 034
2.1.3　设备综合工程学、PM、TPM 的关系 …………………… 036

2.2　全员参加的生产维修（TPM） ………………………………… 037
2.2.1　什么叫全员参加的生产维修（TPM） …………………… 037
2.2.2　TPM 的精髓——"三全" ………………………………… 038
2.2.3　TPM 的基本内容 …………………………………………… 039

2.3　TPM 的一些主要做法 …………………………………………… 041
2.3.1　实行重点设备管理 ………………………………………… 041
2.3.2　划分重点设备考虑的影响因素 …………………………… 042
2.3.3　设备管理内容的区分 ……………………………………… 044
2.3.4　设备的点检与巡检 ………………………………………… 045

2.4　零故障与自主保全 ……………………………………………… 047
2.4.1　故障的基本概念 …………………………………………… 047
2.4.2　零故障的基本思考 ………………………………………… 049
2.4.3　设备点检制与巡检 ………………………………………… 051

2.5　推行 TPM 的方法与步骤 ………………………………………… 053
2.5.1　试行 TPM 的步骤 …………………………………………… 054
2.5.2　开展设备点检的方法 ……………………………………… 055
2.5.3　检查、维修记录的利用 …………………………………… 060
2.5.4　防止点巡检制度流于形式 ………………………………… 063
2.5.5　推行 TPM 更多的收益 ……………………………………… 066

2.6　设备的润滑管理 ………………………………………………… 069
2.6.1　设备润滑管理工作的意义 ………………………………… 069
2.6.2　设备润滑的概念 …………………………………………… 069
2.6.3　设备润滑管理 ……………………………………………… 073
2.6.4　设备润滑管理给企业带来的经济效益 …………………… 074

本章小结 ………………………………………………………………… 075

第3章　质量管理 ………………………………………………………… 077

3.1　质量管理简介 …………………………………………………… 077

3.1.1 质量的概念 ··· 077
3.1.2 质量管理发展历程 ·· 078
3.2 质量成本与质量意识 ··· 080
3.2.1 质量成本 ··· 080
3.2.2 质量意识 ··· 085
3.2.3 质量与生产率、交期、成本、销售的关系 ············· 087
3.3 质量目标与计划 ·· 088
3.3.1 质量目标与计划 ·· 089
3.3.2 质量目标的制定 ·· 091
3.4 质量控制 ··· 094
3.4.1 质量控制流程 ·· 094
3.4.2 选择控制对象与建立测量系统 ························ 096
3.4.3 质量控制 ··· 099
3.4.4 关于管理者可控与员工可控 ···························· 102
3.5 质量改进与 PDCA 循环 ·· 104
3.5.1 "朱兰三部曲"图解 ······································ 104
3.5.2 质量改进经过的历程 ···································· 105
3.5.2 质量改进和质量改进工具 ······························· 107
3.5.3 质量数据统计与排列图 ································· 110
3.5.4 PDCA 循环理解及应用 ································· 113
本章小结 ··· 116

第4章 物控管理 ·· 119

4.1 物控管理的基本概念 ·· 119
4.1.1 供应链 ·· 119
4.1.2 价值链 ·· 119
4.1.3 PMC（生产及物料控制）······························· 120
4.1.4 物控管理 ··· 120
4.1.5 采购管理 ··· 122
4.2 物料管理 ··· 127
4.2.1 物料分类 ··· 127
4.2.2 物料管理的重要性 ······································· 127
4.2.3 全面综合性的物料管理（PMC）······················ 129
4.3 物料的存量管理 ··· 131

4.3.1　名词解释 ……………………………………………………… 131
　　4.3.2　实施存量管理的先决条件 …………………………………… 132
　　4.3.3　存量管理方法 ………………………………………………… 136
　　4.3.4　关于总体存量 ………………………………………………… 139
4.4　仓储管理 …………………………………………………………… 141
　　4.4.1　仓库类别 ……………………………………………………… 141
　　4.4.2　仓库总平面布局 ……………………………………………… 142
　　4.4.3　货位管理 ……………………………………………………… 142
　　4.4.4　物料的堆放 …………………………………………………… 144
　　4.4.5　物料的发放控制 ……………………………………………… 145
　　4.4.6　盘点 …………………………………………………………… 149
　　4.4.7　仓库稽核 ……………………………………………………… 150
本章小结 …………………………………………………………………… 151

第 5 章　生产现场管理 ……………………………………………… 153

5.1　现场管理概述 ……………………………………………………… 153
　　5.1.1　什么是现场 …………………………………………………… 153
　　5.1.2　现场管理 ……………………………………………………… 154
　　5.1.3　现场的特点 …………………………………………………… 154
　　5.1.4　现场管理的内容 ……………………………………………… 155
　　5.1.5　现场管理的核心要素 ………………………………………… 155
　　5.1.6　现场管理的黄金法则 ………………………………………… 156
5.2　现场管理三大工具 ………………………………………………… 156
　　5.2.1　标准化管理 …………………………………………………… 156
　　5.2.2　5S 管理 ………………………………………………………… 159
　　5.2.3　目视化管理 …………………………………………………… 164
5.3　现场改善与七大浪费 ……………………………………………… 167
　　5.3.1　现场改善 ……………………………………………………… 167
　　5.3.2　七大浪费 ……………………………………………………… 170
　　5.5.3　现场"观察"是消除浪费的一个重要工作 ………………… 175
5.4　现场布局与防错技术 ……………………………………………… 178
　　5.4.1　企业总平面布局关系着企业运营成本及管理效果 ………… 178
　　5.4.2　"自働化"与防错 …………………………………………… 180
　　5.4.3　工序流程化 …………………………………………………… 184

本章小结 ·· 186

第 6 章　人力资源与绩效考核 ·································· 189

6.1　企业与人力资源 ·· 189
6.1.1　企业 ·· 189
6.1.2　人力资源 ·· 191
6.1.3　效率与人工成本 ·· 194

6.2　企业管理干部的学习与培养 ································ 196
6.2.1　干什么，学什么 ·· 198
6.2.2　企业管理干部的培养 ···································· 199

6.3　生产员工的培训 ·· 202
6.3.1　企业岗位培训 ·· 203
6.3.2　态度也是生产力 ·· 206

6.4　绩效考核 ·· 207
6.4.1　绩效考核的内容和作用 ·································· 209
6.4.2　绩效考核的对象 ·· 209
6.4.3　绩效考核时间（或考核周期） ···························· 212
6.4.4　绩效考核方法 ·· 214
6.4.5　工时定额与计件工资 ···································· 217

　　本章小结 ·· 219

结语 ·· 221

参考文献 ·· 231

第1章

生产计划管理

1.1 生产管理基本职能

企业管理中90%以上的问题可以通过计划提前发现，早做准备。没有计划，100%的问题要事后才能发现，损失已经造成，无法挽回。

一个企业要想在市场竞争中立于不败之地，其生产运作与管理必须解决如何组织有限的资源来高效率、低成本地满足客户需求。生产运作与管理的实质是企业的生产计划与控制问题。如要生产一定数量的产品，首先要明确生产这些产品需要什么材料、零件，需要多少？需要谁干？其中，哪些零部件自己生产？哪些需要外协？生产或者外协的提前期又是多少？经过分析之后，结合库存，制订可行的生产计划。生产计划可以具体到每周，甚至每天，每台机器、每个人。在计划执行过程中，还要进行有效的控制，以便能够按时完成所需要的产品。

在讨论生产计划管理之前，首先应简单了解一下生产管理人员所要执行的基本职能。这些职能因不同行业、不同企业以及组织设置略有差异。

1.1.1 生产管理基本职能

生产管理基本职能包括计划、组织、领导、控制、激励。
（1）计划：是实现目标的途径（包括目标、任务、措施、要求等）。
（2）组织：人员的组织、物料的组织、设备工器具组织等（内容包括职能、职责、制度、规范）。
（3）领导：带头引领，判断决策、启发指导及培训。
（4）控制：对照计划、工作标准对实施过程进行检查、调整活动（包括工作检查、比较、反馈、改进等）。
（5）激励：绩效评估与奖惩（总结、表彰、改进是PDCA循环在管理上的应用）。

这些职能交互联系及影响，所涉及的具体生产技术层面如表1-1所示。

表1-1　生产管理基本职能与生产技术层面内容

序号	生产技术层面内容	基本职能				
		计划	组织	领导	控制	激励
1	生产计划与控制	√			√	√
2	工作方法、工艺设计	√			√	√
3	需求预测	√			√	
4	物料采购与管理	√	√		√	√
5	设备与工装管理	√	√	√	√	√
6	质量管理	√		√	√	√
7	现场与安全管理	√		√	√	√
8	数据统计与分析	√	√		√	√
9	教育与培训	√	√	√		√
10	其他					

通过表1-1内容，我们可以知道，生产管理人员对于生产管理工作要通盘考虑，制定行动方案。哪些工作应该做，如何做，由谁来做，什么时候做，做到什么程度等，都要纳入计划，及时进行控制。

1.1.2　车间主任的基本职责

具体到车间主任，其基本职责如下。

（1）车间管理制度的编制与贯彻实施。

（2）生产计划实施管理：

①计划执行与协调（实施计划）；

②过程监督、指导；

③质量控制；

④现场安全管理；

⑤设备、工器具管理（按照计划提前准备）；

⑥物料管理（按照计划提前准备）。

（3）人力资源管理：

①人员合理组织与调配；

②安全、技能培训与管理；

③员工考勤管理；

④绩效考核及工资核算。

(4) 主持车间例会，参与班前会、品质分析会等。

1.1.3 计划管理

计划是做好管理的基础，也可以说是管理的起点，没有计划，就没有科学的管理。

1.1.3.1 何为计划

计划是基于各类信息、各方面要素的综合思考，基于可能发生的各种假定情况，预计相应结果，以此来规划所有可能的对策，也是将来采取行动时所需要的措施与步骤。这种计划思维体现的是预见和预置。

（1）预见：预见行为的结果。

（2）预置：提前考虑可能出现的问题，如技术工艺文件、原辅材物料、工装器具、人员配置等提前准备。

生产管理人员必须对未来可能出现的问题仔细研究，并就生产各类要素"人、机、料、法、环"等系统思考之后，开始拟订计划。

现实生产管理中有很多不稳定、不可知的因素，但不能任凭各种偶然因素来左右管理者的行动，不能"出了问题，才去想办法解决"，凡是可以预测及可能发生之事应当提前考虑，制定预案。

正如毛主席在《关心群众生活，注意工作方法》（1934）一文中"把提出任务，解决问题的计划管理思维"，比喻为过河一样：

> 我们不但要提出任务，而且要解决完成任务的方法问题。我们的任务是过河，但是没有桥或没有船就不能过。不解决桥或船的问题，过河就是一句空话。解决了桥和船的问题，就会在"过河"的过程中，避免出现的错误，把损失减到最少，把牺牲降到最低，安全顺利达到过河这个目标。

美国管理学家哈罗德·孔茨也有同样的观点：

> 计划工作是一座桥梁，它把我们所处的此岸和我们要去的彼岸连接起来，以克服这一天堑。

综上所述，计划就是实现目标的方法、途径，通过这些方法和途径，预见行为的结果。

1.1.3.2 计划的功能

(1) 计划是团队行动的依据,就像"旅行者的指南"一样,指导我们前进的方向。

(2) 有目的、有做法,具有共识性,减少不必要的沟通和协调,以便提升效率。

(3) 事前可充分准备,工作执行顺畅。

(4) 容易进行工作控制。

(5) 何故、何事、何处、何人、何时、如何做很明确,很清楚。

(6) 可以鼓舞士气,提高团队的活力。

(7) 使授权清楚、明白,更易执行。

(8) 是团队绩效的评价基准。

1.1.4 计划就是变化

如果计划在执行过程中,客观情况发生了变化,就要适时地予以修订。所以计划极具指导性,也有可变性。因此,考虑到未来的变化,计划的制订还要有弹性,要估计到未来可能的变化,辅以备选的多套方案,这样才体现计划的预见与预置。

所以,"计划不如变化快"这句话很有道理,但它的意义不是叫你不做计划,而是叫你多考虑几种方案,以应对将来的可能发生的情况。正所谓"计划并不能保证你100%的成功,但能为你将来做好准备"。

我们来看看管理大师彼得·德鲁克的论述:

> 企业目标(计划)不是火车时刻表,或许企业目标(计划)可以和海上导航的指南针相比拟。指南针会明确指出通往港口的直线方向,但是在实际航行过程中,船只可能会为了避开暴风雨,而多绕几里路;可能在浓雾中放慢速度,在遭遇飓风时,整艘船会停下来;甚至可能在汪洋大海中改变目的地,重新设定指南针,驶向新的港口——或许原因是战争刚刚爆发,或许只不过因为船上载运的货物在途中就已售出,不过4/5的船只仍然会在预定的时间内驶向原定港口。如果没有指南针指引方向,船只不但无法找到正确的港口,也无法估计需花费的时间。
>
> 同样,企业为了达到预定目标(计划),途中可能需要绕道,避开障碍……面临经济萧条时,进度可能会慢很多,甚至短暂地停滞不前,而新情况——例如竞争者推出新产品——可能使目标有所改变……尽管如此,设定目标(计划)后,企业才能朝着正确的目的地前进,而不

是完全只受天气、风向或意外状况的摆布。

同样,丰田前社长康富士康也如是说:

计划就是变化!

因此,计划在执行过程中并不是一定具有100%的确定性,计划周期越长(如年计划)出现变数的可能性越大;计划做好了,并不是固定不变,不需要进行调整,恰恰相反,计划的执行要根据客观因素的变化而及时、科学地作出调整。正如彼得·德鲁克所说:"航船行驶途中要避开暴风雨。"因为市场是变化的,客户的订单也因各类因素会作出调整。

1.2 生产计划编制思路与方法

多年以来,丰田生产方式被奉为汽车生产制造宝典真经,理论界研究,实业界效仿。时至今日,丰田生产方式已被众多的汽车企业和非汽车生产企业所学习和引用。

——邵京宁(新浪汽车频道主编)

丰田生产方式是提高企业生命力的一整套理念和方法的体系,是日本丰田文化与工业工程(Industrial Engineering, IE)和管理模式相结合的产物。丰田生产方式体系的主要组成部分是:两个基础——5S与改善;两大支柱——准时化(JIT)与(将人的智慧赋予机器的)自働化①;看板管理(生产)、设备管理(TPM)、质量管理(TQM)、标准化、目视化等。

准时化不但是丰田生产方式的出发点,而且是构成丰田生产方式的基石。因此,为了彻底杜绝浪费,即以市场为龙头,只在合适的时间,生产合适的数量和高质量的产品。在汽车制造企业,这需要以整车生产为基准,拉动配件、零件(包括外协、供应商)生产。具体的生产计划模式为:当月计划100%锁定,并具体到每一天、每一机台(工位)及人员配置,一旦计划确定,不再进行调整;次月计划,根据市场订单情况采取80%锁定,20%的调整空间;第三个月计划采取60%的锁定,40%的调整空间。依次循环,不断调整,确保生产

---

① 自働化,丰田生产方式研究者通常叫作"人字旁的自动化",即将人的智慧赋予机器设备,避免不良产品生产。

有序进行。

这种生产计划管理模式效率高、成本低，但生产组织管理系统要求高，需要装配、供应、物流等各方面精准配合，需要较长时间的磨炼才可以成功，目前日本其他汽车制造企业也很难做好。作者管见，中国中小企业还不具备这种管理模式推广的主客观条件，但是一定要学习丰田的管理思想。正如天津大学教授齐二石所言：

> 我们虚心地研究丰田生产方式，终极的愿望是将来超越丰田生产方式，创造、振兴自己的中国生产方式。

1.2.1 中小企业生产计划结构模式探索

1.2.1.1 中小企业生产计划模式

作者参照丰田计划模式，结合国内中小企业生产特点，逐步探索形成了以下生产计划编制模式，并且在企业生产管理实践中取得了比较好的效果。该模式是贯彻以市场为龙头、以生产订单为依据，以"多品种、小批量"为特点，以月度产值（产量）为目标，实行周滚动计划的模式。将丰田的生产计划周期（月度锁定，3月滚动）改周内滚动（3天锁定，4天预计），以更好地适应中小企业生产实际情况，如图1-1所示。该模式便于生产企业管理人员理解，宜执行，见效快。例如，河北某机械加工制造减速箱企业，推行该计划管理模式取得了很好的效果。辅导咨询第一月减速箱装配由4 216台，提升到4 687台；辅导咨询进行到第三个月，产能突破6 000台。经过2年咨询提升，实际产能提升2.65倍（见附件1：××企业管理咨询项目成果总结报告）。

1.2.1.2 制订生产计划必须考虑的因素

（1）全局观念：将企业现有客户订单全面梳理，按照交货日期先后顺序、订单大小、订单的类别进行优化组合，综合考虑，排定生产顺序。

（2）预排生产计划：订单不足时，根据市场情况、客户情况、库存情况、原材物料情况及过去的经验积累（市场销售数据），判断市场趋势，适当预排生产计划，预排部分与已有的订单作出适当的安排。

（3）生产观念：要把订单要求转化为对生产工序、工艺的要求，做到均衡化生产，减少半成品、在制品的工序积压。

（4）产能平衡观念：综合考虑设备产能、人员配置，物料采购供应、销售发货等各项因素，综合平衡，确保生产有序进行。

（5）人本观念：充分考虑人员综合素质、技术水平、劳动强度，做到张弛

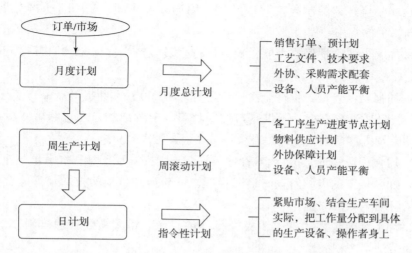

图 1-1 中小企业生产计划模式

有度，保持员工精力充沛。

1.2.1.3 制订生产计划的三个关键点

（1）公司年度、月度目标是编制月度计划的总体要求，月度计划的实施是为了保证年度目标计划的完成，是重要的参考指标。

（2）车间生产设备、人员、物料准备、销售实际情况是编制月度计划的重要的参考依据。

（3）计划与变化的问题，要根据市场变化、客户变更及其要求、人员设备的配备、节假日工作时间的调整等情况，通过周计划、日计划实时作出调整。

1.2.1.4 生产能力的概念

是指企业现有的厂房、设备、人员等，在一定时期内（年、季、月），一定的技术工艺条件、生产组织条件下，所能生产的一定质量水平的产品的最大数量。

生产能力实际上反映的是生产可能性指标。

企业的生产能力能不能挖潜提升呢？通过什么渠道挖潜提升呢？管理实践证明，生产能力不仅可以随着管理水平、技术熟练程度、员工素质的提升而提升，而且提升的空间非常大。譬如说，一般中小企业的管理水平与国内先进企业（如海尔、华为等）管理水平相差甚大，与日本丰田管理水平差距更大，这些差距也正是企业提升的空间。

产能提升的主要措施包括以下几方面。

（1）科学合理地编制生产月度计划、周计划及车间、班组日生产计划，并严格控制，贯彻实施。

（2）加大设备维护保养力度，积极推行全员生产维修体制（TPM），不断提升设备运转效率。

（3）加强质量管理，推行全面质量管理（TQM），不断提升产品、工序质量合格率。提升质量合格率，不仅是节约原材料、节约成本，还意味着减少返工、节约劳动力及机器费用，从而提升生产效率。

（4）加强现场管理，推行5S管理模式，不断提升现场管理水平。

（5）加强员工的组织管理、培训管理，不断提升员工的技术及其综合素质，提升全员劳动生产效率。

（6）加大绩效考核力度，积极推行计件、计时薪酬绩效管理体制，不断调动员工的劳动生产积极性。

（7）加强生产调度、采购供应、技术工艺协调配合力度，达到协同协调有序的生产管理局面等。

以上这些管理措施，后面会逐章（节）分析介绍。

1.2.2 生产月度计划编制思路

不同行业、不同规模的企业及其企业不同的发展时期，编制月度生产计划的模式不同。作者通过多年的管理实践，探索出以下几种行之有效的编制方法。

1.2.2.1 "削峰填谷"产能平衡法

受到供电企业峰谷收费管理思路，逐渐探讨研究出了"削峰填谷"产能平衡月度计划编制方法。该方法适合企业市场形势好、订单多、波动大、交期紧、不能满足市场需求等情况，如图1-2所示。

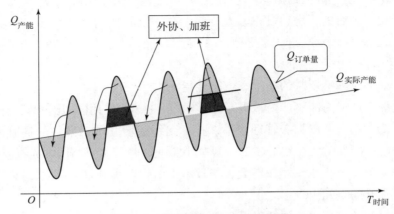

图1-2 "削峰填谷"产能平衡法

（1）因为市场的不平衡性，订单数量忽高忽低，影响了生产排程。为了确保订单交期，订单峰值只能提前"削掉"，填到前面的谷值中，这也是计划编制提前、预置思维方法。

（2）当峰值大于谷值时，要及时采取措施，确保订单交期。一是内部通过加班或者加人等方式；二是适当采取外协协助工作方法，保持生产平衡稳定。

1.2.2.2 库存补库法

企业正常销售的一些产品品种，几乎每月都有相对固定的销量，即使暂时没有订单，也可以大胆地按照库存数据，进行补库的办法安排生产计划，如图1-3所示。

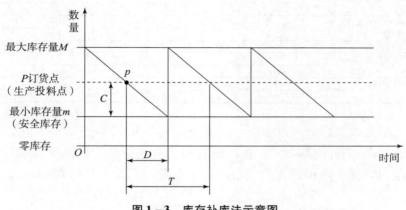

图1-3 库存补库法示意图

C——生产期间发货量；

D——补库提前期（或采购提前期）；

T——循环生产（采购）周期；

P——订货点/生产投料点（自行生产）。

××传动件制造有限公司根据以上方法，用来编制月度零件加工计划，取得了很好的效果，及时满足了装配计划的需求，保证了产品发货，提升了生产效能。如表1-2所示。

库存补库法特点如下：

（1）将月度计划进一步分解为4个周期，每个阶段按照7天（一周）进行安排，便于控制和统计。

（2）每周产量基本均衡，生产节奏平稳。

（3）在满足当月订单发货（装配）的同时，根据库存情况、实际产能、材料（或者毛坯）准备情况，进行适当的备库，为下月订单适当准备必要的库

表1-2　XX传动件制造有限公司
20　年　月架子车间生产计划表（部分）　　　　单位：台

序号	齿箱型号	计划数量	散件名称	库存	下达数量	第一周 1~7	第二周 8~14	第三周 15~21	第四周 22~28	第五周 29~	备注
1	R210回转齿箱	180	回一架	200							
2			回二架	60	300		100	100	100		
3			轴	20	200	100	100				
4			大中齿	50	200		100	100			
5	三一135.SK140回转齿箱	140	回一架	400							
6			回二架	304							
7			轴	43	120	40		40	40		
8	SK140回转齿箱	15	轴	8	20			20			
9	重友913回转齿箱	25	轴	0	30				30		
10	DH225-7回转齿箱	80	回一架	0	150	100		50			
11			回二架	123							
12			轴	30	100			50	50		
13	DH80.YC85.DH5回转齿箱	240	回一架	163	100				100		
14			回二架	0	400	100	100	100	100		
15	DH80回转齿箱	90	轴	70	50				50		
16	YC85回转齿箱	55	轴	94							
17	E307回转齿箱	10	轴	45							
18	DH55回转齿箱	85	轴	94	100	100					
	合计				1770	440	400	440	410	80	

存，最大限度地提升生产效率。如上述企业生产R210回转齿箱，本月需要回二架180件，现有库存60件，在产能富裕、毛坯充足的情况下，本月下达计划实际是300件，不但满足了本月装配需求，还为下月装配任务准备库存180件。

1.2.2.3　甘特图生产排程法

甘特图生产排程法特别适合生产周期比较长，各工序、各环节配合密切的企业，如工程施工、机械设备制造安装型企业。一般而言，根据产品交货日期，倒推各工序、各环节安装、生产、采购、设计等必要日程，确保产品按期完成。该方法简单、明了，各工序、各环节相互配合关系明确，一目了然。

甘特图生产排程法的特点如下：

（1）根据产品交货日期，倒推各工序生产计划。

（2）各部门、各工序工作有机衔接，一目了然。

（3）体现了各部门、各工序有效配合，是协作化大生产管理思想，工作推进有效、有序，便于控制。

某配电柜组装企业月度计划表（部分），如表1-3所示。

××机械制造有限公司月度生产计划（部分），如表1-4所示。

表 1-3　某配电柜组装企业公司 × 月订单计划控制表（部分）

订单号	部门	工序	进度 1	2	3	4	5	6	7	8	9	10	11	12	13	14	15
1001	技术部	金工图纸	■	■	■												
		电装图纸	■	■	■												
		物料清单		■	■												
		技术工艺标准		■	■												
		劳动定额			■												
	采购部	钢板				■	■	■	■								
		通用元件				■	■	■	■	■							
		特殊元件				■	■	■	■	■	■						
	金工车间	下料、冲压						■	■	■							
	喷涂车间	酸洗								■							
		喷涂烘干									■	■					
	组装车间	柜1										■	■	■			
		柜2											■	■	■		
		箱												■	■		
1002	技术部	金工图纸					■	■	■								
		电装图纸					■	■	■								
		物料清单						■	■								
		技术工艺标准						■	■								
		劳动定额							■								
	采购部	钢板								■	■	■					
		通用元件								■	■	■	■				
		特殊元件								■	■	■	■				
	金工车间	下料、冲压										■	■	■			
	喷涂车间	酸洗												■			
		喷涂烘干												■	■		
	组装车间	柜1													■	■	
		柜2													■	■	
		箱														■	

表1-4 ××机械制造有限公司月度生产计划（部分）

合同号	订单量	产品名称	交货日期	实际时间	工序	2016年1月 1 2 3 4 5 6 7 8 9 10 11 12 13 14 15 16 17 18 19 20 21 22 23 24 25 26 27 28 29 30 31	2016年2月 1 2 3 4 5 6 7 8 9 10 11 12 13 14 15 16 17 18 19 20 21 22 23 24 25 26 27 28
160105	1	3YKR3060	2016.2.10		技术 采购 下料 冷作 电焊 表面处理 金工 装配 油漆 外协 其他		
151112	4	2PDXS1530	2016.2.28		技术 采购 下料 冷作 电焊 表面处理 金工 装配 油漆 外协 其他		

1.2.2.4 大数据法

大数据法编制月计划下节介绍。

1.2.3 月度生产计划编制的建议

（1）生产计划部根据销售订单、客户发货、安全库存、原材物料准备等多因素考虑，每月28日下午5：00前编制完成下月装配预计划，并负责下发至各车间和物控（仓库）、质量、技术、设备等有部门。

（2）各有关部门负责人拿到该预计划后，应仔细审阅，找出问题，提出修正方案，并于次日完成与生产计划部的沟通；生产计划部根据各车间、各部门沟通情况，完善上述计划。

（3）各备件生产车间，根据公司装配生产计划，结合本车间实际情况、零件库存，于29日下班前完成零件生产实施计划，并报送生产计划部审核。

（4）备件生产车间根据生产计划，提报物资需求计划、外协计划到外协采购部。

（5）外协采购部根据公司装配计划和各车间物资需求计划，结合市场、库存实际情况，于30日下午完成采购实施计划，并报送生产计划部。

通过装配计划倒推零件加工计划、材料需求计划、外协采购计划，形成生产计划体系。为了该计划能够顺利实施，设备部门还要根据生产计划编制设备检修计划，质量部门编制质量控制计划，技术部门编制工艺技术计划，以及其他部门的有关工作计划。这样，就形成了企业生产完整的运营体系，确保各项工作协调配合，就像一部精密机器一样安全、平稳、高效运行。

1.3 大数据法编制月计划

对于大数据，迄今尚未有通行的固定的定义，不同领域的专家学者给出了不同的定义。通常所说的大数据往往指的是"大数据（现象）"。

（1）计算机科学与技术：当数据量、数据的复杂程度、数据处理的任务要求等超出了传统数据存储与计算能力时，称之为"大数据（现象）"。可见，计算机科学与技术中是从存储和计算能力视角理解"大数据"。

（2）社会科学：当多数人的大部分社会行为可以被记录下来时，称之为"大数据（现象）"。在社会科学家的眼里"大数据"主要从"数据规模与价值密度角度"理解"大数据"。

（3）统计学：当能够收集足够的全部（总体中的绝大部分）个体的数据，且计算能力足够大，可以不用抽样，直接在总体上就可以进行统计分析时，称之为"大数据（现象）"。可见，统计学主要从所处理的问题和"总体"的规模之间的相对关系视角理解"大数据"。例如，当总体含有 1 000 个个体时，由 900 多个样本（即 90% 以上）组成的样本空间就可以称为"大数据"。大数据不是"绝对概念"，而是相对于总体规模和统计分析方法选择的"相对概念"。

大数据的意义不在于掌握庞大的数据信息，而在于对这些含有意义的数据进行专业化处理。信息创造价值。创造价值的关键，在于提高对数据的"加工能力"，通过"加工"实现数据的"增值"。

对于企业来说，有大量的可用信息需要收集，例如，市场信息、销售数据、生产数据、质量数据、设备维护保养数据、仓储数据等。在大数据时代，作为企业管理者，要很好地利用"数字"这个资源，通过收集、汇总、统计和分析有关数据，找出事物的发展规律与趋势，帮助我们科学地编制计划、制定决策，变"废"为宝。然而，对于大多数中小企业来说，却不注意收集、保存企业数据，更没有分析、利用数据的习惯和做法。

麦肯锡咨询公司在 2011 年关于大数据的报告中指出："分析大数据集……将成为（组织）竞争的关键与基础，支撑生产力增长、创新和消费者盈余的新浪潮……每个领域的领导者，都必须应对大数据的影响。"

作者在企业管理咨询过程中，帮助企业利用有限的大数据进行月度生产计划编制，收到了较好的效果，现分享如下。

【案例一】

某企业主要从事于蜗轮蜗杆减速机和齿轮减速机的加工制造，年产能达到 30 多万台，其中蜗轮蜗杆减速机能达到日均 800 台的生产能力。由于减速机规格型号多样，客户市场大多采用"多品种小批量"订购模式，并且交货日期要求短，给企业生产安排造成了很大的困难，备件库存居高不下。

该类型企业的特点是：齿轮等备品备件生产加工工序多、时间长，有些长达 40 多天；齿轮、轴类备件、减速箱壳体等具有互换性、通用性等。由于受客户订单不确定的性影响，致使备件的库存储备难度大，有些订单考虑到后期需求及其加工批量影响，备件加工时总是按照订单量多储备一些备件，长此以往，库存备件越来越多，长期积压。虽然库存大，但装配急需的备件反而还没有库存，导致交货日期延误等问题时常出现。

解决问题的思路：

（1）利用企业管理软件 ERP 库存管理数据，对上年各类备件出库量进行统计分析，找出所有的备件出库数据。

（2）对于出库量比较大，或者每月都有一定出库数量的备件，制定安全库存量。根据安全库存确定备品备件投料加工备货时间点（备库点），确保备件有效储备。

（3）对于出库量较小，或者断断续续没有规律性的备品备件，按照"多品种小批量"生产原则，按订单生产，不做备件储备。

（4）然后，按照实际订单数量、参考安全库存情况，采取备库生产思路编制生产月度计划，基本保证了装配车间备件需求，提升了生产效率。据统计，按照这种模式运作，采购费用比往年同期降低了 500 多万元，有效地降低了库存和生产成本。如表 1-5 所示（参考图 1-3）。

表 1-5 RSKF 项目组箱体半成品库存调查分析表（部分） 单位：台

物料编号	零件名称	2018年使用量	月平均×1.3	安全库存	订货点库存（起始订货点）	最高库存	订货参考批量
2121017	R17 箱体	209	23	6	28	50	30
2121027	R27 箱体	181	20	5	25	40	30
2121037	R37 箱体	1 053	114	29	143	250	150
2121037 非标	R37 箱体	150	16	4	20	0	按订单
2121047	R47 箱体	1 141	124	31	155	250	150
2121047 非标	R47 箱体	82	9	2	11	0	按订单
2121057	R57 箱体	2 256	244	61	306	500	250
2121067	R67 箱体	1 375	149	37	186	300	150
2121077	R77 箱体	1 398	151	38	189	300	150
2121077 非标	R77 箱体	91	10	2	12	0	按订单
2121087	R87 箱体	3 253	352	88	441	700	350
2121097	R97 箱体	832	90	23	113	200	100
2121107	R107 箱体	239	26	6	32	50	30
2121137	R137 箱体	174	19	5	24	40	20
2121147	R147 箱体	77	8	2	10	20	10
2121167	R167 箱体	10	1	0	1	0	按年用量

该表内容有关说明如下：

（1）月平均×1.3，是考虑 2019 年的销售量增加比例。

（2）安全库存按照月平均使用量的 1/4 考虑。

（3）订货点库存是按照"安全库存+月平均×1.3"计算所得。

(4) 考虑到外协加工周期长，最高库存按照两个月使用量考虑，计算出数据后，再根据经验进行修整。

(5) 订货参考批量参考以往情况，属于经验数据。

(6) 部分非标、小批量备件严格执行订单生产。

【案例二】

××材料有限公司是一家从事于环保型电线、电缆材料研发、生产和销售的高科技新材料企业。企业成立之初，受企业管理方面的限制，生产计划性不强，某批次产品生产量过大，市场销售效果不好，造成该批次产品长期积压在仓库，给企业造成很大的经济损失。"一朝被蛇咬，10年怕井绳"，从此以后，生产管理体制转移为订单管理模式。

订单管理模式不会出现或者很少出现成品库存积压问题，但是这一模式也有弊端。

一是受市场影响，订单不均衡，要么订单很多，生产不出来；要么订单少，生产车间没有任务可干。

二是客户交货日期要求短，有的客户要求3天交货，甚至个别客户还要求当天下单次日交货，给生产排产造成了很大的困难。

三是部分订单不敢储备原料，有了订单再去采购材料，供货方也是采取这种生产模式，造成了材料来不了，产品生产不出来，交货期限一拖再拖，导致客户不满意，投诉问题时常发生，影响了市场销售及企业的信誉。

解决问题的办法：

(1) 通过对1—10月销售数据进行统计分析，结果发现，占公司月度销售总量52.32%的产品，几乎每月都有一定的销售数量，将这类产品称作为常规产品（或牌号），如表1-6所示。

表1-6　××材料有限公司常规用料牌号数据统计分析

序号	牌号	1—10月销量/t	月平均销量/t	最高库存/t	最低库存/t	生产设备机型
1	M6032V-3	65	6.5	1.65	0.8	65
2	F5290EV-D	143	14.3	3.6	1.2	75
3	X4072V（本色）	40	4	1.5	0.7	65
4	M6032V-7C	217	21.7	5.5	2	75
5	EM6064	71	7.1	1.8	0.9	75

续表

序号	牌号	1—10月销量销量/t	月平均销量/t	最高库存/t	最低库存/t	生产设备机型
6	M6100 本（包含彩色）	88	8.8	2.2	1.1	可以备半成品，75
7	L4062V 本（包含彩色）	86	8.6	2.15	1	可以备半成品，75
8	M6064（几家小客户也用）	15	1.5	1	0.5	75
9	M6090（几家小客户也用）	12	1.2	1.2	0.6	75
10	M6068-YTK	14	1.4	1.4	0.7	65
11	E6090XTX（本色、黑色）	90	9	2	1	65
12	X4062R	25	2.5	1	0.5	65
13	合计	866	86.6	25	11	

注：(1) 常规牌号占总量 52.32%。(2) 常规牌号每月按照 100t 考虑，每周计划安排 25t。

(2) 对每一品种分别进行月度汇总，计算月度平均销售数量。

(3) 每月按照 4 周进行数据处理，按照平均每周销售数量计算最高库存数量，该数值再根据设备机型及其销售批量进行数据处理。

(4) 最低库存按照最高库存的 1/2 进行计算，同样也要根据设备机型及销售批量进行处理。

(5) 有了以上数据的分析，常规牌号即使当月暂时没有订单或者订单量达不到一周销售量平均数值，也可以根据库存实际情况按照库存补库法编制周生产计划安排生产。常规产品，备有一定数量的库存，只要客户来订单，就可以及时发货，然后再补库生产，从而及时满足了客户需求，提升了企业的信誉。

(6) 对于图 1-3 中序号 6、序号 7 产品，属于客户定制产品，可以先备半成品（本色），再根据客户要求不同的颜色，加上不同色粒，进行二次配料生产，这样可以缩短生产时间，快速满足客户需求。

通过以上措施，企业利用备件库存数据、销售数据进行整理、分析，找到了市场规律，发现了客户产品需求点，为企业生产计划安排提供了数据支撑，平稳了生产，降低了成本，缩短了产品交货日期，促进了产品销售工作。

1.4　周计划与日计划编制

对于一些中小企业来说，月计划属于目标计划，或者是一个指导性计划。月计划编制完成后,并不是固定不变的。企业要结合市场情况以及企业实际情况不断调整。月计划的调整是以周计划的方式进行调整,但目标保持不变。通常情况下,周计划编制方式采用"滚动计划"模式进行编制,也就是说"随着生产的进程,结合市场情况,朝着月计划目标,连续不断地向前滚动",最终实现或者超额实现月计划目标。

1.4.1 周计划的编制

1.4.1.1 滚动计划法的概念

滚动计划法就是按照"近细远粗"的原则,制订一定时期内的计划,或不断调整,修正未来的计划,并逐期向前移动,把近期计划和长期计划结合起来的一种计划编制方法。

1.4.1.2 滚动计划的编制程序

(1)认真调查研究,做好市场预测,掌握客户需求信息。

(2)摸清企业实际情况(如订单量、设备情况、人员变化、材料准备等),找出差距,调整和修订计划。

(3)根据调整和修改的结果,再制订下一期计划。

1.4.1.3 滚动计划的特点

(1)具有连续性——"近细远粗"特点。

(2)避免盲目性——分析计划与实际情况差异,使计划调整有可靠依据。

(3)适应变化性——着眼目前现有订单情况,计划期中滚动,预测未来,应对市场突变。

(4)具有灵活性——在滚动中及时调整计划。

1.4.1.4 周滚动计划编制方法

(1)前3天计划100%确定(近细),后4天属于预计划,80%确定(远粗)。

(2)生产进程进行到第三天下午,再根据实际情况,编制下一阶段计划,即本周后4天计划,100%确定(近细);下一周3天预计划,80%确定(远粗)。

(3)如此循环往复,不断滚动,计划既保持了连续性,又根据市场情况、物料准备情况,不断调整,确保周计划的完成。如图1-4所示。

1.4.1.5 零件加工、外协采购计划的准备

(1)零件加工、外协采购计划的实施,是确保装配计划完成的重要前提。零件加工周计划(自制计划)的编制也是采取周滚动计划编制方法,但是,要求所有零件加工完成时间节点,至少提前1~2天入库,为装配做好充分准备。

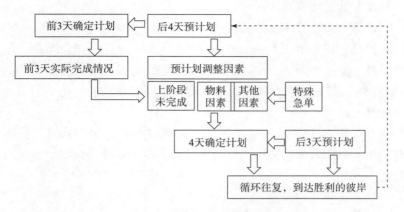

图 1-4　周滚动计划编制示意图

如图 1-5 所示，1 日的零件加工计划数量即为 2 日装配所需备件，以此类推，确保装配所需零件。

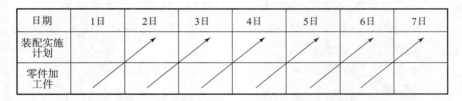

图 1-5　零件加工计划与装配计划关系图

（2）外协采购计划。所有外协采购零件，由于不可控因素较多，至少提前 2~3 天入库，同样为满足装配工作需求，如图 1-6 所示。

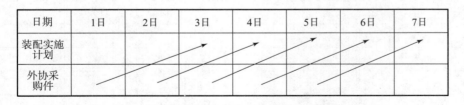

图 1-6　外协采购计划与装配计划关系图

计划工作不是对一项任务准确的预测和安排，而是同时对几项甚至 10 几项不同任务进行合理的时间安排，要求在确定的时间点到达规定的目的地，只有这样才能保证整个计划得以实现，而不是一盘散沙。因此，我们不仅要科学合理地编制装配计划（主体），更要高度重视材料计划、零件加工计划、外协计划、采购计划、设备及其工装器具计划等。

1.4.1.6 周滚动计划编制建议

（1）生产计划部根据月计划、销售订单、客户发货、安全库存、原材物料准备等多因素考虑，每周六下午5：00前编制完成下周（周一到周日，3天确定，4天预计划）装配计划，并负责下发至各车间和采购、外协、质量、技术等有关部门负责人。

（2）各有关负责人拿到该预计划后，应仔细审阅，找出问题，提出修正方案，并完成与生产计划部的沟通。根据各部门、各车间沟通情况，生产计划部完善上述计划。

（3）外协、备件生产车间，根据公司装配生产计划，结合本部门实际情况、零件库存，于周日上午完成零件生产（或外协）实施计划，并报送生产计划部备案。

（4）各车间根据生产计划，报送物资需求计划。

（5）采购部根据公司装配计划、车间物资需求计划，结合市场、库存实际情况，于周日下午完成采购实施计划，并报送生产计划部备案。

（6）周三下午，生产计划部根据计划进度情况，编制完成后4天确定计划、下周前3天预计划，依此类推，逐期滚动。

××企业××车间周滚动生产计划表如表1-7所示。

表1-7　××企业××车间周滚动生产计划表

序号	产品型号及名称	周计划用量	库存数量	原材料情况	产品所在工序	计划生产数量	计划投坯数量	本周计划入库日期及数量						说明
								日	日	日	日	日	日	
1														
2														
3														
4														
5														
6														
7														
8														
9														
10														

续表

序号	产品型号及名称	周计划用量	库存数量	原材料情况	产品所在工序	计划生产数量	计划投坯数量	本周计划入库日期及数量						说明
								日	日	日	日	日	日	
11														
12														
13														
14														
16														
17														

1.4.2 日计划编制

日计划属于指令性计划,是必须按时完成的任务。

车间主任每天下午 4 点前,根据设备、物料、人员等情况,结合车间周生产实施计划、生产调度会议有关布置,编制完成明天日计划(包括夜班计划),下发执行。如表 1-8 所示。

表 1-8　××月××日班组生产日计划表

____组　　____班次　　　　　　　　　　　　　　　　　组长签名:

设备名称	操作人	产品名称	工序	工序主要内容及注意事项	标准节拍	计划数量	实际投料数量	完成情况					备注
								合格数量	料废	工废	操作人员	检验人员	

续表

设备名称	操作人	产品名称	工序	工序主要内容及注意事项	标准节拍	计划数量	实际投料数量	完成情况				备注
								合格数量	料废	工废	操作人员	检验人员	
合计												

通常情况下，企业每年在 12 月都要制订下一年度生产经营目标计划。年度目标计划还要具体分解到 12 个月。每月月底结合年度目标计划、市场情况编制下一月生产经营目标计划。月计划要分解到周，然后是逐步编制周计划、日计划。周计划分解到日，日计划必须分解落实到每一机台、每一人员，逐渐细化。这一系列计划编制过程始终遵循着"近细远粗"的原则。日计划是必须每天完成的计划，以便确保周计划的完成、月计划的完成，最终确保年度目标任务的完成。

1.5 生产秩序的建立与生产力会议

计划之道，乃秩序之源，有序则安，无序则乱。

有了月计划、周计划、日计划是不是就万事大吉、高枕无忧了？团队成员就完成任务了？

我们可以看看中国工农红军是如何实施"作战计划"的。

20 世纪 80 年代，有一部影片《大渡河》，讲的是长征途中，红军在前有堵截、后有追兵的危情下，来到金沙江与大渡河之间的群山之中。此时，蒋介石已布重兵数万，和红军拉开决战架势，妄图让毛泽东做当年的石达开。敌情重重，风声鹤唳，毛泽东、周恩来、朱德、刘伯承等临危不惧，紧急部署了佯攻大树堡、暗渡安顺场、抢渡大渡河、飞夺泸定桥等作战任务。

根据时任团政委杨成武回忆，影片中再现了这么几组镜头：在行军纵队中，忽然一簇人凑拢在一起。这群人刚散开，接着出现更多的人群，他们一面跑，一面在激动地说着什么。这是连队的党支部委员会和党小组在一边行军一边开会啊！时间逼得红军不可能停下来开会，必须在急行军中来讨论怎样完成作战任务。天黑了，下起倾盆大雨，部队一天未吃饭，号召每人准备一根拐杖。拄拐杖，嚼生米，喝凉水前进。羊肠小道被雨水冲洗得像浇上一层油，三步一滑，五步一跌，队伍简直是在滚进。

这属于战前"动员会议",是布置任务、明确方向、统一思想的重要会议。这个情景很值得我们企业管理干部深思。

为什么部队在急行军时连吃饭的时间都没有,领导干部还要跑前跑后,组织有关人员进行会议呢?

可是,很多企业的管理干部,工作一忙起来,就说"没时间开会",靠打电话或发微信传达工作指令,布置工作任务,结果出现很多误解。正是这些误解,造成了部门之间的不协调以及工作的被动局面,工作计划不能按期完成,只能唉声叹气。也有很多企业,建立了网络办公平台,希望靠这一平台就可以"足不出户",遥控指挥各种作业。只可惜这种情景只有在科幻小说中才会出现。在现实社会中,人与人面对面的交流是绝对少不了的。虽然现在网络传播技术有了革命性的发展,但会议的功能依然不能完全由电子遥控取而代之。

1.5.1 会议的作用

(1) 会议是企业组织秩序的直观体现。会议可以给与会者一种最简单而最根本的直观认识。凡是参加的人员就是本会的一员。每个与会者只要环顾周围,就可了解自己所参加会议中的地位。

(2) 会议是布置任务、信息传播、沟通交流的场所,不仅可以让每个与会者了解组织目标、工作计划,而且知晓完成工作任务,实现团队目标彼此需要配合的有关工作,知道自己与其他部门的工作可以对团体作出怎样的贡献。

(3) 会议是个集思广益的场所。通常每个团队成员通过意见交流之后,就会产生一种共同的见解以及观念。会议是一个布置任务、统一思想的重要平台。这种见解、观念等共同组合,不仅会使每个成员更能办事,而且会使彼此协调配合,工作更有效率。

(4) 会议可以对每个与会者产生约束力。譬如说你原来反对某个方案,可是一旦形成决议,你就得必须服从,否则你只有退出这个团体。有的时候,在一个组织里,如果有人反对某项决议,10%的人真正反对的原因通常只是反对决议的本身,90%的人是因为作决议时根本就没有征求他们的意见。就大多数人而言,通常只要让他们有表达意见的机会,得到尊重,心里就满意了。就算是将来做成的决议与他们的意见不合,也会尽可能接受。

(5) 会议还是每个与会者博弈的竞技场。在一个团队里,只讲集中,不讲民主,事实上并没有任何好处。博弈的结果是妥协,妥协有助于消除彼此间的误解,改变工作态度,提高工作效率,降低成本。

总而言之,会议成功召开,是组织团队有序运转的重要保证;是讨论问题、形成决议、布置任务、达成共识、统一思想不可或缺的重要工作;是建立并维护组织秩序、提高组织效能的重要手段。

秩序的结果就是高效率，高效率的结果就是低成本。

1.5.2 生产力会议

企业为了提升组织效能，更好地落实企业目标、计划，提升生产力，要召开好三个重要会议：一是月度经营工作会议；二是产供销周计划平衡会议；三是每日的生产调度会议。

1.5.2.1 如何召开月度经营工作会议

（1）会议目的。

①对上月经营工作完成情况进行检查和总结。

②布置下月工作任务、具体要求，强调工作重点。

③对已经出现的问题采取的解决方案进行决策。

④为可能影响公司完成未来工作的潜在问题指明方向。

（2）会议召开时间。

每月初（3日左右，根据财务、生产数据统计完成时间而定），会议时间安排2小时左右。

（3）会议的组织。

主席：总经理（董事长）。

主持人：生产副总经理（或者总经理办公室主任）。

会议组织部门：总经理办公室负责会议组织，负责会议记录，形成公司文件，下发执行。

参会人员：总经理（董事长），各副总经理，各部门部长（主管），车间主任，其他业务主管等相关人员。

开会方式：按规定的程序，以PPT文件形式，使用投影仪演示会议资料等内容。

（4）会议主要内容。

①由财务部部长对上月经营指标完成情况进行总结、分析、通报（主要分析盈亏情况和成本问题），对下一月工作（从财务的角度）提出要求。

②营销部部长汇报市场情况、发货情况及本月的合同订单情况、市场预测情况等。

③生产计划部部长总结上月生产工作，布置下月生产工作任务。

④各部门提出需要协调解决的问题，供领导决策。

⑤主持人就有关问题作出说明，并请各副总经理讲话。

⑥总经理（董事长）作出最后指示。

⑦会议决议以公司正式文件形式下发执行。

1.5.2.2 如何召开周产供销平衡工作会议

(1) 会议目的。

①确保下周各订单计划任务的落实，协调各单位及配合部门之间的关系，有效利用各种资源协调解决影响产品交货日期的问题并落实责任。

②进行销售和生产、物控之间关系协调、平衡，确定生产管理周实施计划。

(2) 会议召开时间。

每周一（下午1：30），会议时间安排1.5小时左右。

(3) 会议组织。

主席：总经理（可参加也可不参加）。

主持人：生产计划部部长。

会议组织部门：生产计划部，负责形成会议纪要，下发执行。

参会人员：总经理、生产副总经理、营销副总经理，营销部部长（包括内勤）、各部门部长，车间主任等（如果有涉及财务工作的内容，通知财务部参加）。

开会方式：工作表单和投影仪方式，就事论事。该会议属于专业会议，要确保会议效率。

(4) 会前准备。

根据上一节"周滚动计划编制建议"，编制完成下周生产计划，并确保已经发到各参会部门。

(5) 会议主要内容。

①营销部结合市场、客户情况，对生产、质量、发货等各方面提出要求。

②生产计划部总结上周工作完成情况主要亮点和存在的问题；布置本周的工作任务，以及完成工作任务的主要措施、注意事项，提出需要解决的问题供会议协商。

③各车间总结上周计划完成情况，主要存在问题及改进措施，提出完成本周计划需要解决的问题。

④物控采购部汇报物料准备、出入库等情况。

⑤技术及品质部简单总结上周产品品质异常处理情况，提报本周生产工艺及质量管控重点（计划）。

⑥其他部门提出需要协调解决的问题。

⑦主持人总结会议情况，对有关问题提出明确要求。

⑧各副总经理讲话，布置工作重点任务。

⑨总经理讲话,强调工作重点,提出明确要求。
⑩主持人宣布会议结束。会后生产计划部负责形成会议纪要,下发执行。

1.5.2.3 如何召开每天生产调度会议

(1) 会议目的。

①总结昨天生产任务完成情况,布置(调度)今天各生产车间生产计划任务,同时预示明天生产计划安排情况;协调各单位及配合部门之间的关系,利用各种资源有效解决影响交货日期及计划实施的问题,并落实责任。

②进行发货、组装和各零件生产车间之间关系的协调、平衡,确定生产计划的具体落实工作。

(2) 会议召开时间。

每天早上上班前(提前15分钟),会议时间安排15~20分钟,确保会议效率。

(3) 会议组织。

主席:总经理(随时到会,不定期参加)。

主持人:生产计划部部长。

会议组织:生产计划部负责会议组织,负责会议记录,形成调度会纪要,下发执行。

参会人员:生产副总经理(其他副总经理也可安排参加),各部部长,车间主任,销售内勤人员等。

开会方式:工作表单形式。调度会议属于专业例行会议,主要解决生产问题,就事论事,确保会议效率。

(4) 会前准备。

①生产计划部负责具体统计每天的生产数据,掌握实际情况;根据周计划、月度计划的总体安排,对今天生产情况进行调度安排。

②总装(主体)车间简单汇报昨天生产计划完成情况,提出今天装配(主体)计划,预示明后天装配计划,通报有关部门。

③其他车间、部门总结汇报昨天生产任务完成情况,根据今天计划安排提出问题,达到与有关部门沟通协调的目的。

④召开日生产调度会就是要提高会议效率,通报有关情况,确认计划的实施进度。

⑤日调度会议程/规范如表1-9所示。

表 1-9　日生产调度会议程/规范

序号	会议汇报次序	汇报内容	需要协调解决的问题/主持人意见
1	生产计划部	（1）昨天生产计划完成情况（计划、完成），今天计划安排 （2）零件加工车间工作重点，确保项目 （3）其他事项，有关措施	
2	车间主任	（1）昨天生产计划完成情况（计划、完成） （2）出现的问题解决情况 （3）今日计划安排、需要协调解决的问题	
3	采购部	（1）采购计划进展情况 （2）材料到货、供应情况 （3）其他有关事项	
4	仓储部	（1）仓库零件能不能满足后面的生产情况 （2）哪些产品需要抓紧入库 （3）其他，出入库注意事项等	
5	营销部	（1）目前市场、订单情况 （2）产品交货情况 （3）有关营销重点，注意事项	
6	质量部、技术部、设备部	（1）昨天生产等有关问题 （2）今天有什么安排、注意事项	
7	企管部	（1）公司制度、现场管理问题 （2）其他有关管理问题、督查问题	
8	主持（生产计划部部长）	（1）对有关部门提出的问题进行协调，形成决议 （2）进一步强调工作重点，落实责任 （3）不能落实的问题，提出下一步安排 （4）请总经理指示	
9	总经理	不定时参加	

⑥调度会议座次(座次也是开会发言的基本顺序),如图1-7所示。

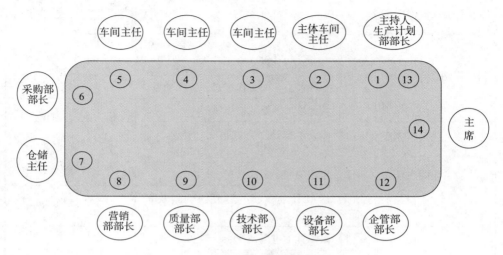

图1-7 调度会议座次顺序

⑦座次说明:

a. 序号1~14是调度会议发言的基本顺序(可根据企业组织设置情况适当调整)。

b. 主持人首先发言,总结昨天工作,布置今天工作任务;然后等12号发言完毕后,再对有关部门提出的问题进行总结。

c. 如果总经理、各副总经理参加会议,主持人提请各副总经理发言,最后请总经理作出工作指示。

⑧生产计划部负责会议记录,会后编制成会议纪要,下发执行。如表1-10所示。

表1-10 ××月××日调度会议纪要

部门	昨天计划	实际完成	今日计划	需要解决的问题
生产计划部				
主体车间				
其他车间				
其他车间				
其他车间				
采购部				

续表

部门	昨天计划	实际完成	今日计划	需要解决的问题
仓储部				
营销部				
质量部				
技术部				
设备部				
企管部				
主持人				
总经理				

1.5.3 召开会议应注意的几个重点

（1）开会要有计划。

一般情况下，会议通知（包括会议议题）至少提前1天时间下达，以便通知参会人员调整工作计划，准时参会；会议资料、文件也要提前下发（如果不提前通知会议主题并分发有关会议资料，与会者到会场后不知开什么会；资料如在会上分发，与会者低头看资料，就不会专心听讲），以便参会人员及时掌握会议内容，提前准备，提升会议质量。

（2）会议议程中要事先指定发言人。如果什么事情都听总经理或者主持人讲，就失去了沟通和交流的意义。

（3）开会的时候要集中话题，避免议题分散；避免会议纪律涣散，影响会议质量。

（4）掌握开会时间：每个发言人要规定发言时间，超时暂停，下一个继续发言；没有讲完话的人，如果会议还有时间，再安排没讲完的人讲话，严格控制会议时间。

（5）发言人发言时，其他人不要打断发言，以便提高会议效率，避免不必要的争执。

（6）日生产调度会议属于例会，相关人员要按照惯例正常参会。

1.5.4 会议两个重要的角色

（1）主持人。

负责提出议题，维持会议秩序，控制发言。如果一个会议议程限时半个小时，那么4个议题，就是2个小时。一旦某个议程超时，主持人就要提示发言人注意发言时间。

（2）会议主席。

会议主席（总经理）是会议的观察员。第一，他的话不必太多；第二，他的话不是先讲；第三，总经理参加会议是听大家的意见，为自己的决策收集信息，以便作出正确的指示。

所以，会议最后一个议程，是请总经理总结发言。

总之，以团队为基础的运营组织，其成功与否有赖于沟通。

在企业里，沟通这个问题是一个"技术性"工作，指的是传递信息的工具、方法、方式等。通过这些方式的沟通，能够保证各个群体及时获得必要的信息。

> 信息就像我们呼吸的空气一样，是一种资源，准确的信息就像人们身体所需要的氧气一样。
> ——左岸的《塔木德智慧全书》

企业沟通的手段有会议、内部报纸（板报）、车间各类看板、计划、通知、变更、员工建议箱、调查表、电子邮件、备忘录、报表等。

因此，月度经营工作会议、产供销周计划平衡会议、每日的生产调度会议是企业非常重要的信息交流平台。

本 章 小 结

A. 生产管理的基本职能

（1）生产管理的基本职能包括计划、组织、领导、控制、激励。

（2）何为计划？它是基于各类信息、各方面要素的综合思考，基于可能发生的各种假定情况，预计相应结果，以此来规划所有可能的对策，也是将来采取行动时所需要的措施与步骤。这种计划思维体现的是预见和预置（提前准备）。

B. 生产计划编制思路与方法

生产月度计划编制思路与方法："削峰填谷"法、库存补库法、甘特图生产排程法、大数据法。

C. 大数据法编制月计划

对于大数据，迄今尚未有通行的固定的定义，不同领域专家学者给出了不同的定义。信息创造价值。对于企业来说，有大量的可用信息需要收集，并利用"数字"这个资源，找出事物的发展规律与趋势，帮助企业科学地编制计划、制定决策，变"废"为宝。

D. 周计划与日计划编制

（1）滚动计划法的概念：滚动计划法是按照"近细远粗"的原则，制订一定时期内的计划，或不断调整，修正未来的计划，并逐期向前移动，是把近期计划和长期计划结合起来的一种计划编制方法。

（2）计划工作不是对一项任务准确的预测和安排，而是同时对几项、甚至十几项不同任务进行合理的时间安排，要求在确定的时间点到达规定的目的地，只有这样才能保证整个计划得以实现，而不是一盘散沙。

（3）一般情况下，企业每年在12月份都要制订下一年度生产经营目标计划。年度目标计划还要具体分解到12个月；每月月底编制下月计划，月计划要分解到周；然后是逐步编制周计划、日计划；周计划分解到日，日计划必需分解落实到每一机台、每一人员，逐渐细化。这一系列计划编制过程始终遵循着"近细远粗"的原则。

E. 生产秩序的建立与生产力会议

企业为了提升组织效能，更好地落实企业目标、计划，提升生产力，要召开好三个重要会议：一是月度经营工作会议；二是产供销周计划平衡会议；三是每日的生产调度会议。会议是布置任务、信息传播、沟通交流的平台。

第 2 章 设备管理

2.1 设备管理简介

改革开放的总设计师邓小平说："科学技术是第一生产力。"

那么，什么是生产力呢？

人类改造自然的能力叫生产力。生产力有三要素，分别是劳动者、生产工具和劳动对象。生产工具和劳动对象统称为生产资料。生产工具是指企业赖以进行生产的机器设备。

科学技术先进与否，体现在技术工艺上，凝聚在机器设备上。

随着科学技术的不断发展，第四次工业革命的到来，生产设备日益智能化、高速化、复杂化。机器设备在现代工业生产的作用和影响越来越大，在整个生产过程中对设备的依赖程度越来越高。

马克思曾说过："劳动生产率不仅取决于劳动者的技艺，而且也取决于他的工具的完善程度。"

俗话说："工欲善其事，必先利其器。"因此，以机器设备为主体进行生产的工业企业设备管理水平如何，直接影响着企业经营效果，关系着企业运营的成败。

2.1.1 什么叫设备管理

（1）广义上讲，设备管理包含两部分内容：

一是设备价值管理，主要有投资（设备购置费）、维修（大中修费用）、设备折旧费用的管理。该项工作主要承担部门为企业财务部。

二是设备技术管理，是从设备研究、设计、制造或从选购、进厂验收、安装、验收、投入生产使用、维护、修理、改善、改造直至报废退出生产领域的全过程的管理。这个层面的管理称为设备的技术管理，是由企业设备管理部门、生产部门承担。

（2）狭义上讲，设备管理是指设备物质形态的管理，即设备的技术管理工作。

2.1.2 设备管理体制简介

设备管理，伴随着工业化的发展，早已成为一门独立的学科，其中有苏联的计划预修制度（简称ППР）、英国的设备综合工程学、美国的预防维修（PM）与后勤学、日本的全员参加的生产维修保养体制（TPM）为主要代表。

2.1.2.1 苏联的计划预修制度

在20世纪50年代，我国的设备管理体制主要学习引进了苏联的计划预修制度。这对建立我国设备管理体制，确保设备正常运转，促进生产发展起到了积极的作用。这种设备管理体制一直沿用到20世纪90年代。

（1）修理周期结构。

作为计划预修制度的一大特征——各类设备都具有不同类型的修理周期结构。所谓修理周期结构，就是在修理周期内包括若干次不同类别的计划修理，如 k 表示大修，z 表示中修，m 表示小修。修理周期结构就是：0—m—m—m—z—m—m—m—z—m—m—m…k。

过去，我国大中型国营企业的设备管理主要遵循这一修理周期结构，即自设备安装验收投运后，运行一定时间（修理周期）即进行一次小修（m），再运行一个修理周期，再进行一次小修（m）；三次小修后安排一次中修（z）……依次循环。

一般情况下小修（m）周期为3个月；中修（z）周期为一年；大修（k）周期为6年。并非所有设备都是这个固定周期，设备的生产类别不同，修理周期也不一样。也并非所有设备在一个修理周期中能够平稳安全运行，设备故障及设备事故因使用及其管理问题也时有发生。

（2）主要问题。

计划预修制度在执行过程中，不可避免地会造成设备"过剩维修"[①]，从而造成经济浪费。主要原因是在企业执行计划预修制度的过程中，对该制度的基本原理缺乏应有的科学态度，对该修理制度的严密性和完整性的把握与执行有所欠缺。

2.1.2.2 设备综合工程学

设备综合工程学是英国为了研究和解决伴随工业化而产生的公害、事故、资源、能源问题或产品的产量、质量、成本、交货期限等问题而产生和发展起来的一个学科，概括地说，它是把设备的一生作为研究对象，是追求设备寿命周期费

---

① "过剩维修"：由于制定维修周期或间隔期时，多数凭经验确定。为了能够保证生产过程不出现故障停机，往往确定的维修间隔期小于实际情况，造成维修次数增多，或者出现过度维修现象。

用最佳化的综合性科学。

（1）设备综合工程学的定义。

1974年，英国工商部对设备综合工程学所下的定义是："为了使设备寿命周期费用最经济而把适用于有形资产的有关工程技术、管理、财务以及其他实际业务加以综合的学科。"具体地说，关于工厂、机械、装备、建筑物、构筑物的可靠性和保养性的方案、设计以及制造、安装、试验、维修、改造和更新，尤其是有关设计、使用和费用的情报信息交流，都是其研究的范围。

（2）设备综合工程学的特点。

①把设备寿命周期费用最佳化作为其研究对象。

②它是一门关于有形资产（设备、厂房）的工程技术、经济、管理等方面综合管理的科学。

③重点在于对设备进行可靠性、维修性的研究和设计。

④是关于设计、使用和费用的信息反馈的管理学。

2.1.2.3　美国的预防维修（PM）与后勤学

（1）预防维修的含义。

预防维修有两层含义：一是代表预防维修，二是代表生产维修。预防维修的发源地是美国。早在1925年前后，美国就提出预防维修的概念。它的基本含义是对影响设备正常运行的故障采取"预防为主""防患于未然"的措施，以达到减少停工损失和维修费用、降低生产成本、提高企业经济效益的目的。

（2）预防维修的定义。

据美国1977年出版的《维修工程手册》介绍，预防维修的定义为：

①定期检查工厂设施和设备，以发现各种可能导致影响生产的停机故障或损坏的状况。

②对设备进行预防维修，以避免突然发生故障，或者故障尚处于萌芽状态时加以控制和采取预防措施。

（3）预防性维修的优点。

①由于采取了"预防为主"的维修措施，可以减少计划外停工损失。

②容易做到有的放矢，避免临时加班突击和打乱生产计划，减少无效工时，节约维修费用。

③使设备保持较高的使用效率，保证产品质量。

④延长设备使用寿命，减缓磨损速度和减少诱发故障的隐患。

⑤改善备品备件管理，合理储备，按计划采购，减少资金占用。

⑥实行故障分析和信息反馈，提高管理水平。

⑦促进企业全面管理经营效率和综合管理水平。

2.1.2.4 日本的全员参加的生产维修（TPM）

日本在 1951 年以前还没有预防维修，只有事后修理，所以设备故障频繁。当时被意外故障搞得很苦恼的日本工业界，如饥如渴地从美国引进了预防维修，经过实践，效果很好，因此，就出现了推广预防维修的热潮。

1954 年，根据美国通用电气公司的经验，日本企业又开始提倡生产维修，这种生产维修实际上也包括预防维修，其最终目标是提高生产的经济效率，当时又称之为"赚钱维修"。维修的目的是为了提高生产效率，因而得名为生产维修。

20 世纪 60 年代、70 年代，日本工厂又积极开展 ZD 小组（安全无事故小组）和 QC 小组（质量管理小组）活动，引导工厂大多数工人参加。参加这些组织的工人除了生产以外，还担负着一定的生产管理工作，通过这种组织活动，把工人的意见反映到企业经营管理上来，使工人感到自己在参与企业管理，因而提高了工人的工作热情，成为企业发展的一种动力。从此，企业管理人员为了进一步调动广大工人的积极性，号召所有职工都要参加 PM（生产维修）活动，所以在 PM 前面加上代表"全"字的"T"这个字母，从而发展成为现在的全员生产维修体制（TPM）。

2.1.3 设备综合工程学、PM、TPM 的关系

TPM 是全员参加的生产维修保养的全称，或叫日本式的设备综合工程学。英国设备综合工程学、美国的 PM 与后勤学、TPM 之间没有绝对的界限，各个国家在设备管理实践中，只是按照它们的基本观点和方法，结合各自的历史条件和实际情况，不断总结和发展。它们之间的相对关系如图 2-1 所示。

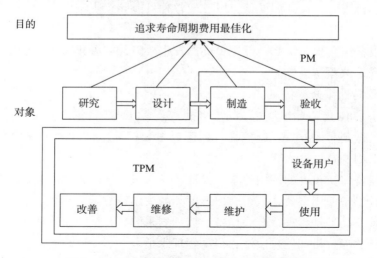

图 2-1　设备综合工程学、PM、TPM 关系图

从图 2-1 中可以看出，TPM 是从设备使用的角度，即设备用户的领域研究探讨设备管理的理论与方法，更加切合中国企业界众多中小企业的实际与需求。

下面重点介绍日本的全员生产维修体制 TPM 的设备管理理论、方法以及在企业推行 TPM 的具体方法与步骤。

2.2 全员参加的生产维修（TPM）

2.2.1 什么叫全员参加的生产维修（TPM）

日本设备工程协会为全员参加的生产维修（TPM）定义如下：
（1）把设备综合效率提高到最高为目标；
（2）建立以设备一生为对象的设备管理系统；
（3）涉及设备设计（采购）、使用和维修所有部门；
（4）从企业最高领导到第一线员工的全体成员参加；
（5）加强生产维修保养思想教育，开展小团体（即 QC 小组）自主活动，推广 TPM。

TPM 的狭义定义是：全体人员，包括上至高层领导、各有关部门成员，下至生产现场员工参加的生产维修、保养体制。

TPM 的目的是达到设备的最高效益，当时又称之为"赚钱的维修"；维修的目的是为了提高生产效率，因而得名为"生产维修"。

20 世纪 70 年代，丰田公司按照全员参加的生产维修（TPM）的要求，认真整顿了设备管理体制，经过 3 年的努力，结果使产量增加了 60%，设备费用降低了 40%，效果显著，因此，又称之为"赚钱的维修"。

1973 年，丰田公司荣获（日本）设备管理优秀企业奖。

自 1971 年，日本政府在企业开始全面推行会员生产维修（TPM），改善了设备技术状况，降低了设备故障率，增加了产量，减少了设备维修费用。日本企业推行 TPM 的总体有形效果如表 2-1 所示。

表 2-1　日本企业推行 TPM 总体有形效果

类别	项目	效果
P（效率）	生产性附加价值	提升 1.5~2 倍
	设备综合效率	提升 1.5~2 倍
	突发故障件数	减少 1/10~1/250

续表

类别	项目	效果
Q（品质）	工程内不良率	减少 1/10
	市场投诉件数	减少 1/4
C（成本）	制造原价	减少 30%
D（交期）	完成品及中间在库	减少 50%
S（安全）	停业灾害、公害	停业灾害 0、公害 0
M（士气）	改善提案数	提升 5~10 倍

2.2.2 TPM 的精髓——"三全"

企业实行全员生产维修（TPM），可以改善设备的技术状况，降低设备故障率，提高设备利用率，增加产品产量，提升产品质量，减少设备维修费用。TPM 主要精髓包括三个方面：即全员、全系统、全效率，统称为"三全"，如图 2-2 所示。

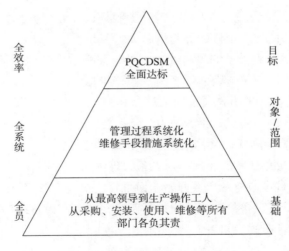

图 2-2 TPM 的精髓（"三全"）

（1）所谓"全员"，即是从企业最高领导到生产一线员工全体成员参加。

（2）所谓"全系统"，有两层含意：

一是对设备要实行全过程管理。传统的设备管理一般都集中在设备使用过程中的维护修理工作上，采用"事后维修"管理办法；现代化的设备管理是把设备的整个寿命周期全过程的各个阶段作为管理的对象。设备发生故障后一定要找出原因，采取措施及时排除，使同类故障不再发生。如果该类故障重复发生，就要进一步诊断原因，对设备进行改造、改善，采取"改善维修"（Corrective Maintenance，CM）措施，坚决杜绝同类故障再次发生。

二是把设备一生有关各业务工作和所涉及的部门组成一个管理系统，加强统一领导，使有关工作和部门有机地联系起来。

（3）所谓"全效率"，就是设备综合工程学提出的综合效率。全员参加的生产维修以综合效率为工作目标。在开展全员生产维修的过程中，要求自始至终努力做到产量（Production）高，质量（Quality）好，成本（Cost）低，按期交货（Delivery），无公害及安全生产（Safety），操作人员劳动精神饱满、士气高昂（Morale）。也就是说，要完成六个方面的任务（以上六方面的任务简称为 P、Q、C、D、S、M，即设备的输出）。

设备综合效率是指设备的输出与对设备的输入之比，其表达公式是：

$$设备综合效率 = \frac{设备的输出}{对设备的输入}$$

设备的输入主要是指设备的购置费用和维持费用（包括维修工人工资、维修费用和动力消耗等）。

2.2.3　TPM 的基本内容

2.2.3.1　TPM 三大管理思想

（1）预防哲学：对设备如何进行修理大体可分为两大类，即事后修理和预防修理。实践证明，预防修理优于事后修理。但是，并不是对所有设备都进行预防修理，对影响生产较小的一般设备仍然采取事后修理的办法。

（2）零目标（零缺陷）：追求设备故障（事故）为零、质量事故为零、安全事故为零、设备周期费用最经济的目标。

（3）全员参与和小团体活动：鼓励全体员工参与开展 ZD 小组（安全无事故小组）和 QC 小组（质量管理小组）活动。设备管理与 ZD、QC 活动的关系尤为密切，相互结合，彼此促进。日本企业的管理实践证明，TPM 活动开展比较好的企业，往往也是 QC 小组活动历时较长、成就显著的企业。

2.2.3.2　TPM 活动内容

TPM 是把设备的综合效率提到最高为目标，在设备维修管理上，采取各种有效措施，以求故障最少，维修占用生产时间少，提高维修效率和设备开动率，更好地为生产服务。其主要内容如图 2-3 所示。

（1）两大基石。

①习惯性的点检：设备点检的主要目的是及早发现设备异常，并通过自主保

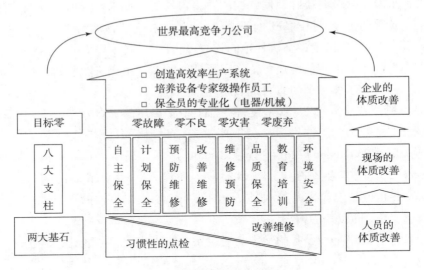

图 2-3 TPM 活动内容

全活动，及时消除这些异常问题，从而消灭设备故障"苗子"，避免设备事故的发生。推广 TPM，是将设备点检工作制度化、习惯化。

②改善维修：对于设备本身存在的设计、安装缺陷，通过技术革新进行改进与完善，从而减少或者杜绝设备异常发生，不断提升设备性能。

（2）八项活动释义。

①以操作者为中心——自主保全；

②以保全部门为主——计划保全；

③生产影响较大的重点设备——预防维修；

④经常发生问题的部件、机构——改善维修；

⑤购置新设备时——维修预防；

⑥构筑产品品质的保全体制——品质保全；

⑦提升操作技能/保全技能——教育训练；

⑧安全、卫生和环境管理——环境安全。

2.2.3.3 TPM 的手段和方法

TPM 包含着一系列维修手段和方法，比较完整，有针对性，适合于各种不同的情况。这些手段和方法，都以降低设备整个寿命周期的费用为目的，如表 2-2 所示。

表 2-2　TPM 的手段和方法

序号	维修手段、方法	适应范围	目的
1	预防维修	对生产影响较大的重点设备	追求设备寿命周期费用最经济、合算
2	改善维修	对现有设备进行革新、改造、改善设备的性能	
3	维修预防	对新设备在规划、设计、制造、采购时考虑到设备的可靠性、维修性	
4	事后维修	对生产影响不大的一般设备	

（1）预防维修：包括日常维护、预防性检查、定期的预防性计划修理（根据日常点检、巡检所取得的有关信息，在设备发生故障前，进行有计划的预防性修理）。

（2）改善维修：如果设备中某个机构或者某个零部件多次发生重复性故障，就要认真分析原因，判断是属于操作问题还是机器本身的设计缺陷。如果属于设计性缺陷，如材料选材问题、结构设计问题、零件强度问题等，要针对问题进行改造、改善维修，消除问题产生的原因。

（3）维修预防：这是设备的设计和安装所固有的特性，它涉及设备运行的经济性、安全性和精确度。在设备设计、选型、购置时要考虑到可靠性、维修性及其经济运行费用。

（4）事后修理：是在设备发生故障后再进行修理的方式。一般是对利用率较低，有代用设备、出了故障不影响生产计划完成，以及容易修理、价格便宜的非关键设备实行事后修理。采用事后修理，也是从全面经济效果出发，实践证明，这类设备采用事后修理比预防修理费用低。因此，应当改变全盘否定事后修理的观点。

2.3　TPM 的一些主要做法

2.3.1　实行重点设备管理

企业设备管理部门为了更好地为生产服务，针对本企业的生产特点，突出重点设备的维修管理工作。对重点设备主要是做好日常点检、巡检和定期检查，优先安排预防维修和改善维修，以提高重点设备的开动率。

实行重点设备管理的意义，主要是保证重点设备经常处于良好的运行状态，确保企业的正常生产秩序。其作用如下：

（1）实行重点设备管理后，各类设备的重要性程度一目了然，便于设备管理工作抓住重点。对生产中的重要设备和关键设备，设备管理部门和使用部门都应加强管理和维护保养，即对重点设备实行重点管理、重点维护，维修资源首先保证重点设备的需要，从而确保生产的安全运行。

（2）实行重点设备管理，有助于解决使用与修理之间的矛盾。从使用部门的角度上，总是要求设备质量越高越好；而从修理角度上来看，有些老旧设备要修理到像新设备那样，既不经济又不可能，对一般设备来说，也没有这个必要；因为维修力量与维修资源的有限性，如果"眉毛胡子一把抓"，容易造成主次不分，影响生产。设备分类划级，实行重点设备管理，可以集中力量解决主要矛盾。

（3）克服过剩修理，提高设备修理的经济性。现在大家都认识到严重的过剩修理会造成人力、物力的极大浪费。设备分类管理，可以对不同类别的设备确定不同的维修方式，加大重点设备的预防维修，一般设备实行事后维修，以提高设备维修的经济性。

（4）实行重点设备管理后，生产能力易于核定，为制订生产计划和检修计划提供了可靠的依据，有利于提高计划工作的质量。

2.3.2　划分重点设备考虑的影响因素

划分重点设备考虑的影响因素如下：
（1）对生产的影响；
（2）对产品质量的影响；
（3）对维修保养工作的影响；
（4）对交货期的影响；
（5）对安全及环境污染的影响；
（6）对成本及维修费用的影响。

划分重点设备的影响因素及权重各企业并无统一的规定，可按各企业的实际情况和生产需要而自行确定，也可参照表2-3进行。

表 2-3　重点设备分级评分表（供参考）

车间		资产编号		设备名称		规格型号	
项目	序号	内容		评价标准			实际得分
				标准内容		分数	
生产	1	开动班次		开足二班以上（无备用）		5	
				开足二班以上（有备用）		3	
				未开足二班		1	
	2	故障时可否代替		无代替		5	
				可外协		3	
				有代替		1	
	3	专用程度		专用		3	
				多用		1	
	4	故障对其他设备影响程度		影响全车间		5	
				影响一部分		3	
				只影响本设备		1	
质量	5	质量稳定性		不良率10%以上		5	
				不良率3%~10%		3	
				不良率3%以下		1	
	6	最终质量（精度）		对最终质量有决定性影响（不可人工维修）		5	
				对最终质量有影响（可人工维修）		3	
				对最终质量无关		1	
维修	7	故障频率		每月2次以上		5	
				每月2次以下		3	
				基本上无故障		1	
	8	故障修理的难易程度		难		5	
				较难		3	
				可以简单修理即解决		1	

续表

项目	序号	内容	评价标准		实际得分
			标准内容	分数	
成本	9	故障损失（停机、减产及维修费用）	>3 000 元	5	
			3 000~1 000 元	3	
			<1 000 元	1	
安全	10	因故障而使作业人员或者作业环境受影响的程度	影响人的生命	5	
			需要停止其他作业设备	3	
			有影响但可以继续作业	1	
其它	11	设备价值	>5 万元	2	
			<5 万元	1	
备注	（1）最高分为 50 分；（2）重点设备（A）35 分以上，重要设备（B）17~34 分，一般设备（C）16 分以下			总分	

划分重点设备后也不是一成不变的，随着生产产品的调整，或设备的更新改造等，也会影响重点设备划级的改变。因此，一般每年对重点设备要进行一次审定工作，以便及时调整。重点设备一般占设备总数的 20% 左右。

2.3.3 设备管理内容的区分

TPM 把设备划分为 A（重点设备）、B（重要设备）、C（一般设备）三类，目的是便于分别进行管理。其着眼点主要是考虑"维修为生产服务"的目的。这三类设备的管理内容如表 2-4 所示。

表 2-4 设备管理内容划分表（供参考）

序号	管理内容	重点设备	重要设备	一般设备
1	重点设备标志	有	有	无
2	点检标准和日常点检	全部	全部	无
3	巡检标准及巡检表	全部	全部	无
4	定期精度检查	部分	部分	无
5	维修手段	重点检修保证使用	计划预修	事后维修
6	故障记录及分析	有	有	无
7	维修记录	有，详细	有	部分有
8	操作规程	齐全	齐全	一般要求

续表

序号	管理内容	重点设备	重要设备	一般设备
9	说明书	齐全	90%以上	部分有
10	"五定"润滑管理	齐全	90%以上	部分有
11	备件技术资料	保证维修需要	基本保证	不要求
12	备件供应	保证维修需要	关键备件保证维修	不要求

2.3.4 设备的点检与巡检

设备的点检是维修的基础,它是TPM的一项较好的方法,通过点检能早期发现设备隐患及时采取有效施,避免突发故障,保证生产正常进行。根据日本企业的经验,有60%~80%的故障可以通过点检早期发现。同时,通过点检可以取得第一手资料,作为制订预修计划、改善维修计划及维修作业的依据。点检分为日常点检、巡检和定期检查。

2.3.4.1 日常点检（点检）的定义

在设备运行中或开机前、停机后,由生产操作人员负责,用人的感官（视觉、听觉、嗅觉、触角）或借助于简单工器具对设备的关键控制点进行检查,并采用日常维护保养和生产操作相结合的方法,加强对设备的清扫、紧固等基础保养工作,通过及时发现设备小隐患、小缺陷并快速处理。设备卫生清扫是点检的前提条件。

2.3.4.2 巡回检查（巡检）的定义

为了维持设备规定的机能,维修人员、专业技术人员、管理干部对所属区域设备,利用感官及简单仪器仪表对设备进行检查,并对小的故障进行处理。

2.3.4.3 定期检查（定检）的定义

为了维持设备的机能,确保设备运行安全,用人的五感和专业测量仪器定期对设备进行检查和测定,检查和判断设备有无劣化和异常现象。

2.3.4.4 设备的点检周期与分工

设备的点检周期与分工如表2-5所示。

表2-5 设备的点检周期与分工

项目＼区分	周期	分工	备注
日常点检	每日~一周以内	由操作人员负责	
巡回检查（巡检）	每周1~2次	由维修人员、专业技术人员、管理干部负责	
定期检查（定检）	半年或者1年一次	专业检测人员负责	

2.3.4.5 设备使用部门的主要职责

（1）执行日常点检和加油润滑工作。

（2）按时清洁和擦拭设备。

（3）正确操作设备，不因操作错误和日常润滑不良而引起故障。

（4）配合维修部门做好修理工作。

（5）确保安全生产。

（6）设备发生故障要及时报告，并填写设备修理委托书。

（7）参加验收维修部门验收维修设备工作，并在验收单上签字确认。

2.3.4.6 设备维修管理部门的主要职责

（1）编制各种检修计划和各项定期检查计划，并组织实施。

（2）在维修费用预算内完成维修任务。

（3）对设备使用部门给予日常点检和维护保养的指导。

（4）排除突发故障，对故障进行统计分析，采取防止故障对策。

（5）遵守设备维修保养标准。

（6）拟定并实施防止设备公害的措施。

2.3.4.7 点检卡片的编制步骤

（1）由设备管理人员根据设备设计和使用说明书、技术文件、设备使用和运行经验等资料，编制出点检标准书。

（2）根据点检标准书编制出设备点检卡片。

（3）操作人员经过培训后执行点检任务。

2.3.4.8 编制点检卡片注意事项

（1）已经确定的点检项目不要任意变动。

（2）难度大、时间长的项目要划归为定检、专业检查项目。

（3）判断标准要简单易懂，一目了然。

（4）记录方式要简单明了。

（5）长期不出现问题的项目，可以排除在点检范围之外，以减少操作人员劳动强度，避免员工的懈怠情绪。

2.3.4.9 日常点检的方法

设备操作人员在每天生产以前，或者下班前清理设备卫生的同时，利用5~10分钟时间，用听、看、摸等方法，根据点检卡片的内容逐项进行检查；以"√"（正常）、"×"（不正常）符号将检查结果填在点检卡片上。对一些小问题，如螺栓松动、润滑补油等简单的工作，操作人员应自行解决；如问题较大，操作人员无法解决时，应立即通知维修人员进行处理。

2.4 零故障与自主保全

2.4.1 故障的基本概念

2.4.1.1 故障的定义

设备或机器等原有功能丧失的情况。

故障语源：

故——人为的，故意的；

障——障碍。

"故""障"这两个字连起来，就是"人故意使设备发生障碍"，这句话并非耸人听闻（后面再解释这样描述的原因）。

2.4.1.2 故障的种类

设备故障种类如图2-4所示。

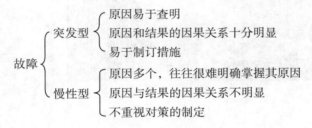

图2-4 故障的种类

通过以上设备故障分类可以看出，对于突发型故障，生产部门、设备管理部门重视程度高，原因易于查明，为了快速恢复生产，问题处理就像"救火"一样迅速。对于慢性型故障，由于管理不善、设备老化等原因，致使设备小毛病比较多。这些小毛病到底属于什么原因引起的，判断起来比较困难，很难找到"病根"，处理起来也比较麻烦。即使设备存在这些小的问题，设备还能维持运转，导致设备管理部门、使用部门不重视、放松管理，放任问题长期存在。

因此，"人故意使设备发生障碍"这句话，进一步解释是：由于人的不重视（故意），引起了"设备故障"。

2.4.1.3 故障的原因分析

据统计，70%~80%的故障是由于人为因素造成，这些人为因素包括设备操作不当、维护不当、管理不善等主客观原因。2018年4月，作者到日本丰田参观学习时，了解到丰田下属很多供应协作单位使用的冲床设备，有很大部分属于

20世纪70年代的设备,并经不断改善,自动化程度很高,技术状况一直保持良好。

(1) 设备缺陷可以分类为:

①大缺陷:会造成设备停机,甚至产生损坏,危及人身安全(原因和结果关系明确),例如电机、减速箱损坏,或者齿轮、轴损坏等。

②中缺陷:设备还能暂时维持运转,但是设备机能已经降低,小毛病时常会发生(原因很多,不具体、不明确),通常人们会描述为"设备老化"。

③小缺陷:暂时不影响设备功能,如跑、冒、滴、漏、脏污等。

可以用图2-5来描述大缺陷、中缺陷、小缺陷之间的关系。大缺陷只是这些缺陷中浮出水面的冰山一角,大量的缺陷隐藏在水面以下,不被我们重视。

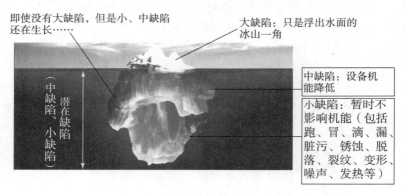

图2-5 故障冰山

(2) 设备故障的发展过程:

通过上述分析可知,设备故障原因可能是单一因素,更多的原因是多因素或复合因素造成的。设备故障的发生也是一个渐变的过程,是一个从微小到大,从量变到质变的过程,其发展过程如图2-6所示。

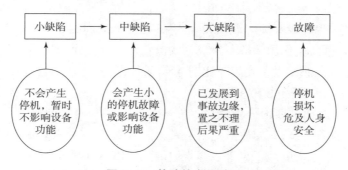

图2-6 故障的发展过程

(3) 加速设备损坏的主要原因：

实践证明，加速设备损坏的主要原因有设备润滑不良、灰尘脏污、螺栓松弛、潮湿锈蚀、保温不良、受热、零件疲劳等。

例如，小小尘土就可以导致故障的发生，其演变过程如下：

①尘土→附着在设备表面划痕上→吸潮→锈蚀→设备损坏；

②尘土→堵塞油孔（或污染油箱）→润滑不良→加速磨损→零件损坏。

(4) 设备容易劣化的部位：

①机件滑动工作部位；

②机械传动工作部位；

③机件旋转工作部位；

④受力支撑及连接部位；

⑤与原料、灰尘接触的粒附部位。

2.4.2 零故障的基本思考

人们通常认为"人吃五谷杂粮，没有不生病的"。同样认为，设备没有不发生故障的。现在，随着人们生活水平的提高，私家车进入千家万户，但是现实情况众人皆知，私家车的设备问题就比较少，原因是"重视程度"不言而喻。企业设备的价值，动辄几十万元，上百万元，有的上千万元，这些设备，随着生产使用，问题会逐渐发生，问题会越来越多，致使设备寿命达不到应有的年限。其原因也不言而喻，是因为"重视程度不够"引起的。有的企业花大价钱购买的数控机床、加工中心，长期使用，润滑油不更换、油箱不清理。

那么，如何实现企业设备零故障呢？采取的办法就要改变人们"重视程度"这一思考问题的方式和行动方式，如图2-7所示。

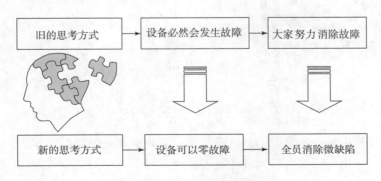

图2-7 零故障思考方式的改变

2.4.2.1 实现零故障的对策

（1）正确使用设备，严格执行操作规程；同时，严守设备使用条件——如电压、转速、压力及温度等，这些条件都是根据机器特点来决定的。

（2）精心维护，严格执行维护保养规程；必须做到工完场清，设备内外按时清洁；按照润滑"五定"（定点、定质、定量、定期、定人）规范加油润滑；做好设备的紧固调整，按照规定更换易损件；清洁设备本身就是检查的一种方式，并且是一种重要方式。

（3）预防维修，有病早治，严禁设备带病作业。

（4）加强设备操作人员培训力度，提高操作技能。

2.4.2.2 什么是自主保全

（1）定义：自主保全就是通过员工对自己的设备和现场自觉维持和改善，从而实现并维持现场和设备达到理想状态或最佳状态。

操作者直接接触设备，可以最早感知设备异常，如果进行必要的紧固和注油、清洁，就可以事先防止故障。

自主保全是一个长期的过程，但是操作者和企业获得的效果或利益也是相当大的。

（2）自主保全的意义如图2-8所示。

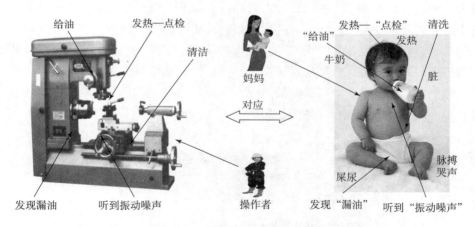

图2-8 设备操作者的自主保全与婴儿的妈妈的护理

将设备比作一个不会说话的婴儿；婴儿的妈妈就是设备的操作者，那么给婴儿换尿布、喂奶、清洗、确认婴儿是否发热感冒就是妈妈必须做的事情；相对应的给设备加油、清洁卫生、发现漏油、发热及振动不良就是设备操作者自主保全的内容。

①操作员工是设备的妈妈，机器设备是不会说话的孩子；妈妈会最先感知孩

子是不是"病了",同样,操作者也会第一时间发现设备问题。

②设备本身不会自主维护,但会"哭"(振动)、会"静坐抗议"(停机),偶尔也会"咬人"(伤人)。

③如果操作员工像妈妈对待不会说话的孩子那样对待和呵护设备,设备状态将完全不同(我们以上说的:重视程度)。

④妈妈虽然相信医生,但并不是说,把孩子的健康全部依托给医生负责,相反,妈妈是孩子的最好的保育员。同理,操作者是设备最好的维护者、管理者。

设备管理部门相当于婴儿的医生,妈妈解决不了的问题,才去求助医生,那么迅速处理复杂问题和预防"疾病"发生就是设备部门的管理范围。

(3)设备操作自主保全体系的建立。

建立设备操作自主保全体系,目的是为了培养专家级设备操作员工,使他们不仅会操作,会检查,还要具备设备故障的分析、判断能力,自行恢复能力。如图2-9所示。

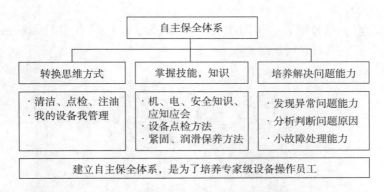

图2-9 设备操作自主保全体系图

2.4.3 设备点检制与巡检

2.4.3.1 设备点检制

设备点检制是指预防性检查,是利用人的感官(视觉、听觉、嗅觉、触觉)和简单的工具仪器,按照预先设定的方法标准,定点、定周期地对指定部位进行检查,找出设备的隐患和潜在缺陷,掌握故障的初期信息,及时采取对策,将故障消灭于萌芽状态的一种设备检查管理制度。

设备由操作人员负责日常点检,也需要维修、管理人员负责的巡回检查和定期检查(定检)。

所谓"点",是指设备的关键部位点,容易出问题的点。俗话说:牵牛要牵牛鼻子。设备点检也要抓住关键点，关键点就是牛鼻子。

2.4.3.2 操作者在点检实施中的核心作用

（1）设备的操作者又是设备管理者，是设备最好的"保姆""保育员"，能够第一时间发现设备问题，也知道设备的"脾性"，也就是设备发生问题的规律性，甚至了解设备发生问题的原因。

（2）设备点检、操作、保养三者之间，点检处于核心地位。有好的设备，才能有好的产品；有问题及早发现，及早处理，才能确保设备完好，否则日积月累，好设备很快就会变成坏设备。

（3）设备操作者是设备点检的实施者、也是设备的管理者（清洁、维护、记录、反馈、问题追踪）。

3. 建立"三位一体"点巡检制

（1）什么叫"三位一体"？

①岗位操作员的日常点检；

②专职巡检员、专业维修人员的定期巡检（定检）；

③管理者（公司领导、车间主任、设备部部长）的不定期巡检与大检查。

图2-10为某公司领导现场巡查设备。

图2-10　某公司领导现场巡查设备

三方面的力量相互结合，就像张开了无形的"网"一样，使设备问题无处可逃，及时发现，及时处理。

（2）牢牢抓住"两个环节"。

一是设备操作人员的点检与自主保全工作。特别强调：决不能用巡检代替操作工人的点检，否则就会弱化操作工人的责任，使点检失去意义。

二是巡检人员、专业技术人员、管理干部的重要作用。

①管理干部的重视是建立企业点巡检制重要的组织保证。

②专业巡检是在操作员工日常点检的基础上，使巡检的准确性加以提高，所以巡检应该是源于点检，而又高于点检。因此，巡检设备时，首先应检查操作员工的点检记录，是否按照点检要求进行点检，点检表填写是否规范，问题处理是否及时到位，然后再进行必要的检查。

③还要发挥专业人员的专业作用，如现场指导、培训操作人员点检及自主保全有关知识和实际操作要领，这是提升操作员工专业技能最有效、最快速的培训方法。

巡检对于单台设备来说是综合性的检查，如图 2 – 11 所示。现场设备管理属于生产车间操作人员的管理内容；专业设备管理属于设备管理部门、维修人员设备管理内容。

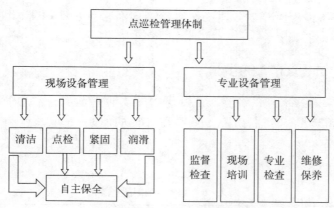

图 2 – 11　设备点巡检体制图

2.5　推行 TPM 的方法与步骤

毛泽东同志在《农村调查》的序和跋中引用斯大林的话："理论若不和革命实践联系起来，就会变成无对象的理论。"

因此，我们不但要学习国外先进的设备管理理论与方法以及国内兄弟单位设备管理成功的经验，还要结合本企业的具体情况，逐步建立起一种适合本单位实际的设备管理制度。当然，我们学习这些先进的设备管理理论和方法，还要本着"先易后难、循序渐进"的学习和实践办法，不可盲目贪大求洋、囫囵吞枣。这

种"先易后难、循序渐进"的学习和实践办法,对我们每个企业也是适用的。学习推行 TPM 的原则是:

互相学习、逐渐渗透、取别人之长、补自己之短;

量体裁衣、循序渐进、局部试点、总结推广。

20 世纪 80 年代至 90 年代,我国主要在国营大中型企业推行 TPM,取得了一些宝贵经验,如上海柴油机厂 135 柴油机车间推广 TPM 总结出 7 个优点。

(1) 设备完好率稳定在 95% 以上。

(2) 停台修理工时、停台率显著下降,前者从 1980 年 1 月的 2 605 小时,下降到 1980 年 6 月的 534 小时;后者从 4.1% 下降到 0.9% 以下。

(3) 维修工明确了职责,增强了团结,变忙、紧、乱、懒为轻松、有序、负责,提高了作业效率。

(4) 工作效果清楚,便于考核。

(5) 开展技术培训,相互学习,一专多能,培养了人才。

(6) 改善了服务态度,化解了维修与生产的矛盾。

(7) 设备维修、保养、管理工作逐步走向经常化、计划化、制度化,提高了经济效益。

2.5.1 试行 TPM 的步骤

根据作者在多家企业的经验,推行 TPM 可分四个阶段:(1) 组织动员和骨干培训阶段;(2) 基础准备阶段;(3) 实施推进阶段:选取试点单位(领导力、组织力比较强车间),试点推行;(4) 推广巩固阶段:总结试点单位成功经验全面推广阶段。如表 2-6 所示。

表 2-6 TPM 的推进步骤

阶段	步骤	主要内容
组织动员和骨干培训阶段	(1) 领导层宣布引进 TPM 的决心	以公开会议形式宣布 TPM 活动正式开始,表明决心和目标
	(2) TPM 引进宣传和人员培训	按不同层次组织培训,宣传教育
	(3) 建立 TPM 推进机构	成立各级 TPM 推进委员会和专业组织
	(4) 确定 TPM 试点单位(车间)和目标	找出基准点和设定目标
	(5) 制订 TPM 推进总计划	计划从 TPM 引进开始到最后评估为止
基础准备阶段	(6) TPM 正式起步	确定重点设备与重要设备,编制点检、巡检卡片、区域分工、管理内容划分、考核目标等

续表

阶段	步骤	主要内容
实施推进阶段	（7）设备的点检	定人、定机、定周期、定内容、定方法、定措施
	（8）设备的巡检	定专业、定路线、定设备、定内容、定方法、定措施
	（9）"五定"润滑	定人、定时、定点、定质、定量
	（10）设备点巡检卡片的收集、整理、分析	通过分析调整点巡检内容、为维修计划制订提供支持
	（11）提高操作和维修技能的培训	分层次进行各种技能培训
	（12）完善维修体制	建立计划预修、改善维修体系，加强备品、工具、图纸及检修管理工作
推广巩固阶段	（13）总结提高，全面推行 TPM	总结评估，制定更高目标，全面推广

按照 TPM 的推进步骤，制订 TPM 推进总计划，建立以公司领导为核心的组织机构，召开全公司 TPM 推进动员大会，逐步开展 TPM 管理理论和方法的学习培训。有条件的企业可以组织有关人员到设备管理优秀企业参观学习，有条不紊地开展 TPM 推进工作。某公司 TPM 推进计划（参考）如表 2-7 所示。

表 2-7 某公司 2019 年 TPM 推进计划（参考）

| 序号 | 工作内容 | 2019 年计划 | | | | | | | | | | | | 责任单位 |
		1	2	3	4	5	6	7	8	9	10	11	12	
1	建立组织机构	→												
2	制定目标计划	→												
3	导入动员	→												
4	不同阶段培训												→	
5	选取试点单位		→											
6	实施 TPM 活动											→		
7	规范化，TPM 推广							→					→	

2.5.2 开展设备点检的方法

（1）将公司设备分类（A——重点，B——重要，C——一般）及管理内容进行划分。

(2) 编制设备点检卡、巡检卡（点巡检标准书），制定巡检路线。某公司设备巡检路线如图2-12所示。

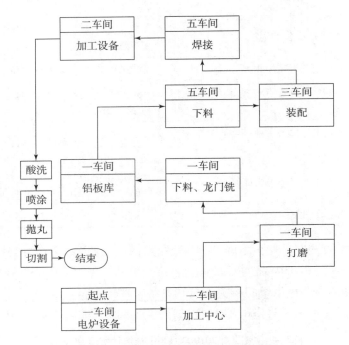

图2-12 某公司设备巡检路线图

设备点巡检主要内容有点检部位、点检项目、点检方法/判定标准、点检周期、问题处理等。某公司立式加工中心日常检查表如表2-8所示。

表2-8 某公司立式加工中心日常检查表

设备名称　　　　编号：　　　　负责人：

项目\日期	检查保养部位与记录								加油及处理记录	操作者签名		
	1	2	3	4	5	6	7	8			检查液位，不足时添加	
1												（1）每天检查润滑油位，不足时添加。注意最高、最低油位
2												
3												
4												
5												
6												

续表

项目\日期	检查保养部位与记录								加油及处理记录	操作者签名		
	1	2	3	4	5	6	7	8				
7												检查液位，不足时添加
8												
9												（2）图示加油部位，按照要求定期检查，不足时添加指定润滑油
10												
11												
12												
13												
14												
15												（3）每天检查气压力 0.5MPa～0.7MPa。注意观察油位，不足时添加
16												
17												
18												
19												
20												（4）滤网至少每周取下清理1次
21												
22												
23												（5）每天用气枪前后清吹清理1次
24												
25												
26												（6）每班检查排屑器，要求无铁屑、杂物缠绕及异响
27												
28												
29												
30												（7）每班清洁机床内外卫生，清除地面油污；检查机床零部件是否齐全
31												

正常：V　　　　不正常：X

(3) 点检、巡检人员培训。

完成以上两项工作后,接着就要按点检卡的要求对操作人员、巡检人员进行培训,使他们熟悉点检部位、内容和方法。同时,要提高他们的思想认识,并提出具体要求。具体要求如下:

①要求操作工人或维修工人严格按点检卡规定的点检内容、程序进行点检,不能遗漏。

②要求操作工人每天上班时先检查设备,并将检查的结果填入点检卡(也可用代号填写,详见点检卡)。

③要求操作工人发现设备异常时,要及时向维修人员或车间设备员反映,以便及时处理。

④按照规定周期收集点检卡片,上交车间主任,不能自行销毁;再由车间负责收集、整理,上交设备管理部门。

(4) 设备点检的基本内容和要求。

设备点检是对设备使用和维护加强科学管理的一种新方法,其基本内容归结起来有 12 个环节、6 点要求,如图 2-13 所示。

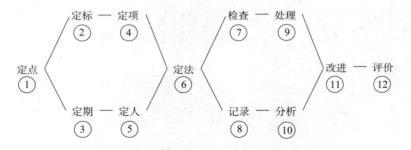

图 2-13 设备点检的基本内容

设备点检的 12 个环节:

①定点——首先确定一台设备有多少个维护点。确定维护点时要科学地分析这台设备,目的是只要把所有规定的维护点"看住",出了问题及早发现及时处理,就能确保设备的安全运行。这些点就是设备"关键点",是出问题比较多的点。

②定标——维护点确定后要逐个点制订标准,例如温度、压力、流量、液位等要有明确的数量标准,只要不超过规定标准,就能避免设备故障的发生。

③定期——多长时间检查一次要定出检查周期。例如,有的点可能每班要检查几次,也有的点一个月检查一次。检查周期根据具体情况而定。

④定项——检查哪些项目也要有明确规定。每一个点可能检查一项,也可能

检查几项。

⑤定人——谁进行检查，是操作工人、检修人员还是专职工程师进行检查，应根据检查的部位和技术精度情况落实到人。

⑥定法——怎样检查也要规定，是人工观察还是工具测量，是用普通仪器还是用精密仪表、仪器进行检查。

⑦检查——检查的环境、步骤也要有规定，是在生产运行中进行检查，还是停机进行；是解体检查，还是不解体检查，都要明确、具体。

⑧记录——各种检查记录方式。任何人检查都要详细做记录，按规定格式填写清楚。要填写检查数据及规定标准的差值、判定结果、处理意见、检查时间、签名等。巡检人员、部门领导、公司领导在检查过程中，也要签字确认，以起到示范、引导作用。

⑨处理——检查中能够处理和调整的问题要及时处理调整，并将处理结果记入处理记录。没有能力或没有条件处理的的问题，要及时报告有关人员安排处理。任何人、任何时间处理都要填写处理记录。需要安排抢修的设备，就要及时组织抢修，以免发生安全事故；暂时不影响生产、安全的设备，可以安排计划检修。

⑩分析——检查记录与处理记录都要定期进行系统分析，找出薄弱"维护点"，即故障率高的点或损失大的环节，并提出建议交给设计人员、技术人员改进设计、改善维修。

⑪改进——根据检查及记录，设备分析暴露出的问题要进行改革，以彻底解决设备存在的薄弱环节。

⑫评价——任何一项改进都要进行评价，看其经济效果如何，然后再不断进行完善，至此循环往复地进行定点检查，不断改善，设备的技术状况就会不断提高。

设备点检的六点要求如下：

①要定点记录——记录要逐点记，经常积累起来才能找出故障发生的规律。

②要定标处理——处理一定要按标准进行，达到规定标准。

③要定期分析——定检记录要逐周、逐月进行分析，为检修和改造（改善）提供依据；每年要系统地进行一次总结，找出规律，提出改革计划；同时，可以通过分析修正定点检查的工作量，例如，哪些点可以延长检查周期，哪些点可以取消检查等，使工作趋于精确，不断提高工作效率。

④要定项设计——查出需要进行设计改进（改善）的问题，要规定设计项目，按项目进行。设计部门解决不了的问题，要提出课题交技术部门，作为革

新、发明创造项目予以解决。

⑤要定人改进——任何改进项目要有专人负责。负责设计、改进、评价、再改进的全过程，使改进效果有连续性和系统性。

⑥要系统总结——每半年或1年要对定点检查工作进行全面系统的总结和评价，提出书面总结材料和下一阶段的重点工作计划。

2.5.3 检查、维修记录的利用

日本企业十分重视设备检查、维修资料的收集、分析利用工作，这是开展TPM活动的基础。检查、维修记录是第一手的原始资料。

（1）来自设备使用部门的资料。
①设备运行记录（生产记录、设备运行记录、故障维修情况等）；
②设备点检表；
③设备润滑、加油记录。

（2）来自设备维修管理部门资料。
①维修记录（改善、改造、计划预修、抢修记录等）；
②设备巡检记录；
③定期检查（检测）记录（包括特种设备检测记录）；
④安装验收报告、大修记录等。

（3）设备记录的用途。

通过以上记录的收集、整理、统计、分析，找到设备故障、事故发生发展的规律，编制预修计划、改善维修计划，不断提升设备的性能。设备记录的内容和用途如表2-9所示。

表2-9 设备记录的内容和用途

记录名称	内容	用途
设备运行记录	设备开动状况、生产数据	掌握生产成绩、设备状况
润滑卡	加油、换油记录	确保设备润滑可靠
点检卡	按规定内容点检，做好记录	通过收集设备点巡检记录、维修记录、检查记录、分析故障、事故发生频率、对生产造成的影响，编制预修计划、改善维修计划、改造方案措施等
巡检卡	按规定内容巡检，做好记录	
维修记录	记录维修内容、缺陷情况、故障原因、工时费用	
专业检测记录	安全、精度等检测	
故障统计表	记录故障内容、损失等	

（4）设备故障统计分析。

①设备故障记录明细表。该表是按日期顺序登记各种故障，用于统计故障次数、内容、停机台时、修理工时、故障原因及采取的对策等，是故障分析的主要资料，如表2-10所示。

表2-10 设备故障记录明细表

序号	日期	设备名称	故障内容	修理时间	修理工时	主要原因	对策

②故障分析。依据原始记录，固然可以看出单台设备故障的状况，但我们整理原始资料的目的，是以这些原始记录为基础，进行分析，找出主要矛盾及其规律性的东西，以便解决这些主要矛盾，使维修工作提高效率，收到更好的维修效果。例如要考查哪些设备故障最多，哪些类型的故障多；哪些设备故障停机时间影响生产最长，故障的原因是什么，主要原因是什么，故障的性质如何。了解这些情况后，就可以制定对策，解决这些问题要从何处下手，抓住了主要矛盾，使维修工作效率逐渐提高。通常利用排列图进行原始记录分析收效较好。如表2-11所示，某公司通过设备故障统计表进行汇总、整理。

表2-11 某公司X月设备故障统计表

序号	不合格类型	不合格数/台	比率/%	累计比率/%
1	零件磨损	30	34.09	34.09
2	操作不当	20	22.73	56.82
3	电气故障	15	17.05	73.86
4	紧固不良	10	11.36	85.23
5	超负荷	5	5.68	90.91

续表

序号	不合格类型	不合格数/台	比率/%	累计比率/%
6	备件质量	5	5.68	96.59
7	其他	3	3.41	100.00
8	合计	88		

通过上述统计表，作出故障原因分析排列图（见图 2 - 14），更能直观地揭示出造成设备故障的主要原因。

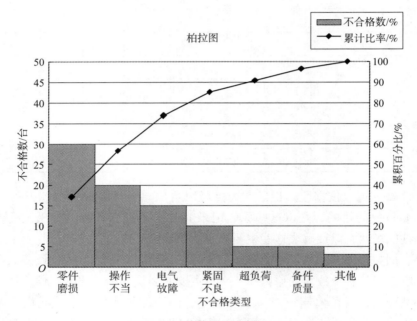

图 2 - 14　故障原因分析排列图

用同样的方法，可以做出设备故障停机工时排列图和各类故障修理排列图。

（5）设备检修计划的编制流程。

①各车间主任定期（每周六）收集汇总各机台、各班组设备点检资料；根据点检反映出的问题，要认真分析，判定设备劣化程度，能够自行解决的及时协调解决，并做好记录；还要结合对设备巡检掌握的设备情况，对影响设备安全运转的问题，提出设备分析及检修计划建议，报设备管理部门，申请计划检修。

②设备巡检人员根据巡检路线及其要求，对所分工负责的设备进行巡检，观察设备的压力、温度、泄漏、电压、电流、振动、紧固、润滑等情况，并进行必要的紧固、调整、修复等作业；认真做好巡检记录，定期（每周六）负责完成

设备分析及检修计划申请表，报设备管理部门主管，如表 2–12 所示。

表 2–12　设备分析与检修计划申请表

单位：　　　　　　　　　　　　编制人：　　　　　　日期：20　年　月　日

序号	设备名称	主要存在问题	检修建议			备注
			检修类别	检修时间	检修单位	
1						
2						
3						
4						
5						
6						

③设备管理部门主管根据点检、巡检反映出的问题，结合自身对设备巡检、设备大检查掌握的设备情况，正确判定设备劣化程度，综合平衡，编制设备月度、周设备检修方案及计划，如表 2–13 所示。

表 2–13　设备检修作业周（月）计划表

日期：20　年　月　日

序号	设备名称	检修类别	检修内容	计划检修日期	负责人	计划停产时间	备注
1							
2							
3							
4							
5							
6							

④设备检修计划编制流程如图 2–15 所示。

2.5.4　防止点巡检制度流于形式

2.5.4.1　把好设备点检关

（1）对于连续生产设备，尤其是关键设备，必须开展点检、巡检工作。

（2）对企业生产起关键作用的设备，尤其是发生故障无可代替的设备，必须实行点检、巡检工作。

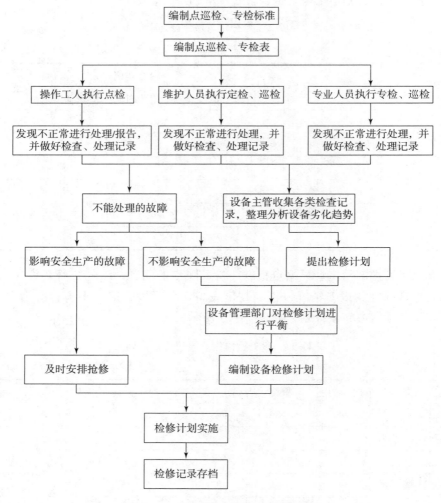

图 2-15　设备检修计划编制流程图

(3) 对精、大、稀和关键的动力设备也必须实行点检、巡检工作。

(4) 对一般设备不一定要搞点检，根据企业情况而定。

2.5.4.2　把好点检项目关

点检项目集中在经常发生故障的零部件上，且点检项目不要过多，还要考虑操作员工实际的技术水平。

(1) 所列的点检项目如果需要点检工具进行点检，操作工人又没有这些工具，不能列为操作工人点检项目，可以安排专业人员进行巡检或者定检。

(2) 长时间不发生故障的项目，要及时清除。

(3) 所列项目技术要求应符合操作员工实际技术水平。

(4) 所列项目判断标准必须明确，记录方式要简化。

2.5.4.3 把好巡检关

点检工作必须与专业人员的巡检结合起来。

(1) 巡检由设备检修人员、班组长、专业人员、车间主任、设备部部长、公司领导等人员承担，按定期、不定期进行检查。巡回检查首先是对点检工作执行情况的检查；其次才是对设备的巡查；最后对查出的问题要及时处理。

(2) 巡回检查的周期，不同的职务、人员具有不同的周期，一般有每天、每周、每月等，但是不能用巡检代替操作人员的点检。

(3) 巡检也要形成记录，作为计划预修、改善维修的依据。作者的经验是巡检时要在设备点检表上签字，以便引起操作人员的重视，促进设备点检工作。

(4) 不能用巡检代替操作工人的点检，否则就会弱化操作工人的责任，使点检失去意义。巡检是建立在日常点检的基础上，使巡检的准确性加以提高，所以巡检应该是源于点检而又高于点检。

(5) 巡检对于单台设备来说是综合性的检查。

2.5.4.4 把好点巡检记录的处理关

(1) 不论是点检记录还是巡检记录，均需送至设备管理部进行汇总、整理、综合分析。设备管理部要提出处理意见。

(2) 设备管理部根据分析意见，结合生产计划安排（周计划、月计划、更换模具间歇时间、停线时间等），综合平衡（人力、物力、生产等情况），制订出周、月度设备检修计划。

(3) 点检、巡检分析要点如下：

①通过点检、巡检记录分析，找出薄弱的"维护点"，即故障率高的点或者损失大的环节。

②影响人身、生产安全的"问题点"，需要安排抢修的，应立即停机，组织抢修工作。

③不影响安全运行的小隐患，可安排计划检修。

④经常出问题的"问题点"，要进行研究、设计方案，进行改善、改造维修。

2.5.4.5 定期组织大检查活动

(1) 设备大检查是设备管理工作的一种综合性检查，主要是检查设备（重点设备、重要设备）的技术状况，并根据情况，有侧重地检查设备管理工作情况、规章制度执行情况等。

(2) 设备大检查制度是作者从事设备管理工作以来行之有效的制度。建议有关公司每月组织1次，车间每周组织1次。

（3）设备大检查的特点：分管设备的公司领导挂帅，由设备管理部门领导、工程技术人员、车间主任组成骨干队伍，按照设备管理标准（5S、设备完好标准、点巡检标准），重点抽查与一般检查相结合，边检查边整改，互帮互学，形成一个"赶、学、比、帮、超"的竞赛氛围。

（4）检查时应对设备作出如下判断：
①检查基层单位执行公司制度、规程情况；
②设备性能能否保证达到设计（工艺）要求；
③找出机械、电器、液压、气动机构潜在问题；
④判断可能发生故障的趋势及时间；
⑤鉴定零部件或功能是否可能造成事故；
⑥为预防意外事故（故障）的发生，及时调整生产计划，适当安排维修时间。

2.5.4.6 营造持续改善的氛围

（1）切实解决设备问题，如员工提出的紧固、润滑工器具问题，现场管理、工作环境问题等，要抓紧解决，以调动操作员工的工作积极性。

（2）开展各类设备竞赛活动，表彰先进，鼓励创新，营造持续改进的氛围。

2.5.5 推行 TPM 更多的收益

近几年来，作者在企业咨询辅导过程中，帮助企业推行日本全员生产维修（TPM），取得了明显的效果，提升了企业经济效益，具体总结归纳如下：

（1）企业检修费用明显降低，从而降低了产品成本。
（2）随着设备运转率的提高，相应的生产效率也有较大提高。
（3）设备管理人员、检修人员工作量明显降低；设备检修工作的计划性、规律性更强，由"救火"、忙乱变为轻松、有规律。
（4）现场、设备卫生状况有了极大改善。
（5）设备安全有了保障，实现了安全文明生产。
（6）设备突发故障明显减少，领导者越来越省心。

【案例】

××公司根据以上所述内容，制定设备点巡检管理制度如下。

××公司设备点巡检管理制度

为搞好公司设备日常维护保养，及时准确地掌握设备运行状况，减少设备故障、事故，提高设备的完好率和运转率，特制定本制度。

一、设备点、巡检工作分工

（一）日常点检巡检

（1）日常点检：在设备运行中或运行前后，由生产岗位操作人员负责。操作人员用人的感官或借助简单工器具对设备的关键点进行检查，并采用日常维护保养和生产操作相结合的方法，加强对设备的清洁、紧固、给油（脂）等基础保养工作。通过及时发现设备小隐患、小缺陷，快速处理。设备卫生清洁是点检的前提条件。

（2）车间负责所属区域设备、管路、阀门、仪表等的日常检查和维护保养工作；厂内公辅设施部分由设备部负责日常检查、维护保养工作；办公设施由行政人事部及所属办公室负责各部门设备的日常检查、维护保养工作，并接受公司设备部的检查和监督。车间重点设备、重要设备点检分别每周每机台汇总一表。

（二）巡检分为设备维护人员巡检、公司领导等不定期巡检

（1）设备维护人员（或在操作人员的配合下）凭借感官和检测工具，定期对设备技术状态进行全面检查和测定。其主要目的是在故障发生前发现设备的缺陷和隐患，及时进行处理，使设备保持原有的技术性能。

（2）不定期巡检主要是由公司领导、各部部长、车间主任等进行现场巡视检查，其目的是检验点检、巡检效果，并及时协调处理设备问题。

（3）公司设备巡检分工：

①设备部主管分工负责公司机械设备巡检工作。

②电气部负责人负责公司水、电、气、通信设备的巡检工作。

二、点检职责

（一）设备部主管职责

（1）对设备点检、巡检负有组织、指导、检查、督促、激励的责任。

（2）审定主要设备点检、巡检表的内容、标准等是否符合要求。

（3）定期召开设备点检、巡检总结交流会议，以便总结经验，提高设备管理水平。

（4）每周负责收集设备点检、巡检资料，及时处理各生产车间设备在点检、巡检方面查出的问题；积极开展设备分析，每周日下班前编制完成下周设备检修计划，报生产厂长审批后，负责组织实施。如果不能按时编制计划，负激励帮助50元/次，由生产厂长负责考核。

（二）车间主任职责

（1）车间主任是设备点检工作的积极推动者。

（2）车间主任要积极创造条件，支持操作员工的设备点检工作，协调好设

备点检、问题处理、维护保养等与生产工作的关系，检查督促操作员工认真搞好设备点检工作。

（3）做好设备点检工作中的信息整理反馈工作。车间主任每天关注设备的点检情况，掌握设备状况；每周六上午汇总车间设备点检资料，根据点检反映出的问题，判定设备劣化程度，提出设备检修建议计划，报设备部，否则负激励帮助50元/次，由设备部主管负责统计汇报，由生产厂长考核。

（4）对于点检反映的问题要认真分析，能够自行解决的设备问题及时协调解决，并做好记录；对影响设备安全运转的问题要及时反映，以保证设备安全运行。

（三）岗位操作人员的点检职责

（1）按照设备区域划分、点检分工实施日常点检作业。

（2）在当班时间内，岗位操作人员必须按日常点检表逐项进行点检，查出问题并认真做好记录。

（3）当发现设备有异常（响）时应立即进行检查，需紧急处理的要及时处理，不能处理时应报班长/车间主任或维修人员进行处理。将检查处理情况记入点检记录及交接班记录中。

（4）交接班时，应将当班点检情况向下一班交接清楚。

（5）每周完成点检表1份，周六上午报车间主任，否则，负激励帮助20元/次，由车间主任负责考核，设备部负责监督。

（四）巡检人员职责

（1）根据巡检路线及要求，观察设备的压力、温度、泄漏、电压、电流、振动、紧固、润滑等情况，并进行必要的紧固、调整、修复等作业，认真做好记录；不能处理时，应及时通知设备部主管人员。

（2）对机台设备操作人员的操作、维护、点检负有检查、监督、指导、问题处理等职责。

（3）每周至少保证按照巡检路线完成2次以上巡检，并认真填写巡检报告，周六下班前报设备部主管，否则负激励帮助30元/次。

（4）周六负责完成设备分析及检修计划建议，报设备部主管，否则负激励帮助40元/次。

（5）以上考核由设备部主管负责考核。

（五）效率保证

（1）巡检员应携带规定的工器具上岗巡检。

（2）机械巡检员应携带点检手锤、扳手、螺丝刀、手钳等简易工器具和必要的螺丝、垫圈等易损件。

(3) 电气巡检员应携带万用表（小号）、点检手锤、螺丝刀、电笔、扳手、尖嘴钳等简易工器具，以及保险丝、螺丝、绝缘胶布等易损件。

(4) 电气、机械巡检员，每周根据巡检反映出的问题，判定设备劣化程度，提出设备检修建议计划。

(5) 设备部主管根据点检、巡检反映出的问题，以及自身掌握的设备情况，正确判定设备劣化程度，提出周设备检修方案或计划。

本制度由设备部负责解释。

2.6　设备的润滑管理

2.6.1　设备润滑管理工作的意义

设备润滑管理工作是设备技术管理中的一个重要环节，也是设备维护保养的重要内容。加强设备润滑管理工作，是保证设备正常运转、减少机件磨损、降低动力消耗、延长设备修理周期和使用寿命的有效措施。特别是冶金和矿山企业，设备处于温度高、负荷重、冲击大、铁末、灰尘、水汽多、烟雾腐蚀、日晒雨淋的恶劣工作环境，要保证设备的正常运转，润滑工作就显得更加重要。

但是，很多企业对设备润滑管理工作认识不足，重视不够，设备故障的重复发生也不认为跟设备润滑有重大关系，致使以下问题普遍存在。

(1) 机械设备检修频繁，跑冒滴漏现象普遍，治漏堵漏措施与方法缺失。

(2) 据统计，一些设备的轴承运行寿命只有设计寿命的30%~50%，甚至更低，没有从润滑上查明原因、采取措施。

(3) 现场设备污染控制不严，导致液压设备故障率高，没有从液压油污染方面寻找原因。

(4) 动力电机扫膛故障，其中50%以上故障与电机轴承润滑有关。

(5) 设备因润滑不良造成磨损，备件更换频繁，周期短，检修费用高。

(6) 80%的机械设备故障是由摩擦、磨损引起，实际均是润滑不良引起的。

2.6.2　设备润滑的概念

(1) 设备润滑。

设备润滑就是在摩擦面之间加入润滑油脂，使运动的机件表面不发生直接接触，从而降低摩擦系数，减少磨损，这种作用叫润滑。

(2) 润滑剂的作用。

①改善摩擦，减少磨损，节约用电：润滑剂附着在机器零件的摩擦表面形成

油膜。由于润滑油膜的存在，使得相互摩擦的金属表面不会直接接触，因此大大减少了摩擦阻力，降低了零件的磨损消耗，节约电能。

②冷却散热：高速运转的设备，常会因摩擦而使大量的机械能转换为热能，如果不设法把这些热量散失，温度就不断上升，以致于烧毁零件，迫使机器不能继续工作。所以，高转速的机器要用循环稀油润滑，以便带走它所产生的热量，维持设备的正常工作。

③防锈保护：空气中含有水蒸气和其他腐蚀性气体，特别是冶金系统，高温、灰尘多、水汽多，设备在露天环境里，金属零件最容易锈蚀。使用润滑油脂可以使金属与空气隔绝，防止零件锈蚀。

④密封堵漏：在轴封盘根处，涂上润滑油脂，使盘根保持油浸状态，便可以有效地起密封作用。这样既可以防止泄漏，又可以防止灰尘侵入。某些输送溶剂的管路或密封接合面还需涂抹特种密封润滑脂，防止生锈和渗漏。

⑤洗涤污垢：循环式稀油润滑系统不断地冲洗摩擦表面，可以排除磨屑和脏物，以免损伤摩擦面。

⑥润滑剂还有减少振动和噪声的效能。

（3）设备润滑"五定"。

设备润滑"五定"工作是企业润滑技术管理的重要内容。要搞好润滑管理工作，首先要从建立"五定"入手。

"五定"即定点、定质、定量、定期、定人。具体内容如下：

①定点：确定每台设备的润滑部位和润滑点。

②定质：按照润滑图表规定的油脂牌号用油。润滑材料必须经过检验合格，润滑装置和加油器具要保持清洁。

③定量：在润滑部位、润滑点要明确规定用油量。

④定期：按照润滑卡片或图表规定的时间添加润滑油、清洗换油，保证润滑状况良好。

⑤定人：按照专（业）群（众）结合的原则，规定每台设备什么部位是操作工人负责加油，什么部位是润滑工人负责加油、换油，什么部位是维修电、钳工加油换油。

（4）设备润滑图表。

设备润滑图表是指导操作工、维修工和润滑工对设备进行正确合理润滑的重要基础资料。该图表以"五定"润滑为依据，图文并茂显示出"五定"的具体内容，如具体规定哪台设备，哪个部位，用什么油，加油周期多长，用什么加油装置，由谁负责等。如图2-16、表2-14所示。

第 2 章 设备管理

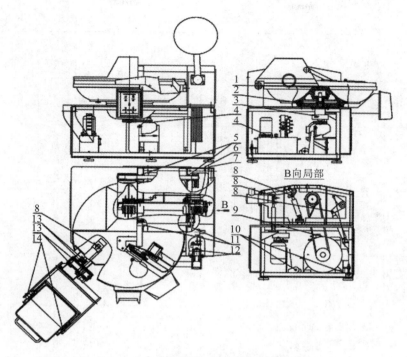

图 2-16 ZB330 润滑部位分布示意图

表 2-14 设备润滑表

序号	系统或部位	注油形式和方法	润滑剂品种	换油周期或注油周期	负责人
1	斩锅转动系统	拧下斩锅中心上的聚乙烯盖向螺纹孔内注入 15~20 毫升	机械油	每 500 小时	保全工
2	支持斩锅的止推轴承	充填轴承内空腔的 2/3	锂皂化脂	每 500 小时	保全工
3	摆线减速机	通过排放螺钉清空后,用新油补充	机械油	每 2 年更换一次	保全工
4	斩锅电机/油泵电机	用注油枪向每个油嘴里用力推 6~8 下(约 20 克)	锂皂化脂	每 6 个月 1 次/工作每 3 000 小时至少 1 次	保全工
5	刀盖轴(2 处)	用注油枪向每个油嘴里用力推 3 下(约 8 克)	锂皂化脂	每运行 500 小时注油 1 次	保全工

续表

序号	系统或部位	注油形式和方法	润滑剂品种	换油周期或注油周期	负责人
6~7	刀轴	用注油枪向每个油嘴里用力推3下	锂皂化脂	每班注油1次，	班长
8	液压缸（2处）	用注油枪向每个油嘴里用力推3下（约8克）	锂皂化脂	每500小时注润滑脂一次	保全工
9	刀轴高速电机前后轴承（2处）	用注油枪向每个油嘴里用力推6~8下（约20克）	锂皂化脂	每6个月1次/工作每3 000小时至少1次	保全工
10	刀轴高速电机座板（4处）	张紧螺栓及转轴表面涂一层润滑脂	锂皂化脂	每3个月涂一次	保全工
11	噪声罩部分（2处）滑动轴承		锂皂化脂	每500小时注润滑脂一次	保全工
12	出料机构轴承（2处）	充填空腔的2/3	锂皂化脂	每5 000小时注1次	保全工
13	料斗提升机摆臂轴承部分		锂皂化脂	每3 000小时更换1次	保全工
14	托架滑动轴承处	保养时加注	锂皂化脂	每500小时注润滑脂一次	保全工

（5）设备润滑图表的编制。

设备润滑图表的编制要点如下：

①内容要完备，具体内容包括：

a. 润滑剂的品种、名称、数量。

b. 润滑部位、加油点、油标、油窗、油孔、过滤器等。

c. 标出液压泵的位置、润滑工具和注油形式。

d. 标明换油周期、注油周期和过滤器清洗周期。

e. 明确设备的润滑分工与责任。

②标准化与规范化：可以参照设备说明书中的润滑规范，按润滑"五定"

要求，绘图要求图面清晰、引线有序、便于记忆。

③简洁明了：绘图以表达清楚、正确为准，尽量简化。

④目视管理：为了使操作工、润滑工、维修工对具体设备润滑的"五定"一目了然，常用塑封方式，粘贴在设备显眼处。这种直观方法的应用，称为设备润滑的目视管理。

2.6.3 设备润滑管理

设备润滑管理是企业设备管理工作中的重要组成部分，也是不可忽视的重要环节。企业应建立一套润滑管理组织网络，健全润滑工作的各项规章制度，明确各级润滑人员的职责。在加强专业管理的同时，也要注意发动群众，充分调动工人的积极性，开展润滑技术培训与宣传，使人人都重视润滑工作。

2.6.3.1 设备润滑管理组织网络建设

（1）建立健全设备润滑管理组织网络，是搞好润滑管理的重要措施。如何建立健全网络，应根据各企业的具体情况来定。例如，鞍钢设备装备管理部门设有4名润滑技术人员，公司下属各个分厂设有润滑工；同样，武钢机电处下设一个液压润滑科，管理全公司的液压润滑工作，下面各分公司也在设备科设置一名润滑工程师或技术员，车间设置润滑工段或润滑班组。这些大型企业集团人力资源相对充沛，润滑管理网络建设比较健全。

（2）对于一般中小型企业，设备管理部门、维修部门也应配备（或兼职）一至几名比较有经验的管理人员，负责企业润滑管理，具体指导实施本企业设备润滑工作。企业应设置专门的润滑油站（或库房），负责企业润滑材料的管理和配制、回收、再生（利用）工作。润滑系统比较复杂的大型车间应配备1～2名润滑工。

2.6.3.2 设备润滑技术管理的主要内容

（1）根据设备分级管理办法，制定出设备润滑的各项管理办法和规程。

（2）根据本企业特点与工艺流程，建立必要的润滑基础管理资料和技术档案。

（3）认真落实设备"五定"润滑工作。

（4）润滑技术人员有责任对设备的设计、选择润滑材料等环节不正确的地方进行改进和重新设计。

（5）设备的润滑工作必须列入点检、巡检等工作的范围。

（6）应充分发挥润滑技术人员特长，指导操作工人合理用油与治漏工作，如发现设备润滑不良，有跑、冒、滴、漏现象，应立即采取措施排除故障，确保设备润滑正常，运行平稳。

(7) 鼓励研究、试验、试用新技术和新材料；有成效的，应组织推广和表彰奖励。

(8) 组织防漏、治漏项目工作，开展"无泄漏"活动。

(9) 开展润滑管理技术培训工作，提高专业队伍的业务素质。

2.6.3.3 设备润滑工的主要工作内容

(1) 要全面熟悉服务区域内设备的数量、型号及用油要求。

(2) 具体执行设备润滑"五定"工作和润滑管理制度。

(3) 按时做好清洗换油工作。在齿轮箱、液压系统等规定部位加油，每周检查一次，以保持正常油位，确保设备充分润滑。

(4) 经常巡回检查设备润滑系统的工作情况，发现问题要及时向维修组长或润滑技术人员报告，以便及时解决。

(5) 对质量不好的润滑油有权拒绝使用，负责废油回收与冷却液的配制工作。使用代用油料必须经过润滑技术人员的批准。

(6) 负责监督设备操作工人润滑工作，对不遵守润滑规定的操作工人应提出劝告；若不听从劝告，应及时上报工段长或车间领导。

(7) 按时提报润滑油料需求计划，经润滑技术人员核准，由供应部负责采购。

(8) 协助润滑技术人员编制设备润滑卡片等润滑技术资料。

(9) 经常保持容器、加油工具的清洁完好，及时修补油壶及润滑工具，做好润滑站（库房）的安全卫生工作。

(10) 对设备润滑不良、浪费油料、损坏工具的现象，提出改进和处理意见；对没有及时加油或换油而引起的设备事故负责。

(11) 做好领油、发油和巡回检查记录及报表工作。

2.6.4 设备润滑管理给企业带来的经济效益

现代设备润滑技术和润滑管理有机结合，是企业润滑节能降耗的重要措施。企业建立、培养自己的润滑专业人员，做好设备"五定"润滑管理工作，会给企业带来巨大的经济效益。

(1) 提高设备使用寿命，延长备品备件更换周期，每年可降低设备检修、备件费用20%~30%。

(2) 减少设备油品污染，降低摩擦系数，降低电耗8%~12%。

(3) 降低润滑剂的采购成本40%~50%。

(4) 提高设备的运行可靠性，提高企业产品质量和产能。

综上所述，现代设备润滑管理工作是企业有待挖掘的巨大金矿，加强设备润滑管理工作，是将未被开发的金矿变成企业巨大的财富。

本 章 小 结

A. 设备管理简介

（1）设备管理包含两部分内容：一是设备价值管理，属于财务管理内容；二是设备技术管理，是企业设备管理部门、生产部门管理内容。狭义上讲，设备管理是指设备物质形态的管理，即设备的技术管理工作内容。

（2）设备管理体制的主要代表有：苏联的计划预修制度（ППР），英国的设备综合工程学，美国的预防维修（PM）与后勤学，日本的全员参加的生产维修（TPM）。

B. 全员参加的生产维修（TPM）

（1）全员参加的生产维修（TPM）是指企业全体人员，包括上至高层领导、各有关部门成员，下至生产现场员工参加的生产维修、保养体制。TPM的目的是达到设备的最高效益，又称之为"赚钱的维修"。

（2）TPM的基本内容：两大基石，八项活动。

C. TPM的一些主要做法

将公司设备划分A、B、C三类，实行重点设备管理与常态化的设备点检、巡检活动。

D. 零故障与自主保全

（1）70%~80%的故障是由于人为因素造成，这些人为因素包括设备操作不当、维护不当、管理不善等主客观原因。实现零故障的对策：正确使用，精心维护，预防维修，消灭事故苗子，避免设备故障的发生。

（2）什么叫自主保全？自主保全就是通过员工对自己的设备和现场自觉维持和改善，从而实现并维持现场和设备达到理想状况或最佳状态的保全制度。操作者直接接触设备，可以最早感知设备异常，如果进行必要的紧固和注油、清洁，就可以事先防止故障。

E. 推行TPM的方法与步骤

（1）推行TPM可分四个阶段：组织动员和骨干增训；基础准备；选取试点单位，试点推行；总结试点单位成功经验，全面推广。

（2）防止点检、巡检制度流于形式：把好设备点检关；把好点检项目关；把好巡回检查关；把好点检、巡检记录处理关；定期组织设备大检查；营造持续改善的氛围。

F. 设备的润滑管理

(1) 设备润滑:就是在摩擦面之间加入润滑油脂,使运动的机件表面不发生直接接触,从而降低摩擦系数,减少磨损,这种作用叫润滑。

(2) 设备润滑"五定"工作是企业润滑技术管理的重要内容,会给企业带来巨大的经济效益。

第 3 章
质量管理

3.1 质量管理简介

世界著名质量管理大师朱兰博士曾有过一句著名的话：

> 20 世纪是生产率的世纪，21 世纪是质量的世纪，质量将成为和平时期占领市场最有效的武器。

"质量"这个词语，来源于西方的"quality"，在古希腊语中本意是"哪一个"的意思，是物与物之间的比较。

早在"quality"译成汉语的 1 000 多年前，"质量"一词就在华夏大地上使用。质量在古汉语中的本意是"资质"与"器量"，即人的质量。对于中国每一个个体，追求质量就是追求更极致的自我。

产品如人品，质量如生命！

其实就是说：我们做出的产品代表了我们的人品，一旦人品出现了问题，或者情绪控制不好，或者马虎松懈，那么做出的产品质量也必然会出问题。所以一切问题的根源在于人，只要每个人认真仔细、责任心强，产品就不会出问题；即使出现质量问题也是属于偶发性质量问题。如果产品长期出现质量问题，那么根本原因还是在于人的本身。

3.1.1 质量的概念

3.1.1.1 什么叫质量

国际化标准组织在 ISO 9001—2015《质量管理体系——基础和术语》中将质量定义为：客体的一组固有特性满足要求的程度。

这句话有三个含义：一是"客体"，是指质量所描述的对象，是质量的载体；二是质量的"特性"，即产品质量是用产品特性来描述的；三是满足"要求"。

满足谁的要求？答案只有一个，就是满足客户的要求。

那么，满足客户要求，如何去衡量呢？就要用指标或者参数来衡量这种"满足要求"的程度。这个指标或者参数就是产品的质量特性。

3.1.1.2 产品质量特性

产品质量特性依产品的特点而异，表现的参数和指标也多种多样，反映用户需要的质量特性归纳起来一般有六个方面：性能（如物理、化学性能），寿命（即时间性、耐用性），可靠性（如操作、运转等），安全性（物质、人身安全等），适应性，经济性。

3.1.1.3 产品的分类

产品归纳起来，划分为四大类：硬件、软件、流程型材料和服务。

（1）硬件是指具有特定形状的可分离的有形产品，如茶杯、钢笔等。

（2）软件是指通过承载于特定媒体的信息所组成的知识产品。软件可以表现为概念、程序等形式，如电子游戏等。

（3）流程型材料是指通过将原材料转化成某一预定状态所形成的产品，如食用油、煤粉等。

（4）服务是指伴随着供方与顾客之间的接触而产生的无形产品，如快递、旅游等。

3.1.2 质量管理发展历程

3.1.2.1 国际质量管理发展历程

弗雷德里克·温斯洛·泰勒是美国古典管理学家，科学管理的创始人，1911年出版了《科学管理原理》一书，他被管理界誉为"科学管理之父"。在这之前，产品的质量主要由工匠个人控制，上升不到管理这个层次。产品质量管理历程可以划分以下几个阶段。

（1）第一个阶段。20世纪初到20世纪30年代以质量检验把关为主，是从半成品或者产品中间挑出废品和次品，是一种事后把关式的管理，它依靠的是检查人员的经验和责任心。这一阶段，产品质量控制职能逐渐由工人到工长、由工长转移到质检员身上。但是，这一检验职能只能验证质量，而不能控制质量。

（2）第二阶段。20世纪30年代到20世纪60年代，是统计质量控制阶段。为了适应生产力大发展的要求，利用数理统计的原理对生产过程进行分析，及时发现异常情况，从而采取处理措施，把质量检验发展到由事后把关变成事前控制。

1925年，休哈特提出了统计过程控制理论以及控制过程的具体工具——控制图，现今统称为SPC。1930年道奇与罗米格则提出了抽样检验理论和抽样检验表。这两项理论成果影响深远。

（3）第三阶段。20世纪60年代进入了全面质量管理的阶段，开始叫TQC，后来发展到TQM。全面质量管理源于美国，发扬于日本，它提出了满足用户要求、全员参与、全过程控制、用数据说话、始于教育、PDCA循环等理念和方法。

1986年，国际标准化组织全面吸收了TQM的管理理念和方法，对质量管理的内容和要求进行了标准化，并于1987年3月正式颁布了ISO9000族系列标准。

自1987年ISO9000正式诞生以来，该标准已历经了四次正式的改版：

第一次改版发生在1994年，它继续沿用了质量保证的概念。

第二次改版是在2000年，不论是从理念、结构还是内涵，这都是一次重大的变化。标准引入了"以顾客为关注焦点""过程方法"等基本理念，从系统的角度实现了从质量保证到质量管理的升华，具备了更强的适用性。

第三次改版是在2008年，这次改版被定义为一次"编辑性修改"，并未发生显著变化。

第四次改版就是现行的最新版本ISO9001：2015，于2015年9月23日正式发布。

（4）第四阶段。21世纪后进入"零缺陷"质量阶段，以美国飞利浦·克劳斯比为代表，进入质量管理哲学时代。飞利浦·克劳斯比主张抓质量，主要是抓住根本——人这一根本，这与中国文化不谋而合。人的素质提高了，才能真正使质量获得进步。飞利浦·克劳斯比率先提出"第一次就做对"，并掀起了一个时代自上而下的"零缺陷"运动。

3.1.2.2 质量管理体系在我国的发展分为三个阶段

（1）1979—1989年，全面质量管理的引进和推广阶段。这一阶段的主要特点是政府主导，自上而下有计划、有重点地向企业引进和推广。

1979年，我国颁布了《优质产品奖励条例》，这是一项开展提高产品质量持久活动的重要举措。

（2）1989—1999年，全面质量管理的普及和深化阶段。

1992年，我国开展了"中国质量万里行"活动。

1993年，全国人大通过的《中华人民共和国产品质量法》，标志着我国的质量工作进一步走上了法制化的道路。

1996年，国务院颁布了《质量振兴纲要》。

1999年，国务院召开了全面质量会议，会后颁布了《国务院关于进一步加强产品质量工作若干问题的决定》。

（3）1999年至今，全面质量发展和创新阶段。

在这一时期，我国的许多先进企业确立了质量在企业中的战略性地位，通过质量管理使得产品质量赶上或超过了发达国家产品的水准，树立了我国的自己品牌。

2000 年 12 月，原国家技术监督局颁布了 GB/T 19000 族系列标准，等同采用 2000 版 ISO 9000 族系列标准。

2001 年，国务院决定将原国家质量技术监督局和原国家出入境检验检疫局合并，组建了国家质量监督检验检疫总局；同时，成立中国国家认证认可监督管理委员会和国家标准化管理委员会。

2004 年 9 月，国家质检总局发布了国家标准 GB/T 19580—2004《卓越绩效评价准则》和 GB/T 19579—2004《卓越绩效评价标准实施指南》。这都极大地推动了我国质量管理工作的开展，提高了我国产品的质量水准。

3.2 质量成本与质量意识

关于追求高质量带来的成本会更高还是更低，当被问到这个问题的时候，管理工作者普遍会出现争议。他们似乎意见并不统一。很多人认为成本更高，而另一些人则觉得成本更少。那么，追求高质量企业成本会提高还是会降低呢？要回答这个问题，需要厘清下面一些概念。

3.2.1 质量成本

3.2.1.1 质量成本的概念

质量成本的概念是由美国质量专家菲根堡姆在 20 世纪 50 年代提出来的。其定义是：为了确保产品（或服务）满足规定要求的费用以及没有满足规定要求引起损失，是企业生产总成本的一个组成部分。

质量成本一般包括：为确保与要求一致而作的所有工作叫作一致成本，以及由于不符合要求而引起的全部工作叫作不一致成本。这些工作引起的成本主要包括预防成本、鉴定成本、内部损失成本和外部损失成本。其中预防成本和鉴定成本属于一致成本；而内部损失成本和外部损失成本，又统称为故障成本，属于不一致成本。

（1）一致成本。

①预防成本：是为减少质量损失而发生的各种费用，是在结果产生之前为了达到质量要求而进行的一系列活动的成本，主要包括以下费用：

a. 实施各类质量策划所需的费用，如质量体系策划费用、产品实现策划的费用；

b. 产品（工艺）设计评审、验证、确认费用；

c. 工序能力研究费用；

d. 质量审核费用；

e. 质量情报信息费用；

f. 质量培训费用；

g. 质量改进费用。

②鉴定成本：是按照质量标准对产品质量进行测试、评定和检验所发生的各项费用，是在结果产生之后，为了评估结果是否满足要求进行测试活动而产生的成本，主要包括以下费用：

a. 检验费用；

b. 监测装置的费用；

c. 破坏性试验的工件成本、耗材及劳务费用。

（2）不一致成本。

①内部损失成本：是指产品出厂前的废次品损失、返修费用、停工损失和复检费等，主要包括以下费用或损失：

a. 废次品损失；

b. 返修费用；

c. 复检费用；

d. 停工损失；

e. 质量故障处理费；

f. 质量降级损失。

②外部损失成本：是在产品出售后由于质量问题而造成的各种损失，主要包括以下费用和损失：

a. 索赔费用；

b. 退货损失；

c. 保修费用；

d. 降价损失；

e. 处理质量异议的工资、交通费、食宿费等费用；

f. 信誉损失，这是一个企业较大的损失。

综上所述，质量成本 = 预防成本 + 鉴定成本 + 内部损失成本 + 外部损失成本。

3.2.1.2 这些成本到底有多少

由于中小企业数据统计方面的缺乏，具体质量损失很难用数字衡量。某减速箱生产制造企业在推行全面质量管理（TQM）之前，仅销售产品退货率就达

5%，这类数据企业内部是可以具体统计的。由此可以估计其他质量损失只能在这个数字之上，企业质量成本居高不下，没有引起企业家们的高度重视，甚至明知损失很大，但也无可奈何。

朱兰博士在《朱兰的卓越领导者 质量管理精要》一书中有如下描述：

> 20世纪80年代，许多商业领袖发表声明，他们的不良质量成本为销售额收入的20%~25%，这一数字是普遍性的。这个惊人的数字是由许多独立的组织在计算它们自己的成本时得出的。到了2003年，制造企业的不良质量成本在15%~20%的范围内，许多组织采用统计的方法来降低不良成本，从而实现了更低的质量成本水平。对于服务性组织，不良质量成本的比例仍惊人地占到了销售额的30%~35%。这些数字包含了返工的成本、控制不良流程的额外成本和适当满足客户的成本。在产品售出之前发生的问题，增加的显然是生产者的成本。在产品售出之后发生的问题，增加的是客户及生产者的成本。售后问题会影响生产者未来的销售，因为客户可能不会倾向于再购买质量不高的服务。

对于高层管理者来说，量化这种成本的必要性和迫切性是多么重要。这些数据有力地证明了组织在通往突破的道路上进行巨大变革的必要性。广大企业普遍存在的重要机会是降低不良成本或是降低与绩效不佳的流程相关的成本。朱兰博士在《朱兰的卓越领导者 质量管理精要》一书中展现了不良质量成本的一个例子。表3-1中显示了加工工业中一个组织使用传统会计分类所估计的不良质量成本。

表3-1 不良质量成本分析

分类	金额/美元	百分比/%
内部失效	7 279 000	79.4
外部失效	283 000	3.1
评估	1 430 000	15.6
预防	170 000	1.9
总计	9 162 000	100

注：引自《朱兰的卓越领导者 质量管理精要》。

该组织每年的总质量成本估计为916.2万美元。对于这个组织来说，这个总和代表着一个重大的机会（之前这些费用从来没有合计在一起，其总数通常要比任何人的预期都大得多）。表格数据中最主要的是内部失效成本——这部分占到了总数的 79.4%。显然，任何重要成本的减少都一定来自内部失效的降低。

这些"数字"如此惊人，恐怕是很多企业家没有想到的。只知道损失很大，到底多少，由于管理上的缺陷，难以掌握，从而引不起高度重视。这些"数字"也告诉我们，在大多数情况下，这部分成本会高于组织的年度利润，并且往往会高出很多，降低质量成本对提高企业经济效益有着巨大的潜力。

3.2.1.3 进一步理解"质量"的含义

国际标准化组织在 ISO 9001—2015《质量管理体系——基础和术语》中将质量定义为：客体的一组固有特性满足要求的程度。

这个定义可以说是一个权威的定义。

关键是，领导者们如何去理解"满足要求的程度"，不同的组织、不同的领导及其专家肯定有着不同的理解及其描述。

对于"质量"，戴明博士用"符合要求"来进行界定。

《朱兰质量手册》则给出的定义，质量指的是"适合使用"。

还有观点则指"符合用途"。

这些术语，其实质是一致的。譬如，定义为"适合使用"，而"使用"则取决于客户的需求。这些需求促使客户购买你的商品和服务。组织如果能够了解其众多客户的需求，那么就应该能够设计出适合使用的产品和服务。无论组织的产品是商品还是服务，都必须适合客户使用。而为了满足这一点，每个产品、服务以及与客户之间的互动都必须体现正确的特征（产品或服务的特性满足客户需求），并且没有瑕疵。

3.2.1.4 适合使用的质量水平 P^*

质量成本曲线如图 3-1 所示。

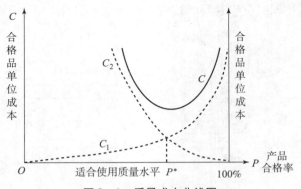

图 3-1 质量成本曲线图

质量一致成本（C_1）= 预防成本 + 鉴定成本。一般情况下，要求质量合格率越高，意味着预防成本、鉴定成本的增加。

质量不一致成本（C_2）= 外部损失成本 + 内部损失成本。企业产品的质量合格率越高，质量不一致成本越低。

质量总成本（C）= 质量一致成本（C_1）+ 质量不一致成本（C_2）。

由图 3-1 可以看出，质量总成本（C）是质量一致成本（C_1）与质量不一致成本（C_2）的叠加，形成了一条"微笑曲线"，微笑曲线的最低点，即为质量总成本（C）最小值，也是企业"适合使用质量水平 P^*"的理想成本。

3.2.1.5 质量、市场占有率与利润

质量对于顾客的意义，依照以下两个维度进一步探讨。

（1）产品特征对销售收入有重要的影响（通过市场份额、溢价等）。在很多行业，可以通过期望质量水平或等级，对顾客群体进行细分。例如，因顾客需求的多样性导致了有需要住豪华酒店的顾客，也有需要住廉价旅馆的顾客；有需要仅有制冷能力的便宜汽车，也有需要拥有很多特殊性能昂贵的汽车。这些特征指的是产品通过设计质量产生的样貌。设计者在创建一件产品时就要考虑使产品特征满足顾客需求。在这种情况下，提高设计质量包括产品质量一般会同时引起成本上升和销售提升。

（2）所有的产品必须尽可能多地避免缺陷。如果产品有过多的缺陷，则将产生返工、报废、材料的浪费，相应的机器、人工、检验费用的增加，甚至导致顾客抱怨、投诉及其售后费用的增加，会对成本产生重大的影响。缺陷一般会被分为几个不同的方面，例如误差、损伤、变形、粗糙、毛刺、故障等。无缺陷是指符合性质量。提高符合性质量常常会降低成本。此外，较高的符合性意味着较低的抱怨，因此会降低顾客的不满意度，减少投诉及其索赔，减少成本。

当我们和领导们讨论质量时，就必须用数字、用钱说话。特征和无缺陷的相互关系以及它们是如何引起利润增长的，如图 3-2 所示（引自《朱兰质量管理与分析》）。

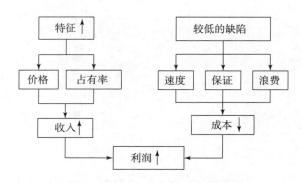

图 3-2　质量、市场占有率与利润图

综上所述，质量是由顾客来定义的。特征和无缺陷（无瑕疵）是顾客满意度的主要决定因素。例如，汽车的外部顾客期望特定的性能特征，并且要求几乎没有缺陷和故障的记录；企业制造部门作为产品开发部门的内部顾客，期望得到一份能在车间生产、无误或无疏漏的工程说明书。这两类顾客都期望"正确地得到正确的产品"和满意的服务。

3.2.2 质量意识

3.2.2.1 质量意识的概念

质量意识是一个企业从领导决策层到每一个员工对质量和质量工作的认识和理解的程度，这对质量行为起着极其重要的影响和制约作用。

通俗地讲，产品的质量，即产品合格与否。这个产品，不仅仅是指最终产品，对于每一人来说，工作完成的结果就是他的"产品"。这个产品包括每一项工作、每一个工序、每一个环节、每一个动作的结果。因此，质量意识应该体现在每一位员工的岗位工作中，更应该体现在企业最高决策层的岗位工作中。质量意识，就是在主观上追求产品质量更好或工作质量更好，时刻关注工作成果，对顾客、对公司负责的工作态度。它是一种自觉地去保证企业所生产的、交付顾客需求的产品。质量意识是企业生存和发展的思想基础。

3.2.2.2 质量意识包含的内容

（1）对质量的认知。所谓对质量的认知，就是对事物质量属性的认识和了解。任何事物都有质量属性，这种属性只有通过接触事物的实践活动才能把握。一般说来，人们总是先接触事物的数量属性，例如事物的大小、多少，然后才逐渐接触、认识事物的质量属性。质量相对于数量，可能更难把握。通常情况下，数量是事物的现象，比较直观，而质量就要涉及事物的本质。要认知事物的本质，没有一番艰苦的过程，往往是不行的。因此，对质量的认知过程比对数量的认知过程更长，也更难一些。从这个角度看，对质量的认知需要不断地学习、体会以及教育培训来强化。

（2）质量信念。对质量的认知是解决"质量本质"的问题，而对质量的信念是解决"质量态度"问题。质量信念往往可以使人形成一种质量意志，也就是在具体工作中，能够左右员工去达到相应的质量要求。质量信念还可能左右人对质量的情感，使员工"对待产品就像对待自己的亲人、孩子一样"。质量认知是形成质量信念的基础，但仅仅有质量认知往往并不一定就能形成质量意志，也不一定就能产生对质量的情感。也就是说，质量认知还不能起到控制人的质量行为的作用。事实上，在企业中不少人，说起质量来头头是道，但由于其没有树立起质量信念，依然不把质量当回事。从这个角度来说，树立质量信念的意义更为重要。

（3）质量知识掌握。所谓质量知识，包括产品质量知识、质量管理知识、质量法制知识等。一般说来，质量知识越丰富，对质量的认知也就越容易，对质量也越容易产生坚定的信念。质量知识丰富，也能够提升员工的质量能力，从而使其产生成就感，增强对质量的感情。可以说，质量知识是员工质量意识形成的基础和条件。

3.2.2.3　质量意识差的原因分析

质量意识差，是工作质量差的根本原因。心理状态不佳，可能造成差错，发生质量事故，但毕竟是偶发性的。质量能力弱，工作质量当然不会好，但能力弱可以通过学习训练而提高。产品质量长期上不去，工作质量经常出差错，追究起来，往往就追究到质量意识上。质量意识如何，往往可以衡量一个员工的工作质量，也可以衡量一个组织的质量管理成效。对质量意识差的原因分析如下。

（1）从中国民营企业的发展历程来看，质量管理力度不够。以1979年"实践是检验真理的标准"大讨论为标志，第一次思想大解放，以纺织、劳动密集型产业、个体、集体企业大爆发；到了1992年前后，以"邓小平南方谈话""社会主义市场化模式"提出为标志，出台了《有限责任公司规范意见》《股份有限公司规范意见》，电子工业、能源工业、家电工业、重化工业遍地开花，中国最大的企业家群体如雨后春笋般产生，现在仍然活跃在市场经济的大潮中。正是这些优秀企业及企业家改变了人们的物质生活。由于当时的市场条件，市场物资短缺，无论企业生产出什么样的产品，不愁销路，不愁利润，造成了企业发展过程中普遍重视市场、忽视产品质量管理的现象。

（2）企业家、管理层对质量成本的认识不够、动力不足。有很大一部分企业及企业主认为加强企业质量管理，加大质量管理措施和力度，会明显地"增加了成本"。部分中小企业没有质量管理部门，甚至连质检员都是兼职，认为增加一个岗位就增加一份人员工资，注重了眼前利益，这是一种"小质量成本"意识，而忽视了"质量溢出"效益。由于管理上的缺陷，缺乏对质量损失数据统计，企业的质量损失情况不清楚，甚至基层管理人员也有意无意地回避这一数据，长此以往，造成了上层领导对质量损失的掌握模糊不清，从而影响了管理层质量意识的提高。质量意识差，质量信念就差，产品质量就差。如果企业主、高层管理人员真正了解企业质量损失如此严重，大大超出了企业利润，提升质量管理的意志和决心一定会加强。因此，对质量成本的认知，决定着企业领导对质量的认知，也是提升质量意识、改善企业产品质量以及加强企业质量管理的关键动因。

（3）惯性思维左右了一些人的质量意识。譬如，当报废年复一年地出现，会计师会将这部分报废所产生的费用纳入预算，习惯性认为只要实际报废不超过预算，就认为质量可以，往年都是这个水平，没有迫切改善的愿望。

（4）员工小农意识影响，只知小家，不知集体与企业。中国的产业大军很大部分来自基层农村，长期的农民意识、传统陋习、打工思想严重。企业是老板的，员工作为个体，就是来上班挣钱、养家糊口的。尤其是在劳动力大军日益短缺的情况下，这种思想越发严重。你今天不要我，我明天就换个企业。工作过程中不是不知道质量的重要性，质量问题的原因也不是不清楚。有一个企业，员工竟然将检验出的不合格产品挑出来再次放进自己的产品中，造成企业投料产出比超过了100%；还有的员工将不合格产品故意放进容器里面，逃避检查。

（5）管理干部的知识与能力有待于提高。具备一定规模的企业几乎都有ISO 9000质量管理体系证书，但落地效果乏善可陈。部分企业甚至将"体系管理"设置在综合办公室，与生产实践相距甚远，质量管理人员、生产运行人员不了解、不掌握体系运行规范。造成这样的局面，跟企业人员流动也有很大的关系。质量管理人员对全面质量管理（TQM）不甚了解，不知相关的质量管理工具大有人在。质检员对质量检验标准掌握不全，或者没有掌握，靠经验判断产品质量也大有人在。质量管理主要是"以罚代管"，质量纠正措施、质量改进工作开展少，重复性质量问题一再出现，给企业造成了较大的质量损失。

（6）质量教育培训缺失。中小企业面临着较大的问题是员工培训问题，或者是产业大军的改造问题。企业首要的工作就是要加强干部队伍建设，加强质量知识和质量意识教育培训，坚决纠正企业内部思想麻痹、重生产轻质量的问题。要扎扎实实地开展质量培训，深入开展质量管理活动，让质量意识深入到每个行业、每个企业、每一个员工心目中，使重视质量、创造质量成为社会风尚，实现企业战略转型的目标。

3.2.3　质量与生产率、交期、成本、销售的关系

3.2.3.1　质量与生产率

生产率是可供出售的产出除以所用资源后的比率。所用资源包括劳动力、原材料和资本。其中任何一样（或者全部）都是生产率中的分母。

生产率的一个常见测量指标是劳动生产率，例如，每小时直接劳动所得的可供出售的单位数量。当企业通过加强质量管理措施，提高产品质量，意味着更少的错误、更少的缺陷、更少的现场故障，那么也就意味着更少返工和报废，对同样数量的劳动输入来说，将会得到更多可用的输出（产品）。因此质量提高直接导致生产率增长。

世界著名质量管理专家威廉・爱德华兹・戴明指出：

如果将质量管理的思维注入所有环节,任何一家企业都可以做到提高质量、节约资源,同时提高生产效率,保证质量才是提高生产力正确方法。

3.2.3.2 质量与交期

无论是制造业还是服务行业,按时完成顾客所需产品(服务)的周期是一个关键参数。顾客的要求很简单,就是快速响应,尤其是在当今市场"多品种、小批量"生产模式下,整个产业链几乎都是如此。因此,当质量管理水平提升,努力减少了返工、原材料浪费、冗余操作和其他缺陷时,生产周期也就同时会被缩短并保证按期交货。我们可以举出很多例证,如因质量事故造成产品交期拖延;产品报废导致材料数量不能满足生产需求,从而导致产品延期交货的现象时有发生。

3.2.3.3 质量与成本

质量和成本随着设计质量(特征)的提升,一般来说成本会上升。随着符合性质量提高,返工、报废和其他缺陷的减少,进而导致成本显著下降。理想的质量策略是:在不增加销售价格的前提下,用从缺陷减少那里节省下来的成本去补偿特征提升增加的成本,进而提升顾客满意度并增加销售收入。

3.2.3.4 质量与销售

市场化的本质:质量好,价格优,交期快,服务好。

优质的商品和服务能够带来持续的效益,因为顾客看中的是更高的质量,他们冲着高品质而购买,所以,优于竞争对手的商品和服务更为畅销,而企业从中获得收益。例如,病人可能愿意支付额外的费用,长途跋涉到北京一些医院就诊、治疗,而不愿意去一家当地医院,因为他们认为北京一些医院会应用更先进的临床技术来为他们治疗。相反,有缺陷的产品或者服务,不仅增加了供应商与客户的成本,同时也打击了客户继续购买的热情。此外,这些客户不会把这样的信息"据为己有",他们的"口碑"效应广泛影响潜在买家的决定,给销售带来负面的影响。

我们要充分认识提高质量、降低质量成本对提高企业经济效益的巨大潜力,从而进一步认识到质量成本管理在企业经营战略中的重要性。优于竞争对手的高质量产品是持续经营的保障,是企业的战略法宝。

3.3 质量目标与计划

质量管理就是在企业内对质量职能进行管理。一个企业若要实现"以顾客为中心"的管理目标,就必须对实现该目标所需的活动进行识别和管理,并持续改进,从而创造较好的绩效。引入质量管理观念一种有用的方式就是将它和另外一种众所周知的管理观念联系起来,例如财务管理。财务管理的实施需要采用三种管理过程:计划、控制和改进。这三个过程的一些流程和关键要素如表 3 – 2 所示。

表 3 – 2　财务流程和关键要素

流程	关键要素
财务计划	预算
财务控制	费用统计与检查
财务改进	成本减少措施

这三个过程同样也适用于质量。

朱兰博士发表的著名论文《质量三部曲》,副标题为"一种普遍适用的质量管理方法"。按照朱兰博士的论文,将质量管理划分为质量计划、质量控制和质量改进三个过程,这就是被世界各国广为推崇的"朱兰三部曲"。三个过程组成的质量管理,每个过程都由一套固定的执行程序来实现,如表 3 – 3 所示。

表 3 – 3　"朱兰三部曲"内容

质量计划	质量控制	质量改进
建立方案 识别顾客是谁 发现客户需求 开发符合客户需求的产品 设计生产这种产品特征的过程(流程) 建立过程控制措施,将计划转入实施阶段	选择控制项 建立测量方案、标准 测量实际表现 将实际表现与目标进行对比 针对差异采取行动 持续测定并维持绩效	通过商业案例证明需求 识别改进项目 建立项目团队 为团队提供资源、培训和激励: ● 诊断原因 ● 制定对策 建立控制保持收益

3.3.1　质量目标与计划

一个目标是指在一段特定时间内想要达成的一个结果(一个目标就是一个有期限的梦想)。目标通常有很多不同的名称:组织机构整体目标有时被称作"愿景";公司长期目标(假设五年)被称作"五年规划或者战略目标";短期目标(假设一年)被称作"年度计划或者年度目标";不同层级的目标被称作"商业目标/计划""项目/计划"或者"指标"。这些术语并没有被规范或者标准化。

不同行业、不同企业及企业不同发展阶段，目标与计划并不一样，并且要与时俱进，不断提高。下面列举了两个企业年度质量目标案例供参考。

【案例一】（摘自《朱兰质量管理与分析》）

未来一年某保健品公司年度质量目标

（1）为公司减少质量成本＿＿＿％。
（2）将公司的物料损失控制在＿＿＿％以下。
（3）将产品的平均漏电率从＿＿＿％减少到＿＿＿％。
（4）至少为一种产品确认质量成本。
（5）至少为一种产品建立并实施特定的进程内质量数据分析技术。
（6）至少为一种产品明确可靠性和可维护性目标数值。
（7）在工厂运作计划开始前，实施一套能够确保企业所有产品的技术参数在工厂端被审核的程序。
（8）在购买合约完成前，实施一套能够确保所有供货商对产品的技术参数没有异议的程序。
（9）制作一套质量程序手册。
（10）要求企业总经理或高级副总经理至少访问顾客＿＿＿次，来审核产品质量。

【案例二】

某减速箱制造企业2018年质量目标

（1）销售退货率：
目标：≤2.68%，挑战目标：≤2%。
（2）分解目标：
①齿箱车间：质量合格率≥99.24%。
②架子车间：质量合格率≥99.73%。
③齿圈车间：质量合格率≥99.22%。
④齿轮车间：质量合格率≥99.62%。
（3）主要管理措施（摘录）。
①加强质量管控，下大力气坚决将退货率降下来，为用户提供质量更好、价格更便宜的产品，不断塑造××品牌和良好的信誉度。
②积极推行"三检制"，加强过程数据统计分析工作，结合公司推行丰田生产方式的同时，加强质量改善工作。

③继续推进全面质量管理（TQM），加强生产员工质量培训、检验员质量培训工作。

④加大绩效考核力度，实行月度考核、季度激励、半年累计考核。

⑤月度考核主要实行月度KPI绩效评分考核办法。

⑥季度激励主要针对车间副主任以上管理干部，采取三个月加权平均分数考核办法。

⑦半年累计考核：实行半年累计，如超额完成半年目标计划，车间副主任以上管理干部再激励2个季度平均绩效一次。

⑧退货指标考核技术部门、质量部门（包括技术部、质量部全部管理干部）。设置最高退货上限，即三个月累计退货率平均超过上限，否决技术质量系统季度绩效。

实际执行结果，该公司2018年退货率低于1%（参见附件1）。

3.3.2　质量目标的制定

质量目标的制定要考虑到若干要素与历史数据，最重要的数据为产品不良率或者质量成本，并立足于客户质量特征、企业质量文化和质量系统以及市场竞争。

3.3.2.1　质量目标制定考虑的要素

（1）对重复外部事件（现场事故、投诉、退货等）的帕累托分析。

（2）对重复内部事件（报废、返工及问题分类）的帕累托分析。

（3）内部重要人员（包括经理、主管、专业人员、车间主任等）的提案。

（4）对于顾客需求和花费的调查、焦点小组访谈以及现场研究。

（5）与竞争者在产品绩效数据上的对比（来自用户、实验室试验、顾客调查和竞争性标杆企业）。

（6）公司以外关键人群的评论（顾客、供应商、商业期刊、竞争对手的年度报告）。

（7）来自政府监管部门、咨询机构和网络的调查结果和评论。

按照质量目标的制定策略，要对上述要素、信息进行分析，这些分析数据指向潜在项目。要建立有质量工程师和其他专家人员、生产管理人员甚至设备工程师广泛参与的机制和环境。提案被一层层更高组织机构层级的管理者审阅，最终达成广泛的共识。有远大抱负的公司经常把目标设定得比实际能达到的更远更高，以此来鼓励人们想出不同寻常的方法来达到卓越的目标。这些目标称为"挑战性目标"，有时会取得相当了不起的成果，的确值得尝试。所有的目标，尤其是"挑战性目标"，需要在目标部署和资源分配上有顽强的坚持到底的精神。质量目标的本质会随着组织机构对质量改进的成熟性的变化而变化。例如，一个企业年初制定的目标，随着质量改进措施的强力推行，取得了令人满意的效果，那么，下半年的目标就要进行微调，期望组织达到更高的目标。所有这些目标表述都包含了产品特性或日期（直到日历年结束）的量化。这些表述在整体公司质量计划里同时涵盖了产品特性和任务，同时也可为各个部门（或车间）独立制定质量目标。

3.3.2.2 目标值的确定

以××减速箱制造企业为例，目标值的确定主要思路是以上年度统计数据为基础，挑选出 3 个月的最佳数据，采取加权平均的办法，确定下年度的目标值。

该公司 2017 年度减速箱退货率随着质量管理力度的加强，产品退货率逐月降低，说明了管理措施有效，如表 3-4 所示。

表 3-4 ××公司 2017 年度减速箱退货情况统计表

统计项目		1月	2月	3月	4月	5月	6月	7月	8月	9月	10月	11月	12月	合计
月度销售数量/台	马达	1 086	1 357	1 761	1 875	2 726	1 770	1 682	1 866	2 164	1 946	2 415	—	20 648
	行走	2 143	2 045	3 384	4 043	3 769	3 202	3 528	3 365	3 063	3 354	3 946	—	35 842
	回转	697	898	1 436	1 260	1 522	1 249	1 203	1 111	1 060	1 195	1 399	—	13 030
实际退货数量/台	马达	122	71	135	112	135	90	84	66	85	75	70	—	1 045
	行走	72	56	98	80	103	70	65	67	95	59	79	—	844
	回转	42	29	62	40	60	56	43	38	47	43	53	—	513
月度销售量合计/台		3 926	4 300	6 581	7 178	8 017	6 221	6 413	6 342	6 287	6 495	7 760		69 520
月度实际退货量合计/台		236	156	295	232	298	216	192	171	227	177	202		2 402
平均退货率/%		6.01	3.63	4.48	3.23	3.72	3.47	2.99	2.70	3.61	2.73	2.60	—	3.46
半年平均退货率/%		4.09						2.93						

2017 年最好的月份分别是 8 月、10 月、11 月，退货率分别是 2.70%、2.73%、2.60%，加权平均为 2.68%，因此，确定 2018 年退货率目标为 2.68%，同时，确定挑战目标为 2%。

同样，在制定车间质量目标时，也采取这个办法，如表 3-5 所示。

表 3-5 2017 年车间产品合格率统计表

时间	齿箱车间/%	架子车间/%	齿圈车间/%	齿轮车间/%
1 月	80.99	96.22	95.99	97.04
2 月	87.61	97.88	98.84	91.91
3 月	94.84	97.23	98.29	91.96
4 月	95.13	98.09	98.88	99.07
5 月	95.55	98.26	97.96	97.04
6 月	97.24	97.42	97.14	97.17
上半年平均	91.89	97.52	97.85	95.70
7 月	98.21	99.55	98.76	98.86
8 月	98.32	97.32	99.16	96.77
9 月	98.79	99.60	99.03	99.61
10 月	99.47	99.88	99.47	99.56
11 月	99.47	99.72	98.68	99.70
12 月	—	—	—	—
下半年平均	98.85	99.21	99.02	98.90
全年平均	95.06	98.29	98.39	97.15
最好的三个月	98.79	99.60	99.16	99.61
	99.47	99.88	99.03	99.56
	99.47	99.72	99.47	99.70
三个月平均	99.24	99.73	99.22	99.62
2018 年目标	99.24	99.73	99.22	99.62

根据以上数据，2018 年分别确定各车间质量合格率指标为 99.24%、99.73%、99.22%；99.62%。

3.3.2.3 关于企业标准

以控制图方式来说明企业标准逐步提高的过程，如图 3-3 所示。

从图 3-3 可以看出，企业标准并不是一成不变的。随着企业的发展，企业管理水平的提高，企业的技术能力、设备装备水平、员工素质的提升，要不断提高，追求卓越。企业标准的制定，不应该是一个技术工艺部门的工作，而应该吸收广大管理干部共同参加，包括技术工艺、质量、设备、生产车间管理等人员广泛参加，达成共识。

图 3-3　企业标准逐步提升过程

3.4　质量控制

质量控制的概念早在 20 世纪就已经出现了，雷德福发展了泰勒的理论，将这一概念扩展为实现质量目标的方法，从当时流行的事后检验（检测控制）扩展到了我们现在所说的预防（主动控制）。

在日本，质量控制这一概念具有广泛的意义，其全面质量控制相当于今天的卓越经营概念。1997 年，日本科学家和工程师协会（JUSE）采纳全面质量管理（TQM）这一概念取代了全面质量控制（TQC），从而更贴近于世界其他地区普遍使用的术语。

3.4.1　质量控制流程

控制是一种通用的管理过程，即确保所有关键运作过程是稳定的，防止不利的变化和"确保计划中的业绩目标能够实现"。控制包括产品控制、服务控制、过程控制，甚至设备控制等。为了保持稳定，控制过程要评估实际绩效，将实际绩效与目标进行比较并且要针对任何差距采取行动。质量控制简单流程如图 3-4 所示。

质量控制通过运用反馈环路来实现，反馈环路的一般形式如图 3-5 所示，其进展步骤描述如下：

（1）"接入"传感器来评价控制对象的实际质量，即所关注的产品或过程特性。

（2）传感器将表现情况报告给"裁判"。

（3）"裁判"也会收到关于质量目标或标

图 3-4　质量控制流程简图

准的信息。

（4）"裁判"会将实际表现与标准进行比较。如果差距太大，"裁判"会发起执行机构进行管控。

（5）执行机构促使过程（无论是人员的或技术的）改变绩效表现，使质量符合质量目标。

（6）过程通过恢复符合性进行响应。

图 3-5 中给出的反馈环路的元素是具体的功能。这些功能对于所有应用程序来说是通用的，但执行这些功能的职责可能会有很大的差异。许多控制是通过自动化的反馈环路进行，而不需要任何人员参与，例如，用于控制"空压机—储气罐"压力的安全阀控制系统。

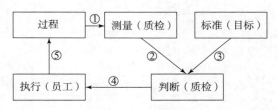

图 3-5 反馈环路

注：来源于《朱兰的卓越领导者　质量管理精要》。

控制的另一种形式是由员工执行的自我控制。这种自我控制的一个例子是乡村的工匠，他能够执行反馈环路上的每一个步骤。工匠在理解顾客需求的基础上选择控制项，设置满足需求的质量目标，感知实际的质量表现，判断符合性，并且在发生不符合情况时成为问题的解决者。这个自我控制的概念如图 3-6 所示。

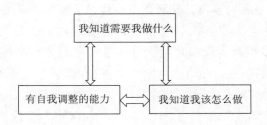

图 3-6 自我控制

注：来源于《朱兰的卓越领导者　质量管理精要》。

这里的基本要素是雇员或工作团队要知道组织期望他们做什么，知道他们实际上要如何做，以及要有调控绩效的手段。这意味着他们掌握一个有效的过程，有进行调整所需的工具、技能和知识并且有权力这么做。

根据图3-5反馈环路,将图3-4质量控制流程简图进一步改造为质量控制过程流程图,如图3-7所示。

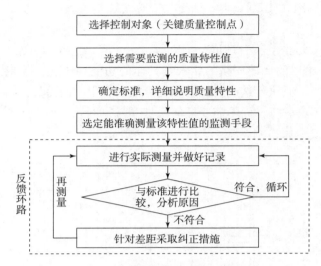

图3-7 质量控制过程流程图

3.4.2 选择控制对象与建立测量系统

3.4.2.1 选择控制对象

选择控制对象,又称作"选择关键质量控制点"。

控制对象的选择,主要考虑两个层面:一是在员工层面,主要包括了在技术规范和程序手册中定义的产品和过程特性;二是在管理层面,控制对象更为广泛,并且越来越多地面向客户,控制重点转移到了客户需求和市场竞争上。

控制对象的重点:过程控制难度大,容易出问题、经常出问题的"关键点"。一个企业质量检验、管控点很多,但是并不是要"眉毛胡子一把抓",要遵循20/80原则,抓重点,抓取占少数的"关键点"。也并不是找到"关键点",其他的质量特征就不需要进行控制,只是管理力度、管理重点、管理范围有所侧重。其他质量特征过程控制并不能放弃,由车间、一线人员按照要求正常控制。

寻求或者选择这些"关键点",一种普遍采用的方法是调研表法,如表3-6所示。

表 3-6 质量异况调研表

单位：　　　　　　　　　　　　　　　　　　　　填报时间：20　年　月　日

NO.	设备名称/工序	岗位/人员	产品规格型号	质量问题描述	造成质量问题的原因	建议处理措施	备注

通过这样一个调研过程，结合专家、工程人员的专业及其实际工作经验，以及客户的需求，汇总有关资料，选取关键质量控制点，编制成本公司质量控制点明细表，进行重点控制。某企业质量控制明细表如表 3-7 所示。

表 3-7 质量控制点明细表

序号	受控单位	控制点名称	设置原因	操作人员	质检人员	工艺流程	工艺规范	检验规范	检验记录	备注
1	装配车间	破碎机试车	关键工序	各班班长	邵明军	有	有	有	ZD/QMJ.08-008	
2		皮带机驱动装配	关键工序	各班班长	邵明军	有	无	有	ZD/QMJ.08-009	
3		破碎机轴承装配	关键工序	各班班长	邵明军	无	无	有		
4	机二车间	破碎机主轴磨工序。	关键件	赵国　郭新	门江海刘彦高	有	有	有	ZD/QMJ.08-003	
5		破碎机主轴（包括锥度部分）车工序。	关键件	C650车床人员	门江海刘彦高	有	有	有	有，全	
6		皮带机滚筒轴磨工序	关键件	赵国　郭新	门江海刘彦高	有	有	有	ZD/QMJ.08-004	
7		滚筒筒皮车工序	质量不稳定	立车镗床人员	门江海刘彦高	有	有	有	有	

续表

序号	受控单位	控制点名称	设置原因	操作人员	质检人员	工艺流程	工艺规范	检验规范	检验记录	备注
8	机二车间	铸焊结构滚筒铸钢接盘车工序	质量不稳定	立车C650车床人员	门江海 刘彦高	有	有	有	有,部分	
9		破碎机轴承孔镗工序	关键尺寸	T613落地镗床人员	门江海 刘彦高	有	有	有	有,全	
10	机一车间	轴承座内孔车工序	质量不稳定	车床人员	郑东海	有	有	有	有	
11	滚筒车间	铸焊结构滚筒筒皮和轮毂装配工序	关键工序	刘振 秦志路 靳江	田大雷	有	有	有	有	
12		铸焊结构滚筒焊接工序	特殊工序	朱振宇 陈谭秋	田大雷	有	有	无	有,部分	
16	铸造车间	熔炼工序	特殊工序	王秀平 朱明志	李志超	有	有	有	ZD/QMJ.08-016	
17		热处理工序	特殊工序	张英美	李志超	有	有	有	ZD/QMJ.08-018	
18	铆焊车间	转子体的焊接工序	特殊工序	焊接人员	孙海东	有	有	无	有	
19		破碎机机体焊接工序	特殊工序	焊接人员	孙海东	无	有	无	有	
21	油漆车间	除锈工序	质量不稳定	蒋俊杰	朱明光	无	有	无	无	
22		油漆勾兑工序	质量不稳定	孔祥俊	朱明光	有	有	无	无	
23	下料车间	破碎机转子体、圆盘、下料工序。	关键件	下料人员	沙长军	无	无	无	ZD/QMJ.08-020	
24		破碎机机体下料工序	关键工序	下料人员	沙长军	无	无	无	ZD/QMJ.08-021	

续表

序号	受控单位	控制点名称	设置原因	操作人员	质检人员	工艺流程	工艺规范	检验规范	检验记录	备注
25	进货检验	结构件检验	关键工序	外协厂家	李春磊	无	有	无	部分	
29		配套件	重点工序	外协厂家	苟明祥 闫海波	无	有	有	有，部分	
30		铸钢毛坯件检验	关键工序	外协厂家	苟明祥 闫海波	无	无	有	有	

3.4.2.2 建立测量系统

选择控制对象后，下一步是建立测量实际绩效的方法。这里的绩效指的是过程或所创造的商品或服务的质量水平。测量系统是管理中最困难的系统之一。在建立测量系统时，我们需要明确指定测量的方法（传感器）、测量工具的准确度和精密度、计量单位、测量频率、记录数据的手段、汇报数据的格式、对数据进行分析并将其转换为可用的信息，以及由谁来进行测量。在建立测量单元时，应该选择易于理解的计量单位，为决策提供达成一致的依据，还要以客户为中心，并且可以广泛应用。

3.4.3 质量控制

根据质量控制的工作范围，可分为非人工方式控制（技术控制）、基层员工控制和管理层控制。

3.4.3.1 非人工方式控制（技术控制）

2018年，作者到日本丰田公司参观学习时，看到丰田车间生产现场大量采用"防错技术"，有简单易行的防错措施，如工件焊接"防错罩"（用于将不需要焊接的部分罩起来），更多是通过简易机械、"自働化"控制技术实现质量控制。

图3-8是日本某企业自动报警工件焊接设备。

该设备的工作任务是在一工件上焊接2个螺丝帽。①是焊枪；②是存放工件的容器；③是数字报警装置。当工件进行焊接时，焊接第一个螺丝帽，数字报警③会进行计数，显示"1"这个数字；焊接第2个螺丝帽，会显示"2"这数字。如果操作工人只焊接了1个螺丝帽，就放进容器②，数字报警③就会发出警示响声，只有完全完成2个螺丝帽的焊接任务，放进容器②，才不会发出报警信息，继续后面的焊接任务。其展示的理念是"不生产不良品，不转移

图 3-8　日本某企业自动报警焊接设备（局部）

不良品。"

3.4.3.2　员工控制

通过教育培训，让一线操作员工熟练掌握必要的知识与技能，经考核合格，方可上岗操作。这里的基本要素是雇员或工作团队要知道组织期望他们做什么，知道他们实际上要如何做，以及要有调控绩效的手段、工具和方法，然后将这些决策权限授权给基层员工，如图 3-6 所示。

这样做的好处是缩短了反馈环路。在实际工作过程中让员工感受到了更强烈的主人翁责任感，通常是指被赋能，并且能将管理者和领导者解放出来，能够投入更多的时间进行规划和改进。

（1）自检。

将自检定义为这样一种状态：即授权给一线员工对产品进行判定。判定权限主要包括以下问题：产品质量是否符合质量目标？需要对产品做什么样的处理？比如，员工自己把合格品、废品、返修品、回用品分开，并且自己记录有关数据，防止不合格品转入下道工序（不转移不合格品）等工作。

自检的优势是十分明显的：反馈环路较短，反馈往往会直接到达执行机构，激发纠正措施的启动。自检扩展了员工的工作内容，增强了员工的主人翁责任感。自检还消除了工作区域内由检查员、巡视员等带来的浓重的监察气氛。

运用自检的方式需要满足以下几个基本准则：

①质量第一：必须毫无疑问地将质量放在最高优先级上。

②相互信任：领导者必须对员工有足够的信任，愿意授权给员工做自检的工作；员工也必须有对领导者足够的信心，有意愿去接受这样的职责。

③自控：工作现场应该具备自控的条件，这样员工就具备了做好工作的必要基础。

④培训：员工们应该接受对于产品符合性判定的培训。

⑤考核：对于自检工作，必须进行严格的考核；从事自检工作的候选员工需要接受考试合格以确保他们胜任作出好的决策。通过考核的候选人则会授予合格证书并在此后的工作中要接受必要的评审与激励。

如图 3-9 所示，在日本企业，生产工序最后一个工作，一定是自检，确保产品质量符合性。部分工序不仅要进行自检，还要用记号笔将自检处做好标记，留下痕迹，证明是进行了自检工作，严谨程度令人佩服。

图 3-9　日本某企业一线员工最后工序自检

如图 3-10 所示，假如每一个工序质量保证能力达到 100%，最终产品质量即为 100%。作者在参观日本企业生产现场的过程中，看不到专职质检员，大量的工序质量控制工作交付一线员工负责。产品质量控制力度前移到每一个工序，加强过程自控力度，而产品终检的力度显著减小，最终产品质量风险也相应地显著降低。

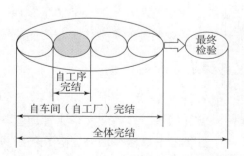 

图 3-10　质量保证能力图

日本某工厂向我们展示了这么一组数据：该企业每月生产900万件产品，其中有1 350个品种，但实际每月只出现不良品3~4件；2017年送达丰田的所有产品仅有7件不合格品；2018年确定质量目标是"送达丰田的产品不超过4件不合格品"。为了防止问题的出现，必须把不良品控制在自己的工序之内，永远追求零目标。

（2）首件检验。

首件检验是企业贯彻"三检制"（自检、互检、专检）的重要工作，必须引起企业管理者高度重视，并且坚决贯彻执行。

①首件检验定义：

每个班次或岗位刚开始工作时，或过程发生改变（如人员的变动、换料及换工装、机床的调整、工装刀具的调换修磨等）后，对加工的第一或前几件产品进行的检验。一般要检验连续生产的3~5件产品，合格后方可继续加工后续产品。

②首件检验的目的：

首件检验主要是为了尽早发现生产过程中影响产品质量的因素，预防批量性的不良产品或报废产品。首件检验是企业产品工序质量控制的一种重要方法，也是企业确保产品质量、提高经济效益的一种行之有效、必不可少的手段。首件检验合格后方可进入正式生产。

长期实践经验证明，通过首件检验，可以发现诸如工夹具严重磨损或安装定位错误、测量仪器精度偏差、看错图纸、投料或配方错误等系统性原因的出现，从而及早采取纠正或改进措施。

3.4.3.3 管理层控制

管理层控制的主要内容包括以下几个方面。

（1）为组织（企业）提供系统的管理概念、方法和工具，并组织教育培训，贯彻实施。

（2）对员工控制内容制定标准、规范，并组织教育培训。

（3）负责组织员工技能教育培训、考核及激励。

（4）面向客户，努力提升产品适销性和市场竞争能力，满足客户需求。

（5）对质量管理数据进行统计分析，对关键的少数作出重要的决策。

3.4.4 关于管理者可控与员工可控

这是一个敏感的话题，但又不能不进行探讨。该书写作的主要目的，是总结多年从事企业管理的一些具体实际经验和做法，并向广大企业管理者澄清一些模糊概念。其实，大量的管理知识和工具类的书籍浩如烟海，随处可以找到学习和参考。

大部分企业的管理者认为，产品的缺陷是由于一线员工的粗心、冷漠甚至怠工导致的结果。从现实情况看，也的确是这样。但要真正找到这一问题的答案，还需要进行具体冷静的分析。

某一诊断团队接受某企业委托，进行调研6个机械车间出现废品和返工问题的研究工作任务，时间共持续17个工作日。这项研究的目的在于消除大家对于导致逐渐高涨的废品率和返工原因的意见分歧。这项研究在重点关注改善项目的问题上达成了一致的意见并采取改善行动。通过改善行动，在不到一年的时间里，这些车间为企业节约了超过200万美元，并且在减少生产积压方面也取得了大幅进展。如表3-8所示，该表列举了该机械车间可控项目及百分比。

表3-8 机械车间可控性研究

类别		类别	
管理可控因素	百分比/%	人工可控因素	百分比/%
培训不足	15	没有进行检查工作	11
机器缺乏	8	对机器操作不当	11
机器保养不足	8	其他（如部件错放）	10
工艺问题	8	总计	32
材料处理不足	7		
工装、夹具、计量器具维护不足	6		
工装、夹具（TGF）不足	5		
错误原料	3		
不按顺序运行操作	3		
其他	5		
总计	68		

注：来源于《朱兰质量管理与分析》。

尽管这个研究报告没有对管理者可控和工人可控的缺陷进行界定，但是从表3-8中可以知道这些缺陷是管理者可控还是工人可控。其他一些国家，如日本、瑞典、荷兰的研究者也得出了类似的结论：85%的缺陷是管理者可控的。这一数据在行业与行业之间变化不大，但是在不同的过程之间差别很大。尽管已有的定量研究已经明确表明，缺陷主要是管理者可控的，但是许多企业管理者并不知道或者不能接受这一数据，这还需要等待时间的检验。

制订计划的理想目标就是把人安置在自控状态，为此，我们需要明确如下工作：

（1）管理者应该做什么？

①明确和完整工作程序；

②明确和完整工作标准（绩效标准）；

③足够的人力筛选和培训。

（2）工人实际正在做什么（绩效）？

①足够的工作检查；

②检查结果的正确反馈。

（3）以最小化偏差为实现目标，建立系统的质量控制能力和愿望。

①能够满足质量目标的流程和作业设计；

②能够实现最小化偏差的过程调整；

③在调整过程中，充足的培训；

④保持内在过程的能力不断维护，形成强有力的质量文化和环境。

这些工作，看似就这么几条，但真正要做起来并不那么容易，需要我们做艰苦细致的工作，需要管理者有一定的耐心和精力，需要意志力和事业心。让我们一起来努力。

3.5 质量改进与PDCA循环

3.5.1 "朱兰三部曲"图解

"朱兰三部曲"提出了一个质量管理的操作框架，包含三个质量过程：即质量计划、质量控制、质量改进。这三个过程是相互关联的，如图3-11所示。该

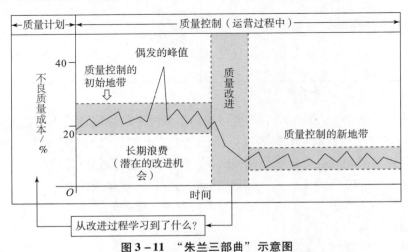

图3-11 "朱兰三部曲"示意图

注：来源于《朱兰的卓越领导者　质量管理精要》

图具有不同寻常的重要性。例如，像噪声式的偶发问题和静默式的惯性浪费在图形上有显著区别。偶发问题是通过控制过程来检测和处理的，而惯性问题则需要不同的过程，即改进。朱兰博士称改进为突破性改进，关键词是"突破"。

质量控制意味着维持其原来的质量水平，改进的效果则是突破或提高。质量控制与质量改进效果明显不一样，但两者是紧密相关的。质量控制是质量改进的前提，质量改进是质量控制的发展方向。可见，质量控制是面对"今天"的要求，而质量改进是为了"明天"的需要。

3.5.2　质量改进经过的历程

质量改进需要经过两个历程：从症状到原因的诊断过程；从原因到治疗的纠正过程。这种区别至关重要。举例说明：

某公司冷轧事业部2016年新上一条冷轧钢板生产线（二期工程），其中酸洗生产线严重锯齿边质量事故多于一期生产线，直到2019年下半年。从公司高管到车间主任普遍怀疑酸洗设备安装调试问题（两条生产线设备属于同一厂家、同一型号）。领导者跳过诊断过程匆忙下了结论，即认为他们需要对二期设备某机构进行改造（治疗）。幸运的是，质检人员进行了数据统计分析，如表3-9所示。它表明了二期工程酸洗线甲班发生严重锯齿边的事故多于其他两个班组，并且其他两个班组的锯齿边次数甚至优于一期酸洗线班组数据。数据诊断进一步表明，二期工程甲班班长，技术不够熟练、管理能力弱，加上人员流动较大，这是导致缺陷发生的真实原因。此时实施治疗就可以对症下药了。

表3-9　某公司2019年1—6月酸洗车间严重锯齿边次数统计表

班次	月份	1月	2月	3月	4月	5月	6月	小计	合计
酸洗一期（一车间）	甲班	17	21	12	30	24	22	126	381
	乙班	25	16	24	21	18	42	146	
	丙班	15	21	11	30	16	16	109	
酸洗二期（二车间）	甲班	10	28	38	34	68	28	206	439
	乙班	3	14	23	21	45	15	121	
	丙班	4	15	21	22	27	23	112	
合计								820	820

诊断过程包含以下三个步骤：

（1）研究缺陷的相关症状，这是推测缺陷原因的基础。

（2）围绕症状推测缺陷原因。

（3）收集和分析数据来验证推测，由此确定缺陷的原因。

在此，我们还要定义以下术语：

缺陷（或缺点）：是指不满足预定用途或需求的状态，如尺寸过大、故障平均间隔时间过短等。缺陷也可被称为差错、偏差或不合格等。

症状：是指由缺陷引起的或伴随缺陷而生的可被观察到的现象，例如电路断电等。更常见的情况是，一个缺陷会存在多个症状，如扭矩不足的症状可能包括振动、过热、功能不稳定等。

推测：是指对现存缺陷和症状的原因所下的未经证实的断言。人们通常会提出多个推测来解释观察到的现象。

原因：是指经过证实的导致缺陷存在的因素。一个缺陷通常存在多个原因，各原因一般也遵循帕累托原理（20/80 原则），即关键的少数原因占主导地位。

治疗：是指为成功消除或抵消缺陷原因而进行的改变或者改进。

大多数质量问题是管理者/系统可控的——尽管许多管理者不理解这种说法。在工作现场，中层管理者常面临的一个问题是，员工工作常常出现差错，管理者坚信问题出在员工身上。当更加仔细地检查这一状况后（作为管理工作任务的一部分），员工和领导们的结论认为工作流程才是问题所在。

下面我们讨论人的差错。大多数人的差错不外乎这么四个方面：疏忽、技能不够、有意和沟通不到位。

疏忽性差错：员工无法避免疏忽性差错，因为人类不可能一直集中注意力。几个世纪以来的经验已经证明，人类根本无法持续保持专注，所以学校教授课程时需要将一上午的时间分为四节课程，每节课中间需要休息 10 分钟。很多日本企业也采取类似的办法，工作 2 小时，中间休息 20 分钟。

疏忽性差错常见的例子是：人们会在装配时漏掉一个零件，或者不正确地调整流程。

了解疏忽性差错的特征有助于诊断并识别它们，这些特征如下：

（1）非存心的：员工主观上并不愿出错。

（2）无察觉的：当错误发生时，员工并不知道已经做错了。

（3）不可预料的：一个错误何时发生、发生何种类型的错误或者由哪位员工出错是非系统性的。由于这种不可预测性，导致了随机的错误模式。如果数据集合表明员工的错误类型是随机的，则意味着这可能是疏忽性差错。这种数据的随机性是指错误类别、出错员工和出错时间都是随机的。

疏忽性差错一般有两种治疗途径：

（1）减少流程对人类注意力的依赖程度。尽量使用防错工具，如自动防故障设计、连锁设置、信号报警、自动化、机器人等。使用条码识别物品也会大幅减少差错。

（2）帮助员工集中注意力。实践采用的治疗方法有：重组工作以减少疲劳和单调；岗位轮换；使用模板、口罩或者面罩等增强感知。

技术性差错：员工缺乏防止错误发生的必要技能、技巧或者知识。这些特征如下：

（1）非存心的：员工主观上并不愿意出错。

（2）持续的：这种错误的员工持续性和一致性非常明显。

（3）不掌握做事的诀窍。

诀窍：对作业方法的研究显示，优秀的执行者往往会使用工具减少复杂构件的某个维度，而逊色的执行者并不会化繁为简。这些工具就组成了"诀窍"——方法上的一点小区别，使结果大不相同（也许，优秀的执行者并没有意识到他们的小窍门大幅减少了缺陷发生率）。

识别、分析和纠正技术性差错的顺序如下：

（1）通过研究缺陷类型，创建和收集可以揭开工人和工人之间差异的重要数据，如表3-9所示。

（2）在时间的基础上分析数据，寻找是否存在一致性。

（3）识别一贯表现最好的员工和一贯表现不好的员工。

（4）研究最好的员工和最差的员工使用的工作方法，以确定他们的技术差异。

（5）进一步研究这些差异，从而发现带来卓越结果的有益诀窍和有害于产品的负面做法。

（6）采用合适的治疗措施使每个人都达到最佳水平，例如：

①培训逊色的员工运用诀窍或避免损害。

②改变技术，从而使过程本身就体现窍门。

③或者使用窍门，或者禁止有害于产品的做法，从而防止错误发生。

3.5.2　质量改进和质量改进工具

3.5.2.1　质量改进

针对质量问题，在整个组织范围内应采取提高质量管理活动的有关措施。质量改进是消除系统性的问题，对现有的质量水平在控制的基础上加以提高，使质量达到一个新水平、新高度。

现代管理学将质量改进的对象分为产品质量和工作质量两个方面，这是全面质量管理中所叙述的"广义质量"概念。质量改进是质量管理的一部分，它致力于增强满足质量要求的能力。当质量改进是渐进的并且组织积极寻找改进机会时，通常使用术语"持续质量改进"。质量改进的对象是产品或服务质量以及与它有关的工作质量。质量改进的最终效果是获得比原来目标高得多的产品（或服务）。质量改进有既定的范围与对象，借用一定的质量工具与方法，满足组织更高的质量目标。

3.5.2.2　质量改进的七种管理工具

日本学者总结了可以解决大多数质量问题的七种基本质量管理工具：因果图、排列图（柏拉图）、直方图、检查表、分层法（分层分析）、散布图和控制图。后来，又提出了七种新的质量工具：亲和图、树形图（系统图）、过程决策程序图、矩阵图、相互关系图（关系图）、优先矩阵图（矩阵数据分析）以及活动网络图（矢量图）。前者叫"老七种"，后者叫"新七种"。

这些工具来自工业工程、运筹学、统计学和管理学等学科，致力于在广泛的系统中厘清与质量相关活动之间的关系。相对而言，七种基本质量管理工具（老七种）更着重于解决特定产品或过程中的问题。

石川馨曾经说过，企业内95%的质量问题可通过企业全体人员应用这些工具得到解决。下面简单介绍几种常用的工具（这些内容有大量图书可参考）。

(1) 因果图（又称石川馨图或鱼刺图）。1953年由日本东京大学教授石川馨第一次提出。因果图用来罗列问题的原因，并将众多的原因分类、分层。

导致生产过程或产品问题的原因可能有很多因素，通过对这些因素进行全面系统的观察和分析，可以找出其因果关系。首先分析那些影响产品质量最大的原因，主要从人、机、料、法、环、测等方面入手，进而从大原因出发寻找中原因、小原因和更小的原因，并检查和确定主要因素。

绘制因果图时可以采用"头脑风暴"方法，通过集思广益，充分发扬民主，以免疏漏。

如图3-12所示，某企业绘制的造成齿轮磕碰伤因果图。从操作人员、装配工序、运输、外协、清洗检验、摆放六个方面入手，按照因果关系，最终分析出造成齿轮磕碰伤的主因是：员工培训不够，容器不够，没有齿轮专用容器，没有给供应商提出明确要求（标准）。从中可以看出，寻找主因是各个大原因的"最末端"原因，这是导致齿轮磕碰伤的主因，并在因果图上用方框标出。

(2) 排列图（又称柏拉图）。质量问题是以质量损失（缺陷项目和成本）的形式表现出来的，大多数损失往往是由几种缺陷引起的，而这几种缺陷往往又是少数原因引起的。因此，一旦明确了这些"关键的少数"因素，就可以针对这些"关键的少数"集中优势资源采取措施，消除这些原因，避免由此引起的大

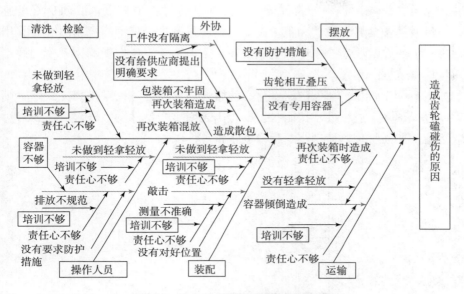

图 3-12 造成齿轮磕碰伤因果图

量损失。

(3) 直方图。直方图是从总体中随机抽取样本,将从样本中获得的数据进行整理,根据这些数据找出质量波动规律,预测工序质量好坏,估算工序不合格率的一种工具。

(4) 检查表。是用来检查有关项目的表格,一是收集数据比较方便,二是数据使用处理起来也比较容易,因此检查表成了非常有用的数据记录工具。

检查表有工序分布检查表、不合格项检查表、缺陷位置检查表、缺陷原因检查表等。

检查表又叫调查表、统计分析表,是用来系统地收集资料和积累数据,确认事实并对数据进行粗略整理和分析的统计表。

(5) 分层法。通常,通过对整体信息进行分层(或分类)剖析问题产生的原因,但有时由于分层不当,也可以得出错误的信息,必须运用有关产品相关知识和经验进行正确分层。

(6) 散布图。在质量改进活动中,常常要分析研究两个相应变量是否存在相关关系。散布图的作法就是把由实验或观测得到的数据用点(坐标)在平面图上表示出来,根据散布图,就可以为把握二者之间的关系。

散布图是用来发现和显示两组相关数据之间相关关系的类型和程度,或确认其预期关系的一种图示工具。

(7) 控制图(休哈特图)。控制图是休哈特于1924年提出来的,其目的是消除产品质量形成过程中异常波动。产品在制造过程中,质量波动是不可避免的,质量波动包括异常波动和正常波动。在质量改进过程中,控制图主要是用来发现过程中的异常波动,来查明生产设备、工艺装备等各类影响因素,为评定产品质量提供依据。

如图 3-13 所示,如果数据点落在两条控制界限之间,且排列无缺陷,则表明生产过程正常,过程处于控制状态,否则表明生产条件发生异常,需要对过程采取措施,加强管理,使生产过程恢复正常。

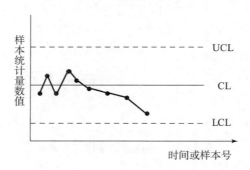

图 3-13 控制图

3.5.3 质量数据统计与排列图

慢性问题并不容易解决,需要认真规划,收集数据以确认和分析症状。通过现象看本质,这种"基于事实的管理"理念是解决问题的基础。做到这一点需要付出大量时间和努力,但这是进行质量分析和改进的必要投入。

3.5.3.1 数据收集

制订数据收集计划要考虑以下问题:从哪里收集过程数据,谁可以提供数据以及以何种频率提供数据,以及数据形式、数据准确性,划分数据类别(分层法),数据的内容和数量是否能够满足数据分析工具的需要。有时候,即使是描述一个简单问题的症状也需要仔细规划。最好的数据来源于各级管理人员和技术人员、各级检验人员及一线操作员工,尤其是检验人员与一线操作员工。指导检验人员、一线员工收集数据,一项重要的工作就是数据的分层,必须运用相关产品技术知识和经验进行细致、耐心的指导和帮助。

表 3-10 是某企业检验人员在检验过程中收集汇总装配质量问题数据的统计。

表 3–10　2019 年 1 月 RSKF 装配质量问题统计表　　单位：台

装配组	不合格类型									总数
	被动轮表面磕碰	电机齿轮表面磕碰	三级被动轮磕碰	噪声大	椭圆音/蜗轮磕碰	未加油	扇齿问题/被动轮异响	电机轴头敲弯	自配电机抖动/电机异响	
一组		2			2					4
二组	11	8		1	1	1			2	24
三组	20	8		1	5	1	8			43
四组	6	8		5	1		5			25
五组	10	6			2		3	1		22
小计	47	32	0	7	11	2	16	1	2	118

3.5.3.2　数据的收集与分析

按照以上同样的方法，该企业一共进行了 4 个月的质量问题数据统计，将 4 个月的质量问题进行汇总，如表 3–11 所示。

表 3–11　RSKF 装配质量问题统计表（2019 年 1—4 月）

不合格类型	不合格数/台	比率/%	累计比率/%
被动轮表面磕碰	114	36.89	36.89
电机齿轮表面磕碰	107	34.63	71.52
噪声大	28	9.06	80.58
椭圆音/蜗轮磕碰	22	7.12	87.70
扇齿问题/被动轮异响	21	6.80	94.50
三级被动轮磕碰	4	1.29	95.79
电机轴头敲弯	4	1.29	97.09
未加油	3	0.97	98.06
自配电机抖动/电机异响	6	1.94	100.00
合计	309		

根据以上数据，按照排列图原理绘制出排列图图 3–14。图 3–14 展示了 RSKF 装配工段存在的质量问题。最关键的两种质量问题（被动轮表面磕碰、电机齿轮表面磕碰）分别占总量的 36.89%、71.52%。

图 3–14 共包含三个要素：(1) 质量问题总数的贡献者，按贡献大小排序；(2) 以数字表示的贡献大小；(3) 贡献者总效应的累计曲线。排列图原理可用

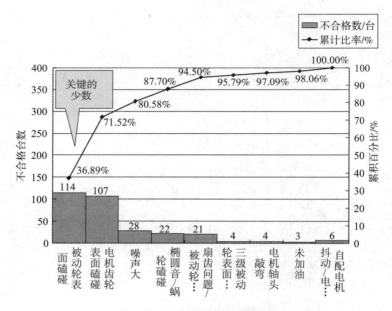

图 3-14 RSKF 质量问题排列图

于多方面的诊断，如寻找关键的少数缺陷，寻找缺陷的关键少数症状，以及寻找症状的关键少数原因。

3.5.3.3 原因推测

质量缺陷"磕碰伤"问题，只是问题的表现形式，是"症状"，那么，造成这一问题的根本原因还要进一步分析判断与推测。"头脑风暴"会议（又称诸葛亮会议）是分析问题的一种系统方法。这种方法主要操作方式是组织有关人员聚在一起，依次询问每一个人，鼓励他们提出创造性的想法。每一个想法都记录在案，不允许批评与讨论这些想法。"头脑风暴"会议后，再批判性地回顾和整理每一个想法。因果图是一种非常好的分析判断问题产生主要原因（要因）的有效方法。如图 3-12（造成齿轮磕碰伤因果图）就是通过召开"头脑风暴"会议后进一步整理的结果。通过分析判断，寻找到了"员工培训不够、容器不够、没有齿轮专用容器、没有给供应商提出明确要求（标准）"四个主要原因。

3.5.3.4 治疗

所谓治疗，就是响应诊断结果，制定治疗方案（解决方案），消除诊断发现的问题原因。一个广泛应用的方法即为 PDCA 循环。

3.5.4 PDCA 循环理解及应用

3.5.4.1 PDCA 循环

PDCA 循环是美国质量管理专家休哈特博士首先提出的，由戴明采纳、宣传、获得普及，所以又称戴明环。全面质量管理的思想基础和方法依据就是 PDCA 循环。PDCA 循环的含义是将质量管理分为四个阶段，即计划（Plan）、执行（Do）、检查（Check）、处理（Act）。在质量管理活动中，要求把各项工作首先作出计划、然后实施计划并检查实施效果，再将成功的方案纳入标准，没有解决的问题留待下一 PDCA 循环去解决。这一工作方法是质量管理的基本方法，也是企业管理各项工作的一般规律。

如图 3-15 所示，PDCA 循环主要过程解释如下：

（1）分析质量问题中各种影响因素。

（2）找出影响质量问题的主要原因。

（3）针对主要原因，提出解决问题的措施并执行。

（4）检查执行结果是否达到了预定的目标。

（5）把成功的经验总结出来，制定相应的标准。

（6）把没有解决或新出现的问题转入下一个 PDCA 循环去解决。

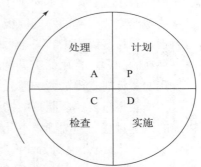

图 3-15 PDCA 循环图

3.5.4.2 PDCA 循环的四个阶段、八个步骤

P 阶段——计划阶段

这个阶段的工作主要是找出存在的问题，通过分析，制定改进的目标，确定达到这些目标的措施和方法。其内容又可分为如下四个步骤：

步骤一：分析现状，找出存在的质量问题。

一般可通过对顾客的访问或顾客的来信来访反馈的质量信息等渠道来了解质量问题；也可通过收集原始记录、收集现场数据，应用统计方法进行分析来了解质量问题；也可用标准对照，或与国内外先进产品或标杆企业进行对比来寻找自己的差距等。在寻找存在的质量问题时，常采用排列图、直方图和控制图来进行统计分析。

分析现状要针对产品、过程和管理中的问题，尽可能用数据加以说明，要确定需要解决的主要问题。

步骤二：分析产生质量问题的原因。

对产生质量问题的原因要加以分析，常用因果图。要逐个问题、逐个因素加以分析，尽可能将产生问题的各种影响因素都罗列出来（如图3-12，造成齿轮磕碰伤因果图）。

步骤三：找出影响质量问题的主要原因。

影响质量问题的原因可能多种多样，但必须要抓住主要的原因（要因）。影响质量的因素往往是多方面的，从大的方面看，有操作者（人）、机器设备（机）、原材料（料）、加工方法（法）、环境条件（环）以及检测工具和检测方法（测）等。即使是管理问题，其影响因素也是多方面的，例如管理者、被管理者、管理方法、人际关系等。每项大的影响因素中又包含许多小的影响因素。例如从操作者来说，既有不同操作者与操作者的区别，又有同一操作者因心理状况、身体状况变化引起的不同原因，还有诸如质量意识、工作能力、培训等多方面的因素。在这些因素中，要全力抓出主要的直接影响因素，以便从主要原因入手解决存在的问题。常用的工具有因果图、排列图等。

步骤四：针对找出的影响质量的主要原因，制订措施计划。

这一步骤很重要，所制订的措施计划要具体要切实可行并预计其效果。计划和措施的拟定过程必须明确以下几个问题：

Why（为什么），说明为什么要制订各项计划或措施。

Where（哪里干），说明由哪个部门负责并在什么地点进行。

What（干到什么程度），说明要达到的目标。

Who（谁来干），说明措施的主要负责人。

When（何时完成），说明完成措施的进度。

How（怎样干），说明如何完成此项任务，即措施的内容。

以上这六点，分别取第一个字母，简称5W1H。例如，某企业针对齿轮磕碰伤问题制定措施，如表3-12所示。

表3-12 齿轮磕碰伤问题措施表

序号	问题描述	解决措施	负责单位	责任人	配合单位/人员	完成时间	执行结果	备注
1	员工培训不够	对齿轮加工车间、仓库人员质量意识、质量标准、工作标准进行培训	品质部	×××	加工车间仓库	每周一次		
		编制齿轮摆放标准、包装标准、倒运及存放标准	品质部	×××	车间主任、库管主任	6月20日前		

续表

序号	问题描述	解决措施	负责单位	责任人	配合单位/人员	完成时间	执行结果	备注
2	容器不够	车间负责提出容器规格、数量，报物控部	加工车间	×××	物控部	5月10日前		
		按照车间提报的规格、数量采购	物控部	×××	加工车间	6月20前		
3	没有齿轮专用容器	设计专用容器、包装泡沫箱、尼龙网套	技术部	×××	品质部、加工车间	5月20日前		
		按照设计方案，采购或试制容器，先小批量试用	物控部	×××	技术部、加工车间	5月30日前		
4	没有给供应商提出明确要求（标准）	齿轮包装标准、储运标准以正式文件方式送达各外协供应商	品质部	×××	各外协单位	6月25日前		

D 阶段——实施阶段

步骤五：实施计划。

按照制订的计划和措施，严格地去执行。实施中如发现新的问题或情况发生变化（例如人员变动），应及时修改计划和措施。

C 阶段——检查阶段

步骤六：检查效果。

根据制订的计划和措施，检查进度和实际执行的效果，是否达到预期的目的。可利用检查表、控制图等方法和工具进行分析和验证。检查效果要对照计划和措施中规定的目标来进行，要实事求是，不得夸大，也不得缩小，未完全达到目标转到下一步处理。

A 阶段——处理阶段

这个阶段包括两个步骤。

步骤七：总结经验，巩固成绩。

根据检查的结果进行总结，把成功的经验和失败的教训纳入有关的标准、规定和制度中，防止再次发生。这一步非常重要，需要下决心，否则质量改进就失去了意义。在涉及更改标准、程序、制度、文件时应慎重，必要时还应进行多次

PDCA 循环加以验证，而且要按 ISO9000 族标准规定进行控制。

步骤八：遗留问题，转入下一个 PDCA 循环。

根据检查结果，对未解决的问题，找出原因，作为下一个 PDCA 循环制订计划的资料和依据。

对遗留问题应进行分析，一方面要充分看到成绩，不要因为遗留问题打击了质量改进的积极性，影响了员工士气；另一方面又不能盲目乐观，对遗留问题视而不见。不能设想一次改进就能解决所有的质量问题。质量改进之所以是持续的、不间断的，原因是任何质量问题在改进后，又会产生新的问题，只有不断改进，才能逐渐提高。要不断总结经验，坚持持续改进，就会获得成功。

需要说明的是，PDCA 循环的四个阶段是不能跨越的，而八个步骤则可增可减，视具体情况而定。

在八个步骤中，要把重点放在处理阶段（A 阶段），特别是巩固成绩，如果成绩不能巩固，质量改进也是失败的。组织在质量改进中对此往往重视不够，未能将其经验纳入标准中，很可能随着时间的推移，又回到原点，重复出现原先的问题，反而挫伤了员工进行质量改进的积极性。

朱兰博士通过收集大量的企业数据进行研究，发现质量改进（突破）是企业提升业绩、降低成本的有效途径。具体来说，能够产生经济效益为 10 万美元的质量改进项目，在诊断和改进阶段的联合投资约为 15 000 美元，投资回报率为 85%。由此产生的投资回报率是非常可观的，因此，朱兰说："最好的生意是做突破。"

本 章 小 结

A. 质量管理简介

什么叫质量？国际化标准组织在 ISO 9000—2015《质量管理体系——基础和术语》中将质量定义为：客体的一组固有特性满足要求的程度。这句话有三个含义：一是"客体"，是指质量所描述的对象，是质量的载体；二是质量的"特性"，即产品质量是用产品特性去描述的；二是满足"要求"。

B. 质量成本与质量意识

（1）质量成本：为了确保产品（或服务）满足规定要求的费用以及没有满足要求引起损失，是企业生产总成本的一个组成部分。质量成本包括预防成本、鉴定成本、内部损失成本和外部损失成本。制造企业的不良质量成本为销售额的 15%～20%，这一数字是普遍性的。降低质量成本对提高企业经济效益有着巨大的潜力。

（2）什么是质量意识？是在主观上追求产品质量更好或工作质量更好，时刻关注工作成果，对顾客、对公司负责的工作态度。主要内容包括对质量的认知、对质量的信念以及质量知识的掌握。

（3）质量意识差的原因：一是中国民营企业的发展历史原因，不重视质量；二是企业家、管理层对质量成本的认识不够、动力不足；三是习惯思维影响；四是小农意识影响；五是管理干部的管理水平与能力问题；六是质量教育培训缺失。

（4）任何一家企业都可以通过提高质量节约资源，同时提高生产效率，保证产品交期，促进销售。

C. 质量目标与计划

质量目标值的确定方法之一是以上年度统计数据为基础，挑选出 3 个月的最佳数据，采取加权平均的办法，确定下年度的目标值。

D. 质量控制

（1）根据质量控制的工作范围，可分为非人工方式控制、基层员工控制和管理层控制。

（2）管理者可控与员工可控问题：85% 的缺陷是管理者可控的。

E. 质量改进与 PDCA 循环

（1）"朱兰三部曲"图解：质量控制意味着维持其原来的质量水平，改进的效果则是突破或提高。

（2）质量改进"老七种"工具：因果图、排列图（柏拉图）、直方图、检查表、分层法（分层分析）、散布图和控制图。企业内 95% 的质量问题可通过企业全体人员应用这些工具得到解决。

（3）PDCA 循环的含义是将质量管理分为四个阶段，即计划（Plan）、执行（Do）、检查（Check）、处理（Act）。

第 4 章

物控管理

4.1 物控管理的基本概念

4.1.1 供应链

供应链概念最早来源于彼得·德鲁克提出的经济链,后由迈克尔·波特发展成为价值链,最终演变为供应链。

供应链的定义为:围绕企业核心业务,通过对信息流、物流、资金流的控制,从采购原材料开始,到制成中间产品以及最终产品,最后由销售网络把产品送到消费者手中。供应链是将供应商、制造商、分销商、零售商直到最终用户连成一个整体的功能网链模式。所以,一条完整的供应链应包括供应商(原材料供应商或零配件供应商)、制造商(加工厂或装配厂)、分销商(代理商或批发商)、零售商(卖场、百货商店、超市、专卖店、便利店和杂货店)以及消费者。

从定义中可以看到,供应链是一个范围更广的企业机构模式。它不仅是条连接供应商到用户的物料链、信息链、资金链,更为重要的是,它还是一条增值链。因为物料在供应链上进行了加工、包装、运输等过程而增加了其价值,从而给这条链上的相关企业带来了收益。

有效的供应链管理可以帮助企业实现四项目标:缩短现金周转时间;降低企业面临的风险;实现盈利增长;提供可预测收入。

4.1.2 价值链

4.1.2.1 定义

价值链这一概念,最早出现在迈克尔·波特的《竞争战略》一书中。他认为"每一个企业是在设计、生产、销售、发送和其他辅助工作过程中,进行种种活动的集合体,所有这些活动可以用一个价值链来表明"。

这一基本定义可以理解为将企业的生产、营销、财务、人力资源等方面有机地整合起来，并做好计划、协调、监督和控制等各个环节的工作，使它们形成相互关联的整体，真正按照"链"的特征实施企业的业务流程，使得各个环节既相互关联，又具有处理资金流、物流和信息流的自组织和自适应能力，使企业的供、产、销形成一条珍珠般的"链"——价值链。

4.1.2.2 价值链的作用

（1）提高客户服务整体水平。

（2）节约成本：当组织砍掉价值链中的那些低效率的和不增加价值的环节后，组织就会在不同的工作和领域中降低成本。

（3）提高交货速度：当价值链中的成员在分享信息和重要活动中合作时，供货速度就会提高。

（4）降低存货：大量的存货，包括原材料和成品会导致大量的成本，通过价值链中各成员紧密和谨慎的合作，渠道中的物流速度将会提高，存货便会降低。

（5）后勤管理水平提高。

（6）销售量提高，市场份额增加。

4.1.3 PMC（生产及物料控制）

PMC（Production Material Control，PMC）是指对生产计划与生产进度的控制，包括对物料的计划、跟踪、收发、存储、使用等各方面的监督与管理，以及对呆滞料的预防处理工作。

港资和南方企业习惯称PMC为"计划员"，即：生产计划和物料计划，主要负责加工行业生产订单的进度、物料的差补、订单的核销。

PMC通常分为两个部分：

PC（Production Control，PC）：生产控制或生产管制（称为生管），主要职能是生产计划与生产进度控制。

MC（Material Control，MC）：物料控制（俗称物控），主要职能是物料计划、请购、物料调度、物料的控制（坏料控制和正常进出用料控制）等。主要目的是使物料与生产管理工作顺畅，保证客户的需求，提高客户的满意度，同时提高生产效率，降低综合成本，提升公司的整体实力。

4.1.4 物控管理

4.1.4.1 物控管理各部门主要职责

为加强企业物料管理，确保企业在不出现物料积压及资金占压的情况下，又不出现停工待料的现象，各部门主要职责如下：

(1) 市场部：负责订单下达及交期评审。
(2) 研发部：负责订单物料清单（BOM）制订及生产工艺设计。
(3) 物控部：负责物料计划的制订及协调跟进。
①计划：物料计划编制、申购、跟踪及生产进度的跟踪。
②采购：负责物料的采购及跟进工作以及供应商评审。
③外协：负责企业外协件计划、外发及进度跟进工作。
④货仓：负责物料进出仓控制及库存物料的控制。
(4) 生产部：负责生产计划的制订与前期准备工作，以及按计划完成生产任务，对生产进度及异常进行处理控制并反馈。

4.1.4.2　工作程序

(1) 交期评审：

接订单后，市场部、研发部同生产部、物控部联合进行订单评审，内容包括产品设计要求、交期、物料采购周期、生产周期等，并出具订单评审报告。

(2) 生产部：

按订单评审报告的具体要求，根据生产实际情况，负责编制生产计划、物料需求计划和设备要求计划等。

①对工厂设备、人员等生产能力进行分析评估，根据订单交期制订具体生产实施计划。

②将月计划分解为周计划、日计划；同时，要认真收集、统计、汇总、分析每日生产报表，根据生产进度异常以及物料、技术、品质、工艺的变化，做好生产计划的调整。

③如果出现生产进度滞后现象，要结合生产实际情况，如实反映，及时同市场部进行沟通，调整并确认实际交期，调整生产计划。

(3) 物控部：

①负责分解物料清单，根据仓库库存状况确定物料净需求量，再根据订购批量和生产计划，确定物料订购数量、交货期限，编制物料需求计划。

②根据生产计划确认物料具体入库时间，对可能造成生产短缺的物料进行重点跟踪处理，避免因物料供应脱节、进度落后、生产提前、计划变更、订单变更而出现物料短缺问题。

③物料入库后，根据生产领料单发放物料。物料发放应遵循"先进先出，按单办理"的原则。

④欠料和追料：根据每周生产进度安排确认下周物料缺料状况，对物料不能按期到厂和欠料情况，及时通知相关负责人跟进解决。

⑤退料和补料：对生产所退仓库物料进行分类标识、定置存放；对生产异常所

产生的补料情况，须经上级有关负责人签字确认后方可补数办理，并完备有关手续。

（4）采购：

根据物料需求计划订购所需物料并及时跟进物料到厂进度，做到适时供应生产物料。

（5）外发（外协）：

根据物料需求计划、生产进度情况，及时外发物料，并跟进外协件回厂进度，确保生产需要。

4.1.5　采购管理

4.1.5.1　采购的内容与重要性

采购是指为取得生产所需要的物料、工具、机械等物资，以确保生产运营所应负担的职责与采取的行为。采购是必须考虑以最适当的总成本，在最适当的时间，获得最适当品质、最适当数量的物资，并能保持物料供应连续性的一种技术性工作。

在工商企业里，采购业务与财务业务、销售业务属于三大重要业务，得到相关单位的高度重视，之所以如此，原因如下：

（1）采购成本影响企业盈亏。若物料或设备无法以最适当的价格取得，则直接影响到企业经营成本。物料价格过高，则产品成本偏高，直接影响利润与销售；物料价格过低，则很可能物料品质不能保证，影响到成品品质，削弱企业产品竞争力。

（2）企业经营好坏指标之一为周转率。采购部门若采购数量与采购时间恰当，一方面能够避免工厂生产线停工待料，另一方面又不会造成库存物资积压，有利库存物资周转率提高。

（3）由于采购部门与其他企业及市场广泛接触，掌握市场信息，因此对企业的生产、产品研发具有不可替代的贡献。

①提供新的物料（新材料、新设备）及信息，以便替代使用中的物料，提升企业产品竞争力。

②提供新产品开发信息（新技术、新工艺），促进企业技术进步。

③提出市场变化的趋势，帮助企业合理应对，促进企业业绩增长。

（4）采购部门熟悉协作厂商与零件市场趋势，在新产品开发、生产日程安排、市场政策等方面提供有关信息，从而帮助公司拟定各种计划，提升计划的准确、可行性。

4.1.5.2　采购业务主要工作内容

（1）了解市场趋势并收集市场供给与需求价格等资料，加以成本分析。

(2) 收集供应商资料，建立供应商档案，定期对供应商进行评审（包括实际验厂、供货能力、质量保证、财务状况、现场管理等），必要时签订战略合作协议。

(3) 采购计划编制、供应商选择、商务谈判、合同签订与评审、采购合同管理。

(4) 物料的获取与有关手续的办理。

(5) 查验进厂物料数量与品质。

(6) 呆料与废料的预防与处理。

4.1.5.2　采购方法

采购方法种类很多，因企业性质不同、采购对象不同，所采用的采购方法亦不相同。各企业可根据实际情况，采取最方便、最有利的方法进行采购。主要采购方法如下：

(1) 以采购地区分类。分为国内采购（简称内购）与国外采购（简称外购）。所谓内购是指向国内厂商进行采购；所谓外购是指向国外供应商或外国供应商在本国境内代理商进行采购。一般来说物料采购以内购最方便与经济，但在当今市场全球化大趋势下，以及国外供应商产品价格低廉、性价比高时，外购也是广大企业经常采用的采购行为。

(2) 以采购方式分类。分为直接采购、委托采购与调拨采购。直接采购是指直接向物料供应厂商从事采购；委托采购是指委托代理机构向物料供应厂商从事采购；调拨采购是指将过剩物料互相支援调拨使用。

(3) 以采购政策分类。分为集中采购与分权采购。集中采购是指大的企业集团统一由总公司负责采购并统筹处理，因此又称为统一采购，分权采购是指由各分公司自行采购。

(4) 以采购性质分类。分为公开采购与秘密采购、大量采购与零星采购、特殊采购与普通采购、正常性采购与投机性采购、计划性采购与市场性采购。

①公开采购是指采购行为公开化；而秘密采购是指采购行为秘密进行。

②大量采购是指采购数量多、批量大的采购行为；零星采购是指采购数量零星化采购行为。

③特殊采购是指采购项目特殊，采购人员事先必须花很多时间从事采购情报收集的采购行为，如采购特殊规格、特种用途机器设备；普通采购是指采购项目极为普通的采购行为。

④正常性采购是指采购行为正常化而不带投机性；而投机性采购是指物料价格低廉时大量购进以期涨价时转手图利的采购行为。投机性采购的好处在于可能获得巨额的投机利润，而其缺点如下：

a. 占用大量资金。
b. 等待有利的购买时机才下手购买，有时会妨碍了生产计划进行。
c. 使用大量仓储空间以囤积投机性采购的物料。
d. 若物料规格彻底改变，投机性采购的物料就有报废的风险。

⑤计划性采购是指依据材料计划或采购计划的采购行为；而市场性采购是指依据市场行情、价格波动而从事的采购行为，此种采购行为并非是根据材料计划而进行的。计划性采购的好处在于存量能够适应生产进程并加以控制，然而物料计划及材料规格一旦发生变易，容易造成企业运营被动的局面。市场性采购的好处有利于节省采购价格、增加制成品边际利润，但其缺点如下：

a. 存货增加，仓储增加，存货储备成本升高。
b. 若规格一发生变更，则物料有报废的风险。
c. 市场价格趋势判断错误可能带来极大损失。

（5）依采购时间分类。可分为长期固定性采购与非固定性采购、计划性采购与紧急采购、预购与现购。

①长期固定性采购是指采购行为长期而固定性采购某些物料及与供应商长期合作的行为；而非固定采购是指采购行为非固定性，需要灵活掌握。

②计划性采购是指根据材料计划或采购计划采购；紧急采购是指物料急用时毫无计划性的紧急采购行为。

③预购是指预先将物料买进而后付款的采购行为；现购是指以现金购买物料的采购行为。

（6）以采购合同方式分类。可分为合同采购、口头或电话采购、书信或传真采购、试探性订单采购。

①合同采购是买卖双方根据合同的方式而进行的采购行为。

②口头或电话采购是指买卖双方不经过合同方式而是以口头或电话洽谈方式而进行的采购行为。

③书信或传真采购是指买卖双方借书信或传真而进行的采购行为。

④试探性订单采购是指买卖双方在进行采购事项时因某种原因不敢大量下订单，先以试探方式下少量订单，此为试探性订单采购；待试探性订单采购进行顺利时，而后才下大量订单采购。

（7）以决定采购价格方式而分类。可分为招标采购、询价现购、比价采购、议价采购、定价收购以及公开市场采购。

①招标采购是将物料采购的所有条件（诸如物料名称、规格型号、数量、交货日期、付款条件、罚则、投标保证金、投标厂商资格、开标日期等）详细列明，登报公告。投标厂商依照公告的所有条件，在规定时间以内，交纳投标保证

金，参加投标。招标采购的开标按规定必须至少三家以上的厂商从事报价投标方得开标。开标后原则上不以报价最低厂商中标，如投标报价低过招标底价时，采购人员有权宣布废标。

②询价现购是采购人员选取信用可靠的厂商将采购条件讲明，并询问价格或寄以询价单并促请对方报价，进行比较（或讨价还价）后则现价采购。

③比价采购是指采购人员请数家厂商提供价格后从中加以比价之后，决定厂商进行采购事项。

④议价采购是指采购人员与厂商双方经讨价还价而议定价格后方进行的采购行为。

⑤定价收购是指购买的物料数量巨大，并且非一两家厂商所能全部提供，如农民果蔬收购，当市面上该项物料广泛上市时，则可商定价格以现款收购。

⑥公开市场采购是指采购人员在公开交易或拍卖场所随时机动式的采购，因为这些大宗需求物料市场价格变动频繁。

4.1.5.4 采购程序

在采购程序当中，开出订购单只不过是其中一个重要步骤，采购计划、物料来源情报收集、采购适当时间以及其他重要的影响因素都要事先加以考虑。采购程序如下：

（1）物料管理部门开出请购单交给采购部门。

（2）采购部门根据市场情况，综合平衡后决定购买什么物料以及购买多少数量的物料。

（3）研究市场状况并找出有利的购买时机。

（4）决定物料供应来源以进行采购事项。

（5）以询价、报价、比价等方式决定有利价格，并选取供应商。

（6）与供应商进行合同谈判，并签订合同。

（7）监督供应商准时交货。

（8）核对并完成采购交易行为，根据验收单或品质数量检验报告，核对供应商交货状况，并对不良物料设法加以处理。

【采购计划案例】

表 4-1 为××公司 6 月份立轴外协采购计划。这一计划的特点是将公司生产计划与供应商供应计划结合起来，依据供应商的供货能力（月度供货量均匀分布于 4 个阶段），告知哪些材料需要什么时候完成。计划的信息量比较全面，包括现库存、销售量情况。最低排产量按照实际差额×1.2（系数，考虑到废料）计算。供应商得到这样一个计划，有利于生产调度安排，双方的协调配合更加顺畅。

表 4-1 ××公司 6 月份立轴外协采购件计划

序号	型号	现库存(A)	月度需求量 齿箱销售	月度需求量 散件销售	月度需求量 合计(B)	B-A 差额	最低计划量(1.2)	实际采购计划	单件重量/kg	总重量/kg	1—7日 件数	1—7日 重量/kg	8—14日 件数	8—14日 重量/kg	15—21日 件数	15—21日 重量/kg	22—30日 件数	22—30日 重量/kg	备注
1	R210 立轴	0	175	120	295	295	354	380	21	7 980	100	2 100	100	2 100	90	1 890	90	1 890	
2	三一-135/E318DL 立轴新	160	145	50	195	35	50	70	23	1 610		0	0	0	70	1 610	0	0	
3	LG240 立轴	0	90	35	125	125	150	180	60	10 800	90	5 400	90	5 400	0	0	0	0	
4	山河 50 立轴	0	35	15	50	50	60	80	6.5	520	80	520	0	0	0	0	0	0	
5	YC60/8 立轴	0	15	10	25	25	30	60	13	780	0	0	60	780	0	0	0	0	
6	ZAX60 立轴	0	30	15	45	45	54	60	8.8	528	0	0	60	528	0	0	0	0	
7	SK200/6 立轴	0	40	20	60	60	72	100	38.5	3 850	50	1 925	0	0	50	1 925	0	0	
8	R80/7 立轴	0	20	10	30	30	36	50	13.4	670	50	670	0	0	0	0	0	0	
9	DH300 立轴	60	80	20	100	40	120	150	60	9 000	30		0	0	100	6 000	50	3 000	
10	SH280 立轴	0	30	5	35	35	42	60	20	1 200	30	600	0	0	0	0	30	600	
11	SK250/8 立轴	0	20	8	28	28	34	50	57.7	2 885	0	0	0	0	0	0	50	2 885	
12	PC56 立轴	0	50		50	50	60	100	13	1 300	0	0	100	1 300	0	0	0	0	
13	PC120/6 立轴	64	65	50	115	51	138	150	20	3 000	0	0	50	1 000	0	0	100	2 000	
14	ZAX120-6 行一大	0	100	0	100	100	120	160	1.8	288	0	0	60	108	0	0	100	180	
15	EX120-5 行一大	75	100		100	25	120	150	2.4	360	0	0	150	360	0	0	0	0	
16	合计									44 771		11 215		11 576		11 425		10 555	

4.2 物料管理

4.2.1 物料分类

物料一词从狭义上解释，通常称为材料，即指用以维持产品制造所需原料、用料、零件配件，而在生产企业里有时材料是指未被加工的原料，而零件即为配件或组件。对材料一词的解释，一般生产企业又以下列方式加以区分。

（1）从功用上区分。将材料分为主要材料与辅助材料。

主要材料是构成制品最主要的部分，而辅助材料多半在配合主要材料加工或者总成装配而附属于制品上。例如钢结构焊接制品的主要材料为钢材，而焊条、油漆或包装用材料显然是辅助材料。在冶金或者化工行业，主要材料又称为原料，如冶金行业的矿石等。

（2）从形态上区分。将材料分为素材与成型材。

素材是需要加工的材料；成型材为已加工成型的材料，又分为配件、零件、组合件等。

（3）从成本管制上区分。将材料分为直接材料与间接材料。

直接材料是直接供作制品制造的材料，其消耗与产品的产量成正比，如铝合金制品的铝型材。

间接材料是间接帮助制品的材料，其消耗不一定与产品的产量成正比。上述辅助材料有时也包括于间接材料中，其他如厂内消耗品、机器维护用的油类或材料。

（4）从准备方法上区分。将材料分为常备材料与非常备材料。

常备材料为利用存量管制的原理，定时购买一定数量的材料，储备这些材料以供生产需要。有时特殊材料不能事先计划购买而随时决定购买的材料，属于非常备材料。

从广义上解释，物料一词范围甚广，除了包括原料、材料、配件、零件外，还包括间接物料、半制品、工具、用品、残废材料、包装材料等。

4.2.2 物料管理的重要性

4.2.2.1 物料管理概念

物料管理是指以经济合理的方法通过计划、协调与控制，及时供应各单位所需物料的管理方法。经济合理是指在适当的时间、适当的地点，以适当的价格及适当的品质供应适当数量的物料，此为有效物料管理必须具备的五大要件。这五大要件必须同时具备，不可只追求其中一个条件，否则就不符合物料管理的经济合理原则。

4.2.2.2 物料管理的重要性

常言道：巧妇难为无米之炊。就工商企业而言，物料为生产与销售的基本要件，若无物料，生产与销售活动即为之停顿。

（1）物料为企业组成五大要素之一。

企业的经营必须依赖五大要素组成，即物料、人力、金钱、机器及管理，此五项又称"5M"。其中以物料、人力、金钱、机器四者有形（数）之物为经，以管理为纬。假若不能施以有效管理，则物料、人力、金钱、机器四者难以发挥其应有功效。

（2）物料管理为企业五大管理之一。

企业经营管理工作，归纳为五大管理：

一为销售管理。销售是企业的"龙头"，销售做不好，产品再好，也不能给企业带来利润，因此，企业必须把拓展业务、争取市场放在重要位置。

二为生产管理，包括产品设计，以及制造出品质优良、成本低廉、交期迅速的产品。

三为财务管理，以方便及时地提供企业活动所需资金，确保产销业务能顺利进行。

四为人事管理，培养人才、训练人才以加强产销活动。

五为物料管理，筹备供应物料、支援产销活动。

以上五种管理，相辅相成，任何一种管理若发生缺陷，则将会大大影响企业经营效能。企业产、供、销活动要保持平衡稳定，物料管理不可或缺。

（3）就工业企业来说，有时物料管理比金钱管理更为重要，原因如下：

①采购获得的物料是用等值金钱换来的，但是，对物料来说，还须花费时间与劳力、运输、整理、保管等，因此获得的物料成本，比等值的金钱还要高。

②资金闲置，仅损失利息；物料闲置，除损失利息外，还要负担各种保管费用。

③物料种类繁杂，性质不同，与金钱相比较，物料在调度保管上难度更大。

④金钱面值会随汇率、银行利息波动而有所波动，但波动幅度不会太大；物料市价波动易变，有时幅度很大，库存物料易遭受到跌价损失。

⑤在企业中，库存现金占总资产比率微乎其微，而物料存货占总资产的比率庞大。物料存货控制好坏，常常是决定企业损益的一个重要因素。

⑥库存现金不会变坏，可以随时应付公司各种开支；而库存物料，常因闲置

成为呆料而折价出售，或因损坏成为废料，以报废品处理，会给企业造成巨大损失。

以上种种情况，就以管理而言，物料管理比金钱管理更重要，更需要企业加强管理。

(4) 物料管理是企业降低成本最有效的方法。

在生产制造型企业，员工工资占产品成本比例一般不会很高，有些成本控制较好的企业，人工成本仅占到4%。物料成本在制成品成本中所占比率高，有些行业高达70%~80%。就成本控制而言，物料成本控制是企业管理的重点。在生产经营活动中，对物料的浪费、呆废料的预防，物料存量管制及加强，对企业降低成本意义重大。通过物料管理降低成本可以从如下九个方面加以考虑。

① 从产品设计源头上综合考虑生产成本。
② 材料、零件标准化程度，可影响产品成本的高低变化。
③ 产品交货期限延迟将导致成本增高。
④ 合理的物料采购单价可使成本降低，也是企业降低成本的有效途径。
⑤ 降低库存是企业降低成本的重要工作，应把握合理的库存量。
⑥ 利用20/80原理，对物料采取分类管理（即A、B、C法）是行之有效的方法。
⑦ 加强物料品质管理是成本降低的保证，因此，采购人员必须重视物料的质量。
⑧ 搬运捆包费用占制造成本的比重很大，企业内部倒运不为产品创造价值。
⑨ 复杂的管理手续应予以简化。

(5) 物料管理决定着库存周转率。

企业的运转是将资金经过采购行为而换取物料，物料经加工制造成为成品，成品出售后赚取利润并取得资金，资金再经过采购之行为又换回物料……如此不断地循环，企业不断地运营，周转越快投资回报率越大。假设企业利润为10%，即库存资金周转一次，为企业创造10%的利润；周转两次，即创造20%的利润。所以，库存资产总额，决定了企业资金的利用效率，从精益理念思想出发，"零库存"或者最小适量库存是企业追求的目标。

4.2.3　全面综合性的物料管理（PMC）

传统的物料管理其主要任务是物料管理部门对内部生产制造部门及其他有关部门供应所需原料、材料与用品，主要以服务与辅助为中心。因此物料管理部门与制造部门之间协调配合仅着重于保障供应物料，防止生产线停工待料，能使物料供应顺畅而不影响生产，也就意味着圆满完成了工作任务。

在传统的物料管理之下，物料管理部门只能固守岗位，做好物料进库、出库等基本的服务工作。在这种思想指导下，物料管理人员的积极性无法发挥，往往造成产销不能密切配合，库存物料占用大量资金，呆废料堆积如山，而降低了企业获利能力。

按照MBA有关管理理论，物料管理业务涉及整个工商企业所有部门，尤其与生产、销售、财务、设计密切相关。因此，如果部门之间彼此不能密切配合，仅依赖物料管理部门，就无法顺利实现物料管理的有关功能。全面综合性的物料管理（即PMC）功能与负责部门，如表4-2所示。

表4-2 物料管理功能与负责部门

序号	物料管理功能	负责部门	序号	物料管理功能	负责部门
1	产品销售预测产品存量管制	营销	11	物料领用	生产、技术（负责定额）
2	产品仓库管理	物控	12	库存总量控制	物控、财务
3	物料需求计划	生产	13	物料加工	生产
4	物料申购计划	物控	14	呆废料预防与管理	生产、物控、采购
5	物料采购	采购	15	呆废料处理	物控、企管、财务
6	物料品质	采购、品管	16	在制品管理	生产
7	物料数量验收	物控、采购	17	在制品质量	生产、品管
8	购料付款	财务	18	制成品包装	生产、营销、物控
9	物料仓库管理	物控	19	成品出厂检验	品管
10	物料收发管理	物控	20	成品销售	营销

企业经营的目的在于提高投资回报率，也就是"利润最大化"。欲提高投资回报率必须从提高总资产运转率和利润率着手。全面综合性物料管理，一方面通过存量管制加强物料、在制品、成品管理，提高企业总资产周转率；另一方面通过加强物料计划性以及采购验收、储存、发（领）料、呆废料预防与处理管理工作，达到直接降低材料成本、间接提高销货量而提高利润率的目的。所以，全面综合性的物料管理与企业经营目的（提高投资报酬率、提高利润率、提高总资产周转率）密切相关。

4.3 物料的存量管理

所谓存量问题（Inventory Problem）就是研究物料，如原料、器材、配件等物料，何时加以补充以及尚未使用的物料（存货）存储量问题。

存量管理的发展，与日俱进，尤其是丰田生产方式（或精益生产）在世界生产制造型企业大行其道，追求"零库存"这一先进管理理指导念下，人们逐渐认识到物料管控对生产成本影响及企业运营的重要性。众所周知，按产品成本结构的比率剖析，可看出原材料占比很大。以变压器的制造成本为例，直接材料费用占72%，直接人工费用占4%，制造费用占24%。因此，降低材料成本是实施成本降低计划的有效途径。然而，产品所需的物料是由变化莫测的市场供应的，从企业管理层面来说，稳定生产困难很大。因市场供应不稳定，采购时间势将延误拉长；又因用量变化频繁，所储存的物料逐日剧增。但是存量过多，势必积压资金，增加利息支出等财务费用，影响企业经济效益。

目前企业界所以热衷于存量管理研究，其一，主要目的在于确保企业经营运行顺畅、生产稳定，又需要物料存量较少（或者合适），使总成本达到低值，从而实现企业利益最大；其二，企业所需物料存量，无论是由采购、制造或由其他方式获得，每批次为多少是最有利的数量（经济批量）；其三，订购或生产制造一批以后，应间隔多长时间再订购或产制一批为最适当；其四，假使供应发生延误生产的机会越少，则所需存量增加及保管费用增大，如何预测存货趋势与补充的时机难以决策等。存量问题在规模小、产品类别少、投资少的企业比较简单；但现代企业规模大，在产品规格型号多、销售批量逐渐减小的情况下，不得不研究物料存量问题。

4.3.1 名词解释

在介绍存量管理的运用方法之前，首先对几个专有名词的含义解释如下。
（1）存储费用：应包括物料处理费用、储存费用、损耗费用、保险及存贷利息等。
①处理费用：指存货进仓、出仓移动时所需劳力或设备等费用。
②储存费用：指租用仓库的租金或自有仓库的折旧及利息费用。
③损耗费用：指储存期间的物品发生破损、变形、化学变化或式样过时，被迫废弃等损失的费用。
（2）缺货损失：缺货损失可分为有形缺货损失及无形缺货损失两种。有形缺货损失是指原料、零件、半成品等补充时所增加的额外成本（如紧急采购），

或产品交付逾期、客户罚款及生产停顿造成的损失。无形缺货损失是指因缺乏供应物品所导致交易机会丧失,甚至企业信誉损失等情况。

(3) 订购费用:随每批订货所发生的支出,如印花税、报关费、通信费、验开库费和订购单位的薪资、办公(文具用品等)费用。

(4) 平均用量:物料在单位时间内耗用的平均量。通常以月(天)为单位时间进行计算。

(5) 补库时间:即从物料请购到验收入库为止所需的时间。

(6) 前置时间:为了不影响因缺料造成生产停顿,物料采购提前时间,此一时间称为前置时间。最理想的前置时间等于补库时间。前置时间的长短,影响存量及资金费用。

(7) 最低存量:是为了防止因采购延误或用量突增的库存数量,以免生产停工待料,故又称作安全存量。

(8) 订购点:即物料陆续使用至某一限度的库存量时应请购的基点库存量。订购点 = 平均用量 × 补库时间 + 最低存量。

(9) 最高存量:为特定时间内库存材料的最高限额,也是限制存量的目标。

4.3.2 实施存量管理的先决条件

存量的控制从理论上观察似乎是轻而易举的事,只要经办人员随时注意库存数量,适时调整其供需机能即能达到企业的需求。但是,因企业所需材料品种繁多,成千上万,如不事先加以规划,仅凭物控管理人员掌握材料库存的异动,难于实现适时、适量及适价地供应生产所需的目标。由此可见,为了降低生产成本,以最小费用支出并确保生产物料需求,必须将这些繁杂事项加以提纲挈领,随时可凭确实的记录,规定重点目标,予以适当的控制。实施存量管理牵涉的因素很多,需要做好以下基础管理工作。

4.3.2.1 材料的分类与编号

材料种类繁多,如制造飞机的零部件有上万种。这样繁多的材料储存在仓库里,如没有一个适当的分类及编号制度,根本无法管理。故材料的分类与编号非常重要。材料的分类以"同类相聚,异类相斥"为原则。首先分其类别,如铁类、铜类、油类等。按类别分开存放,再在每类中选择名称和性质相近者集于一处。其次再按尺寸大小、厚薄、轻重及容量继续细分。编号方法如下:

(1) 数目字制:以阿拉伯数字为代表,通常可分为数段,如 03 – 17 – 01 = 六角头铁螺钉(03 = 材料类别;03 – 17 = 铁螺钉;03 – 17 – 01 = 六角头铁螺钉)。

(2) 十进小数制:此法亦称为杜威制。如 324.5 = 火花塞(3 = 工业机械产品和设备;32 = 电子机械产品和设备;324 = 燃料燃烧系统的电子设备,324.5 =

点火装置)。

（3）记忆制：取英文原文第一字母，或缩写为代表，如 S 代表钢铁（Steel）类，T 代表工具（Tool）类等．

（4）混合制：将（1）～（3）两制或上述三制混合应用。

材料经分类及编号即须印成小册分送有关单位。自收料、发料、报表、账册以至标签均应一律采用。仓库货架橱柜的排列次序也应尽量按照编号的次序以求整齐及工作便利。如果材料种类繁多，仓库面积又大，为便利寻找材料，可将仓库的布置绘制成定置图表，注明编号，悬挂于仓库显著位置，使发料员一查即知材料的存放位置。

4.3.2.2　确实的料账收发记录与永续盘存制

确实的材料收发记录为实施存量管理的主要基石。而每一笔材料的移动均能在其账卡结出余额，这种记录方式称为"永续盘存制"。通常运用活页卡片，每种材料各立一张，其性质即等于材料分类账，以记录材料的单位数量为基础。某企业仓库分类保管的材料如图 4-1 所示。

图 4-1　某企业仓库分类保管的材料

每种材料均需根据过去用料的经验数据，运用存量管理的理论与方法决定最高存量及最低存量。分别记录在卡片上，以此为请购的依据。有时材料的用量变化甚大，常需预算，需提前将所有订单所需的数量算出，以作准备。故工程企划与存量管理必须取得密切的联系。有些企业将原料记录卡当作生产计划的主要步骤，除在卡上列明本月平均用量、储存位置、最高存量、最低存量、订货点、标准进货量、名称、规格以及收入与发出数量和已购未入量等之外，还另增两个项目栏：一为"指用数量"；二为"指用后结存数量"。"指用数量"是表示库存的某部分材料为某项订单而保存的;"指用后结存数量"则为实际库存减去"指用数量"的结果,此栏将现在及未来供应量与已知的将来需要量列出,方可得到适宜的库存量。此种账卡适用于订货生产的工厂。若材料的需用量很正常则不需保持"指用数量"及"指用后结存数量"等两栏。如图4-2所示。

材　料　卡

名称		规格型号		材料编号		货架No.	
最高库存		安全库存		订货点		参考批量	
月	日	收入数量	发出数量	结存数量	指用数量	指用后结存数量	请购数量	摘要

图4-2　材料卡片(局部)

每种材料账卡的永续结存数量应定期或不定期施行实地盘存,务求仓库实际储存的材料数量与账面结存量一致。对于发生盘亏或盘盈的现象,应找出原因,总结经验,作为为今后材料管理的主要改进措施。建立严密的永续盘存制度优点如下:

(1) 随时可以知道各种物料的正确存量。
(2) 随时可以知道材料移动的情形。
(3) 可使必需的材料经常保持一适当的储存量。
(4) 具有内部牵制作用,防止材料的走漏和舞弊现象发生。
(5) 为采购部门在制订采购计划时提供有力的数据参考。
(6) 为物控部门在编制安全库存时提供各类耗材数据。
(7) 为成本会计提供正确的数据。

4.3.2.3　材料预算的确定

材料预算必须根据生产计划而编制。生产计划包括预测与计划双重工作。计划思维的结果,无不体现着预测与预置。而预测又受市场的变化而需要随时调整。在市场稳定状况下,生产计划也可以稳定下来。反之,若不能预知销售情形,则产销不能平衡,势必导致缺货损失或积压资金的现象。因而销售预测实为确立生产计划及编制材料预算的基石。欲达成严密的存量管理必须以销售预测为依据。

4.3.2.4　材料市场的调查

材料市场随季节而变化,随供求关系而涨落。如能廉价购进,自然能降低用料的成本,所以对市场价格的趋势,采购人员必须了如指掌,以便在生产需要情况下适时购进。

4.3.2.5　材料验补时间的统计

材料自请购起至验收入库止,其所需时间必须求出一正确数字,才可换算出应有存量。

4.3.2.6　仓库容量的调查

仓库的存储容量,必须事先有所预备,否则大量购进,造成没有放置场所,而临时租赁仓库堆放,增加储存费用;如果露天存放,又会造成不必要的损失。

4.3.2.7　财务资金情况

公司的财务资金情况,应事先加以考虑,以便配合需要采购,适时购进所需物料。

4.3.2.8　呆料的处理及对策

(1) 呆料形成的原因如下:

①生产计划变更(或生产停止)。

②设计变更(材料变更、规格型号变更)。

③加工方法变更。

④自行生产与发包方式的变更(原先属于自行生产,或后面改为外协或者采购)。

⑤材料准备过多。

(2) 呆料预防对策:

①配发所有材料项目清单,以便设计时采用通用规格的材料。

②召开用料座谈会,商讨如何使材料标准化。

③物控部门随时知悉设计变更信息,以便在准备生产物料时采取必要的行动。

(3) 一般公司处理呆料方法。

①活用:召开呆废料座谈会,配发呆废料明细册,用于其他产品,盘活资产。

②出售:一是出售给材料供应商;二是出卖给有关小公司;三是作为废料出售。

4.3.2.9 标准化的有效实施

所谓标准化即是将产品规格型号进行规范化、系列化,从而使产品制造程序、所用材料及时间均可规范、统一。标准化在工业商业领域广泛运用。工程设计及材料等标准化工作对于物料存量管理业务意义重大。现将这两种因素说明如下:

(1) 工程设计标准化:产品是由各个零件组合而成的,因而产品标准化直接导致各个零件设计的标准化。产品的零件一经标准化后即可产生互换作用。零件能交替互换,这是大量生产的基本条件,可以提高生产效率、保证交货期、降低成本、改善库存管理。

(2) 材料标准化:材料标准化涉及材料的材质、状态、尺寸等。材料标准化对于材料的运输及保管等方面均有益处。

4.3.3 存量管理方法

4.3.3.1 ABC 分析法

美国通用公司董事长邓肯将该企业单位的库存物料目录详加分析后得出一重要结果:他发现其中有 8% 的物料种类价值昂贵,虽种类数量不多,但以其价值来说却占 70%,被称为 A 级材料;其次占 25% 的品种,其价值也占 25%,称之为 B 级材料;其他占 67% 大部分品种并无多大价值,虽然品种很多,其所占用的累计金额仅占 5%,称之为 C 类材料。此种存量管理的方法,即 ABC 分析法,如图 4-3 所示。

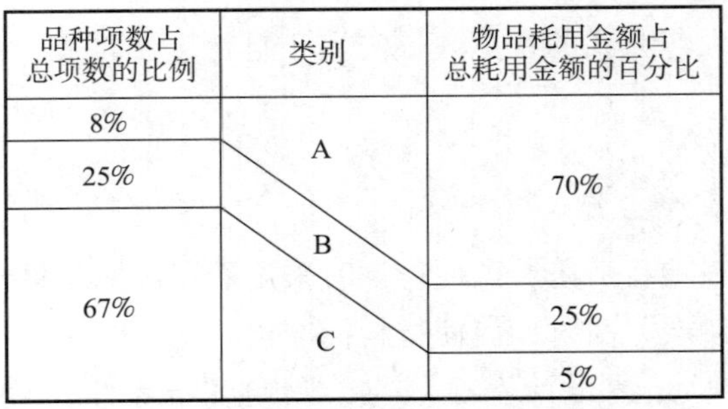

品种项数占 总项数的比例	类别	物品耗用金额占 总耗用金额的百分比
8%	A	70%
25%	B	25%
67%	C	5%

图 4-3 ABC 分类图

材料 ABC 分类、分级的方法,并无特别的法则可以遵循。其物料种类及金额的分析点可根据企业实际情况及管理经验酌情确定。这种管理方法,不管是在美国通用公司,还是在其他公司均有普遍推行价值。ABC 分析法的优点告诉我们,抓住"关键的少数"是库存存量管理的重点。

4.3.3.2 半自动顺序法

又称最大最小库存法。该方法是美国 Davis 所创造,如图 4-4 所示(该图在第一章"生产计划管理"第二节(图 1-3)作过讲解,为方便读者,再次引用)。该方法美国各企业普遍采用。美国材料试验协会(American Society for Testing Materials)即用此法。

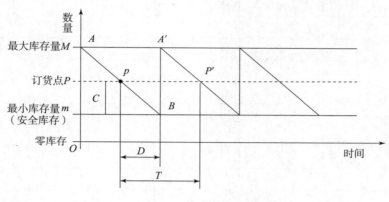

图 4-4 最大最小库存

当材料自最高存量 A 点开始使用,逐渐消耗,当其降至订购点 P 时即应补充采购。因采购时间 D 自请购之日起存量仍在继续使用而下降,到 B 点时所购材料如无阻碍或厂商延期交货的情况发生,则库存数量因采购材料到达恢复至 A' 点。此时的库存量为最大量。以后又继续消耗至请购点 P' 时再行请购。如此循环不断,以维持材料的适量适时供应。

此法需适时对平均用量及订购点加以调整,以应付用量的变化及突发事件的发生。由图 4-4 可知:

$$订货批量 = 单位时间平均用量 \times 2D$$

$$最高库存量 = 单位时间平均用量 \times 2D + 安全库存量$$

安全库存量 = $(1/4 \sim 1/2)$ 单位时间平均用量 $\times D$;此为经验数据,月消耗大,取 1/4 附近系数;月消耗量低,可取 1/2 附近系数。因为在正常情况下,安全库存量会造成库存呆滞,积压资金。

4.3.3.3 专案计划法

根据产销计划,首先对库存量加以考察,再按照材料预计使用时间和需用量,配合已经采购未入厂材料的数量,以及预计入厂时间综合衡量,以决定材料请购量与需求日期,并定期编制采购计划,如表 4-3 所示。

表4-3　材料采购计划表

编制单位：　　　　　　　　　　　　　　　　　　　　　编制时间：　　年　月　日

序号	材料名称	规格型号	库存量(A)	已购未入数量及预计进厂时间					预计使用时间及数量					$A+B-C$ 总计	拟请购数量	备注
				一批数量	预计入厂时间	二批数量	预计入厂时间	小计(B)	预计使用时间	数量(一)	预计使用时间	数量(二)	小计(C)			

审批：　　　　　　　　　　　　　　　　　　　　　　　　　　　　　　　　编制：

运用专案计划法的存量管理方法适合于特定项目、特殊材料（包括专用原料及零件）、限额材料（仅限用于特定的数种产品）等。此类材料存货价值高，采购时间长，较难掌握。此类性质的材料大多均属专用重点项目，因而事先需对产销计划的各种资料仔细研究，并按特定时间（通常以日为单位）排定材料采购计划，以便配合生产计划得以顺利开展。

4.3.3.4　定量基准法

产品所耗用的材料属于标准形态，均可应用此种方法来控制存量。根据产销计划，考虑目前状况，预测未来趋势。首先要确定应维持产品生产的库存数量，运用标准材料明细表换算其所需用的材料数量，列为维持存量的基准。如接到产品订单时，当视其订货量大小，在适当时机加以补充订购。此外如有多种产品使用共同材料，则可减少库存量。因生产多种产品同时一并消耗这种材料的机会微乎其微。所以定量基准法可加以灵活使用。假设该种类材料总消耗为 1（用 8/8 表示）；有两种规格产品使用这一材料的存量可定为 7/8；有三种规格产品使用这一材料的存量可定为 6/8；有四种规格产品使用这一材料的存量可定为 5/8；有五种规格产品使用这一材料的存量可定为 4/8；有六至九种规格产品使用这一材料的存量可定为 3/8。

一般言之，大批量生产型工厂，为掌握产销计划得以圆满达成，均运用定量基准法控制 A 类、B 类材料。

4.3.3.5 关于经济批量

购买材料若希望每批购买的数量为最经济，则必须将与采购数量、成本及相关的订购费用与存储费用等有关因素加以平衡，以求出最适当的数量，即经济批量，如图 4-5 所示。

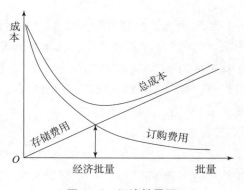

图 4-5　经济批量图

关于经济批量问题，很多理论研究，给出了一些计算公式，就单一某一品种，似乎可行，但具体企业来说，物料品种成千上万，仅储存费用，就无法具体分配到某一品种，况且采购费用也是如此；还要考虑其他影响因素，如市场因素、厂商供货问题、运输问题、气候问题等，既不能事先加以预估，又不能认为经常发生，所以说理论上的经济批量，只能参考其思想方法，更重要的是结合各自企业的实际情况及其管理人员的工作经验，合理编制经济批量（或采购批量）。

4.3.4　关于总体存量

存量管理已有不少的原理和方法可以应用，如上面所介绍的管理方法。但是，这些方法的应用，不能显示总体存量状况，依然可能发生存量太多、积压资金或仓库爆满等现象。因此，很多企业，对总存量金额采取限额政策，但又不一定符合全盘最有利的观点，更不能反映存量投资的效果。目前具有一定规模的企业，每年存量投资在数千万元乃至数亿元，因为缺乏有效的管制方法，至今仍为管理上的难题，因此实施总体存量管理，实为当务之急。

如果只是简单地降低库存，缺料、赶工和加急运费就会增多。企业就会处于每天都在调整计划和赶货的状态。每天调整计划会给价值流带来更大的波动，每人每天都会处于赶工和发货的紧张状态，反而增加了企业运营成本。这些现象，在个别企业时常发生。有一出口外贸企业，只要遇到产品发货，全体员工必定加班，甚至出现员工连续上班 24 小时现象，因为船期不等人。还有一些企业，为追求"零库存"，甚至把正常的设备维护保养的易损件也变成了"零库存"。设备检修时需要一个备件，就去市场买一个。采购员为了应付设备检修工作，每天要开车去市里四五次采购小电器零件，无形中增加了采购成本，得不偿失。

迈克·鲁斯（Mike Rosther）在《丰田套路》一书中，有这样一段描述：

"我曾经带一个团队参观底特律的一家工厂时碰到过这种情况。当时团队里面有好几位说日语的前丰田高管。在参观到某个地方的时候，这个丰田人说：'这里要增加库存。'我们暗自发笑，说：'哦？我好像没有听懂您的英语，我们了解丰田的系统，您的意思是不是这里应该减少库存？'这位前高管大呼：'不！不！不！要增加库存，这个流程还没有能力维持这么低的库存。'"

2018 年 4 月，作者有幸到丰田学习，我专门就库存问题与小藤行治老师（丰田 MIC-J 副社长，服务丰田 34 年）进行过探讨。

降低库存说起来容易，但不能一蹴而就，而是一个循序渐进的过程。随着管理能力的逐步提升，逐渐降低库存，而不是不加分析直接降为"零库存"。首先，要正确和深入理解这些库存背后的原因和挑战，造成流程周围或者中间库存是结果，必然有造成这些库存的原因。

小藤行治老师给作者提供了两个图形，虽然简单，但是可以说明问题，如图 4-6 所示。

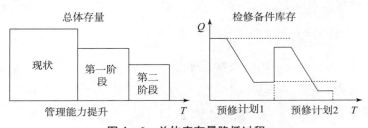

图 4-6　总体库存量降低过程

管理能力的提升，是指综合管理（PMC）能力的提升。作者多年的企业管理实践认为：学习、理解、应用"最大最小库存法"，结合企业物控大数据（参见第一章第三节"大数据安全库存法编制月计划"），充分利用企业 ERP 系统大数据，求取最高、最低安全库存，严格管理。ABC 分析法、专案计划法在企业也应用普遍。河北某企业在应用"最大最小库存法"后，还采取了限制车间"加工零件，如超出最高库存，不予入库"的管理办法，取得了很好的效果。用这种方式，逼迫车间主任在制订、实施车间生产计划时，关注库存存量。因为，车间员工属于计件工资制，不予入库就不能结算工资。这一办法改变了过去"什么好干干什么；什么挣钱多干什么；什么品种有材料就加工"的不良习惯。

4.4 仓储管理

仓储管理就是对仓储货物的收发、结存等活动的有效控制，其目的是保证仓储货物的完好无损，确保企业生产经营活动的正常进行，并在此基础上对仓储货物进行分类、记录，以表单等方式表示仓储货物的数量、所处位置、状态、流向等情况的综合管理形式。

4.4.1 仓库类别

企业（工厂）的仓库一般设为原料库、半成品库、成品库、五金库、辅料库、化工库、物品库。

（1）原料库：储存从外部购买的、直接用于产品生产使用的各种原材料、零配件等物料。

（2）半成品库：储存内部作业过程中制成的各类半成品、零件、组件等物料，同时也储存委外加工的半成品、零件、组件等物料。

（3）成品库：储存已经全部加工完成等待出货的成品。

（4）五金库：储存产品、半成品配套所用的标准件、工具、刀具、锁具、索具等。

（5）辅料库：储存生产所用的辅助材料，如纸箱、塑胶袋、塑胶制品等包装材料。

（6）化工库：根据安全消防规定，储存油料类、化工类等易燃、易爆物品要单独设立仓库。化工仓库储存化工物料。

（7）物品库：储存各种非直接用于产品生产使用的辅助物品，如劳保用品、办公用品等。

4.4.2 仓库总平面布局

仓库总平面布局是指对仓库的各个组成部分,如库房、货棚、货场、辅助建筑物、库内道路、附属固定设备等在规定的范围内进行平面和立体的全面合理安排。仓库总平面布局应该满足如下要求:

(1) 适应仓储生产的作业流程。库房、货棚、货场等储放场所的数量和比例要与储存物料的数量和保管要求相适应。要保证库内物料流动方向合理、运输距离最短、作业环节和次数最少、仓库面积利用率最高,并能做到运输通畅、方便保管。某企业仓库平面布局如图4-7所示。

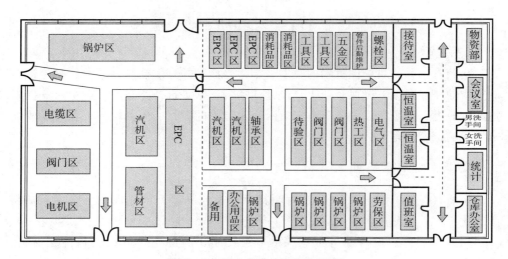

图4-7 某企业仓库平面布局图

(2) 有利于提高仓库的经济效率。仓库总体布局要考虑地形、工程地质条件等,因地制宜,使之既能满足物料运输和存放的要求,又能避免大挖大掘,减少工程量。总平面布局应能充分合理地利用库内的一些固定设备,充分发挥设备的功效,合理利用空间。

(3) 符合安全、卫生要求。库内各区域间、各建筑物间应该留有一定的防火间距,同时要设有各种防火、防盗等安全保护设施。此外,库内布局要符合卫生要求,考虑通风、照明、安全、绿化等情况。

(4) 充分利用库房空间,利用高货架,提升仓库容积率。

4.4.3 货位管理

在现实的仓储管理中,发错货、发串货的情况时常发生,这其中有仓库管理人员粗心大意的主观成分，而最主要的、客观的因素应该是仓库货位与标识不清、货物堆放无规则等。所以，仓库货位管理非常重要。

4.4.3.1 货位规划原则

货位规划应遵循八大原则。

（1）以周转率为基础的原则。以周转率为基础的原则，即将物品按周转率由大到小排序，再将此序分为若干段（通常分为3~5段）。属于同一段中的货品列为同一级，依照定位或分类存储法的原则，指定存储区域给每一级货品。周转率越高物品应离出入口越近。

（2）物品相关性原则。相关性是指物料的配合关系，如蜗轮与蜗杆组合成一个传动关系，蜗轮与蜗杆存放区域要相互靠近，这样可以减短提取路程，减少工作人员疲劳，简化收发工作。

（3）物品同一性原则。同一性原则是指把同一物品储放于同一保管位置，否则当同一物品散布于仓库内多个位置时，物品在存放取出等作业时不方便，作业人员在盘点以及对货架物品掌握程度都可能造成困难，甚至会造成数据统计混乱。

（4）物品互补性原则。互补性高的物品也应存放于邻近位置，以便缺货时可迅速替代另一物品。

（5）物品相容性原则。相容性低的物品不可放置在一起，以免损害品质。

（6）物品尺寸原则。在仓库布置时，要考虑物品单位大小以及由于相同的一类物品所具有的整批形状特性，以便能供应适当的空间满足某一特定要求。

（7）重量特性原则。重量特性原则是指按照物品重量的不同来决定储放物品于货架的高低位置。一般情况下，重的物品存放在货架的低处，反之则存放在货架的高层。

（8）物品特性原则。物品特性不仅涉及物品本身的危险性及易腐蚀性，同时也可能影响其他的物品，因此在仓储规划时应考虑物品特性。

4.4.3.2 货位的编号

在货物品种、数量很多和进出库频繁的仓库里，仓管员必须正确掌握每批货物的存放位置。货位编号就好比货物在仓库的"住址"，它是在货位规划的基础上，将存放物品的场所，按储存地点和位置排列，采用统一的标记，编上顺序号码，做出明显标识，以方便仓储作业。

（1）货位编号的方法。货位编号的方法很多，货位区段划分和名称没有固定统一的规范，采用的文字代号也多种多样，因此各仓库要根据自身的实际情况，统一规定出本库的货位划分及编号方法，以达到方便作业的目的。

工厂仓库大多采用四号定位法，即将库房号、区号、层次号、货位号，或库房号、货架号、层次号、货位号这四者统一编号。编号的文字代号,由英文或阿拉伯数字来表示。例如,以 3-8-2-3 来表示 3 号库房 8 区 2 段 3 货位;以 4-5-3-15 来表示 4 号库房 5 号货架 3 层 15 格。

(2)货位编号的标记。货位编号可标记在地坪或柱子上,也可在通道上方悬挂标牌,以便识别,也可直接在货架上标记。规模较大的仓库要求建立方位卡片制度,即将仓库所有物品的存放位置记入卡片,发放时即可将位置标记在出库凭证上,可使保管人员迅速找到货位。某企业成品货位标识牌如图 4-8 所示。一般较小的仓库不一定实行方位卡片制度,将其标注在账页上即可。

图 4-8 某企业成品货位标识牌

4.4.4 物料的堆放

如果没有掌握正确的物料存储方法,有可能因为物料累积过多而造成物料积压,从而造成最低层的物料出现质量问题,因此,在仓储作业中,必须学会正确地堆放物料。物料的堆放方法有以下几种。

4.4.4.1 五五堆放法

五五堆放法是仓库物料堆放中最常见的堆放方法,根据各种物料的特性和包装,做到"五五成行,五五成方,五五成串,五五成堆,五五成层",使物料叠放整齐,便于点数、盘点和取送。

4.4.4.2 六号定位法

六号定位法是指按库号、仓位号、货架号、层号、订单号、物料编号定位,对物料进行归类叠放,登记造册,并填制物料储位图以便于迅速查找物料的方法。

4.4.4.3 托盘化管理法

将物料码放在托盘上、卡板上、托箱中,便于成盘、成板、成箱地叠放和运输,有利于叉车将物料整体移动,提高物料的搬运效率。

4.4.4.4 分类管理法

将品种繁多的物料,按其重要程度、进出仓率前后、价值大小、资金占用情况进行分类,并置放在不同类别的仓区,然后采用不同的管理规定,做到重点管理、兼顾一般。

4.4.5 物料的发放控制

4.4.5.1 领料制

(1)确定专人领料。一般情况下由各班组或车间的专门人员(即领料员)负责领料。

(2)规定合适的领料时间。领料员根据生产的实际进度,提前 12 小时或半个班时间,将物料领回并发放到各用料工序的员工手上。过早领料造成车间物料暂存区的物料堆积,过迟领料又影响物料的使用。

(3)配置相应的领料工具。对于领用较大数量的物料,应配有必要的铲车、叉车、箱子等工具,便于物料的运输而不致损坏。

(4)明确领料单的填写格式和方法。领料应按逐个订单进行,并按照订单的物料计划来填写领料单。

(5)明确物料领用的审批权限和办法。车间负责人在审批领料单时要认真审核料单填写项目是否齐全、规范,与生产要求是否一致。

(6)认真对物料进行检验,凡破损的物料要核实情况,否则不能接收。

(7)要认真清点数量,防止少领、错领。

(8)已经领到车间的物料,要有专门的地方放置及专门人员保管,特别是贵重物品以及体积较小的物品,一旦保管不当就容易造成丢失。

4.4.5.2 发料制

(1)下列情况下,仓库保管员应拒绝发料:

①没有生产计划单领料。

②生产还未进行的,过早地领料(造成囤料)。

③应该领用差一级质量的物料,却执意要领较好的物料。

④领料单填写不清、不全、不规范。

⑤领料单没有按有关规定交主管领导审批。

⑥超计划领料。

(2)建立专人发料制度。领料人员不可以独自进入仓库取走物料,必须由仓库保管员负责物料发放，以免造成物料、账卡混乱。

（3）认真审查领料单，不符合要求或不符合程序的不予发料。仓库保管员接收到领料单后，首先与 BOM 核对，有误时应及时通知物控开单人员，直至确认无误后才能发料。

（4）要认真清点物料数量，防止错发多发。

（5）要在物料卡上及时记录。仓库保管员点装好物料后，应及时在物料卡上做好相应记录，同时检查一上次物料卡的记录正确与否（永续盘存制）。

（6）做好物料交接工作。仓库保管员与领料员办理交接手续，无误后在领料单签上各自的名字，并取回相应联单。

（7）认真及时填写仓库账簿。仓库保管员按发料单的实际发出数量及时记入仓库账簿。仓库账簿是进行物料存储控制的基本依据，不能出现任何差错，在发料之后要认真登记，并及时更新 ERP 信息。

（8）做好表单的保存与分发。仓库保管员将当天有关的单据分类整理存档或集中，并及时分送到相关部门。

4.4.5.3 仓库发放物料的控制原则

（1）先进先出原则。先进先出原则是为了防止物料因存放时间过长而变质、损坏，以确保物料的质量和利用率。许多物料在常温下都有一定的保质期限，过了保质期限会变质，甚至完全不能使用，如金属物料存放的时间太长会氧化，木材、人造板会因潮湿而损坏。

先进先出一般有以下几种做法：

①同种物料分别存放于两个区——A 区和 B 区。先入库的物料先存放于 A 区，再进的物料放于 B 区。发料时，先发 A 区物料，发完后再发 B 区物料，依次反复循环，这样就确保了物料按入库顺序发放，如图 4-9 所示。

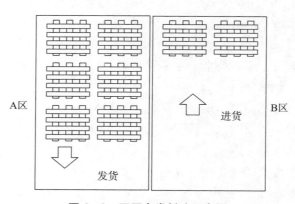

图 4-9 双区存发料法示意图

②编号法。是将每一批入库的物料进行编号。编号按自然数顺序进行,不管物料摆放在哪里,每次都按最小序号进行发料,这样就可以保证先进先出。使用这种方法时,物料应分层放置或平放,不能使后入库的物料压在先进来的物料上。

③重力法。利用货物自身重力,通过倾斜一定角度的辊道,一边进货、另一边取出,实现先进先出,如图4-10所示,该类型货架在日本企业广泛应用。

图4-10　日本某企业辊道式重力货架

(2)小料优先原则。产品生产时裁下的边角余料(在皮具业、家具业、制衣业很常见),有些还可以在其他产品生产中使用。比如家具企业,生产大型衣柜时裁下来的边角余料,还可以在小型的妆柜上使用。仓库在发料时,应将可以使用的小料先发出,然后再发大料。小料不宜长期储存,一方面占用空间;另一方面,一旦没有合适的订单,又会造成物料的长期搁置甚至浪费。

(3)综合发料原则。综合发料原则便于用料部门进行物料的综合利用,提高物料的利用率。综合发料有如下几种情况:

①不同产品在使用相同物料的时候,将该物料同时发放。

②同一订单有若干产品使用同种物料的产品时,该订单的物料同时发放。

③不同规格的物料综合发放,以便用料部门用到不同的零部件上。

④不同等级的物料综合发放,以便用料部门根据产品的特点,将不同等级的物料用在产品的不同部位。

(4)环节最少原则。物料发放的环节越多,就越容易造成物料的损坏和缺失,因此,应将发放环节降到最少。

①减少搬动次数。

②减少物料移动幅度。

③减少转运次数。

④减少物料移动或转放的地点、位置、车辆、容器。

⑤减少参与移交人员的数量。

（5）外协加工物料发放的控制。外协加工与采购作业最大的不同点，就是企业要供料给外协加工厂，这就涉及用料管理的问题，尤其是以原料形态交给对方，经过对方加工，变成半成品（也可能变成直接投入生产现场的在制品）的形态时，涉及双方的权利与义务，即责任关系，比单纯的采购作业复杂得多。

①定额发料管理。外协加工发料作业，基本上与内部生产制造部门领发料程序相一致，主要是由生产部门提出，依照制造命令单上的生产批量、产品与制程，按照产品用料清单，计算其标准需用料量，依此资料正式开立外协加工定额领料单。外协加工定额领料单是外协加工的重要凭证，其内容如表4－4所示。

表4－4　外协加工定额领料单

料单编号：

厂商代号：					厂商全称：				
发料日期：					外协加工订单号：				
生产批号：					外协加工批量：				
序号	材料编号	材料名称	规格	单位	标准用量	应用总量	实际领料	备注
说明：									
厂商签收		审批		仓库主管		生产部		主管	
				发料人				制表	

有定额用料量，就可能会有超耗领用量问题，因此，为严格控制发料，在这种情况下，应该由外协加工厂商通过生产部以人工作业方式开立外协加工定额领料单，再向仓库要求发料，而且其核准权限也要提高层次。外协加工定额领料单应一式四份，开单方一份留存，发料仓库一份留存；外协两份（一份作为加工完成回送时凭证，与结算凭证一并提交财务，一份留存）。

②外协加工发料的时机。外协加工发料最好是在开立正式的外协加工定额领

料单时,当日发料。最理想的状况是,由外协加工厂主管人员到供方仓库,双方同时清点所备料品,签字确认。

4.4.6 盘点

盘点是指对仓库内现有物料的存量进行实际清点,以确定库存物料的数量、状况及储位等,使实物与信息记录相符,以提高仓储物料管理效率,修正并提供物料仓储管理正确而完整的资料。

4.4.6.1 盘点的重要作用

(1) 确定物料的现存数量:盘点可以确定物料的现存数量,并纠正账物不一致的现象,避免因账面错误影响正常生产计划。

(2) 检讨物料管理的绩效:盘点可检讨物料管理的绩效,进而加以改进。例如,经过盘点可以确认账、物、卡是否一致;呆料、废料的数量;物品的保管与维护是否到位;物品的存货周转率是否理想等并加以改善。

(3) 计算损益:企业的损益与物料库存有密切的关系,而物料库存金额的正确与否和物料存量及单价的正确性相关。因此,为得到正确的损益数据,要通过盘点明确现存物品数量。

(4) 对遗漏的订货可以迅速采取订购措施:采购部门因工作疏忽漏下的订单,可通过盘点加以补救。

4.4.6.2 盘点的形式

盘点分为定期盘点与不定期抽盘。

(1) 定期盘点:即按照一定期限,如三个月(季)、六个月(半年)、年度进行一次盘点(定期盘点)。盘点表如4-5所示。

表4-5 盘点表

仓库:　　　　　　　　　　　　　　　　　　　　时间:　年　月　日

序号	物资编号	名称	规格型号	单位	账面数量	卡载数量	实盘数量	质量情况	备注
1									
2									
…									
22									
23									

盘点人:　　　　　　　　　　　　　　　　　　　审核:

(2) 不定期抽盘:有关部门(财务、物控)根据账面等实际情况,不定期抽盘仓库部分物品数量等实际保管情况，检查保管工作绩效及实际管理状况。

通过抽盘方式，验证库存数据的准确性，如表 4-6 所示。

表 4-6 抽盘报告

受检部门						检查日期		年月日	
检查内容		库存物资账、卡、物数据一致性				责任人			
检查依据		公司仓库管理制度仓库数据检查办法							
检查情况	序号	项目	账载数	卡载数	实盘数		账实差异		卡实差异
	1								
	2								
	……								
	10								
	合计								
检查结论	差异合计 =（账载数 – 实盘数）+（卡载数 – 实盘数） 库存准确率（账物卡准确率） $=\dfrac{账载数合计 - 差异合计}{账载数合计} \times 100\%$								
报告部门						报告日期		年月日	

4.4.7 仓库稽核

对仓库在库品的稽核工作主要分两个层面：仓库保管员的稽核与质检人员的稽核。

4.4.7.1 仓库保管员的稽核

仓库保管员的稽核应体现在日常工作中，需要建立一个由主管牵头，全仓库人员积极参与的稽核模式。

仓库保管员查核通常采用目视的方法，具体内容如下：
（1）查核物料是否受到挤压、变形。
（2）查核物料是否受到温度影响，如生锈、变形等。
（3）查核物料是否受到时间影响，是否出现腐败变质现象。
（4）查核物料摆放位置是否恰当，是否会出现倒塌现象。
（5）查核物料是否在有效保质期内。
（6）查核物料是否混装不合格品（显性）。

（7）查核物料的包装是否破损、脱落。

4.4.7.2 质检人员核查

质检人员对仓库在库品的稽核通常要运用工具或者实验的方法，其主要内容如下：

（1）稽核物料的尺寸是否发生变化。
（2）稽核物料的组成元素是否发生变迁。
（3）稽核物料的功能是否完善。
（4）稽核物料的保质期是否有效。
（5）稽核来料检验是否出现遗漏。
（6）稽核仓库的仓管方法是否正确。
（7）稽核物料中是否混装了不合格品（隐性）。

本 章 小 结

A. 物控管理的基本概念

（1）供应链概念最早来源于彼得·德鲁克提出的经济链，后经由迈克尔·波特发展成为价值链，最终演变为供应链。

（2）价值链这一概念最早出现在迈克尔·波特的《竞争战略》一书中。迈克尔·波特认为："每一个企业是在设计、生产、销售、发送和其他辅助工作过程中，进行种种活动的集合体，所有这些活动可以用一个价值链来表明。"

（3）PMC（生产及物料控制）：是指生产计划与生产进度的控制，包括对物料的计划、跟踪、收发、存储、使用等各方面的监督与管理，以及对呆滞料的预防处理工作。港资和南方企业习惯称 PMC 为计划员，即生产计划员和物料计划员，主要负责加工行业生产订单的进度、物料的差补、订单的核销。

（4）采购：是指为取得生产所需要的物料、工具、机械等物资，以确保生产运营所应负担的职责与采取的行为。采购活动必须考虑以最适当的总成本，在最适当的时间获得最适当品质、最适当数量的物资，并能保持物料供应的连续性。

B. 物料管理

（1）物料管理：是指以经济合理的方法通过计划、协调与控制，及时供应各单位所需物料的管理方法。经济合理是指在适当的时间、适当的地点，以适当的价格及适当的品质供应适当数量的物料。

（2）物料管理的重要性：就工商企业而言，物料为生产与销售的基本要件，若无物料，生产与销售活动即为之停顿。在企业经营中物料管理比金线管理更重要。物料管理的成效决定着库存周转率,是企业降低成本最有效的方法。

C. 物料的存量管理

所谓存量问题(Inventory Problem)就是研究物料方面,如原料、器材、配件等物料,何时加以补充以及尚未使用的物料(存货)存储量问题。存量管理方法有 ABC 法、半自动顺序法(又名最大最小库存法)、专案计划法、定量基准法。

D. 仓储管理

(1) 货位规划应遵循八大原则:

①以周转率为基础的原则;

②物品相关性原则;

③物品同一性原则;

④物品互补性原则;

⑤物品相容性原则;

⑥物品尺寸原则;

⑦重量特性原则;

⑧物品特性原则。

(2) 仓库发放物料的先进先出一般有如下几种做法:双区(A 区、B 区)存发方法;编号法;重力货架法。

(3) 盘点及盘点的重要性。

第 5 章
生产现场管理

5.1 现场管理概述

2015年，作者受某公司董事长邀请前去辅导企业管理工作。第一天来到该公司时，看到公司大门影壁墙上赫然写着"市场如战场，决胜在工厂"的标语口号，立刻给了作者一种"战必胜，攻必克"的勇气与自信。通过这么一个口号，反映了一个企业的精神面貌，一个企业的战斗决心。不由得想起毛主席曾经说过："这支军队具有一往无前的精神，它要压倒一切敌人，而决不被敌人所屈服。不论在任何艰难困苦的场合，只要还有一个人，这个人就要继续战斗下去。"的确，军人是为胜利而战，企业是为客户及时提供优质价廉的产品而努力。

我们常说，市场是龙头，生产是中心。市场竞争很残酷，企业产品没有了市场，也就没有了生命力。如果把企业生产经营比作战斗、战役，那么营销主要是起了发现"敌人（订单）"，"锁定敌人（签订协议）"，并将"敌人"引入我们的伏击圈的作用。生产就是技术、质量、车间、设备、后勤等人员包围"敌人"，从而消灭"敌人"。战争就是"消灭敌人，壮大自己"。

淮海战役参战部队有华东野战军16个纵队、中原野战军7个纵队和地方武装共60万人参战。别的不说，就战场人员的组织调配与管理，如果没有严密的组织、严明的纪律，一切行动听指挥，就不可能取得战役的胜利。

企业生产现场与淮海战役现场比起来不可同日而语，但企业管理现场也很复杂，如果不能建立规范有序的现场管理秩序，产品生产、产品质量、产品交期就很难保证。

战争是如此，生产现场管理也是如此。

现场管理就是建立生产现场管理秩序。秩序是效率的保证，是胜利的保证。

5.1.1 什么是现场

现场从字面上讲：包含"现"与"场"两个因素。"现"指现在，现时，强调的是时间性;"场"指的是地点,场所,强调的是空间性。现场,就是赋予了一定时间的特定区域。

对于生产企业来说,所谓现场,是指企业为顾客设计、生产、销售产品和服务以及与顾客交流的地方。通过现场为企业创造出附加值,现场是企业经营活动最活跃的地方。生产制造型企业,开发部门设计产品,生产部门制造产品,销售部门将产品销售给顾客,企业的每一个部门都与顾客的需求有着密切的联系。从产品设计、生产到产品销售的整个过程都是现场,也都有现场管理工作。这里我们要探讨的侧重点是现场管理的中心环节——生产部门的制造现场,但现场管理的原则对于其他部门也是适用的。

5.1.2 现场管理

现场+管理,就是现场管理。

现代管理学对现场管理的定义是:"用科学的方法和标准对生产现场各生产要素,包括人(工人和管理人员)、机(设备、工位器具)、料(原材料、辅助材料、半成品)、法(加工工艺、检测方法)、环(环境)、信(信息)等进行合理有效的计划、组织、协调、控制和检测,使其处于良好的结合状态,达到优质、高效、低耗、均衡、安全、文明生产的目的。"现场管理是生产第一线的综合管理,是生产管理的重要内容。通过现场管理,达到提高效率、降低成本的目的。如图5-1所示。

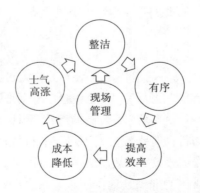

图5-1 现场管理良性循环图

5.1.3 现场的特点

(1)占用场地大:横到边,竖到顶,立体空间,目之所及都属于现场管理对象,一旦疏忽,哪怕一点照顾不到,可能就会出现问题。

(2)人员多:上到管理人员,下到基层员工,分别来自五湖四海,性别不同,年龄不一、习惯不同,性格也不一样,文化层次参差不齐,给管理带来很大的难度。

(3)事物杂:涉及许多纷繁复杂的具体事物,如生产、设备、物料、质量、安全、人员等,哪一项处理不好,都会给工作带来障碍。

(4)工作呆板:多是机械性、重复的单调工作。日复一日,年复一年,时间长了,员工容易厌倦、麻痹、松懈。

(5)任务艰巨:现场管理的任务是把生产所需的各种要素在生产过程中进行有机组合、配置和转化,使之变成可输出的产品或者服务,时间紧、任务重,且必须按期完成生产任务。

因此,现场管理,尤其是车间主任岗位,是最具有挑战性、最锻炼人的工作岗位。

5.1.4 现场管理的内容

(1)现场实行"定置管理",使人流、物流畅通有序。现场环境整洁,实现文明生产。

(2)加强工艺管理,优化工艺路线和工艺布局,提高工艺水平。严格按工艺要求组织生产,使生产处于受控状态,保证产品质量。

(3)以实现生产现场组织体系的合理化、高效化为目的,不断优化生产劳动组织,提高劳动效率。

(4)健全各项规章制度、技术标准、管理标准、工作标准、劳动及消耗定额、统计台账等。

(5)建立和完善管理保障体系,有效控制投入产出,提高现场管理的运行效能;

(6)搞好班组建设和民主管理,充分调动员工的积极性和创造性。

5.1.5 现场管理的核心要素

包括"人员、机器、材料、方法、环境"五大要素,简称4M1E。

(1)人员(Man):是最活跃、最积极的要素,也是现场管理的难点;组织纪律、教育培训显得特别重要。

(2)机器(Machine):不仅是指机器设备,还包含工装、机具等,是生产力三要素之一。

(3)材料(Material):是指生产所需有关物料,包括半成品、配件、原料、辅料等。

以上三者为生产力三要素，生产工具（机器、工装、机具）与材料又称为生产资料。

（4）方法（Method）：是指生产过程中所需遵循的规章制度、工艺规范、操作规程等。它包括：工艺指导书，标准工序指引，生产图纸，生产计划表，产品标准，检验标准，各种操作规程等。它们的作用是能及时准确地反映产品的生产和产品质量要求。严格按照规程作业，是保证产品质量和生产进度的前提条件。

（5）环境（Environment）：是指环境状态以及适宜性。环境是生产现场管理中不可忽略的一环。开展5S活动是企业现场管理、环境管理行之有效的方法。

5.1.6 现场管理的黄金法则

（1）三现：现场、现时、现物。

（2）三及：及时、及早、及至。

（3）三彻：彻头、彻尾、彻底。

现场管理，立足点就在现场。离开了现场，空谈现场管理，就是脱离实际的现场管理。现场管理的主要工作如下：一是做规范；二是正确指导，引导员工落实执行规范；三是严格控制，纠正员工的不良行为，使一切行为在规范约束范围内；四是发现问题，解决问题，进一步完善、修正规范。因此，如果现场出现问题，第一时间进入到现场，找出问题就变得容易。针对问题制定措施，员工容易接受，解决问题的效果也会立竿见影。否则，一旦脱离了现场，时过境迁，再去分析问题的原因，可能会无处下手，尤其是分析与人有关的因素。一旦出现问题，就要立即解决，不能拖延，更不能积压，否则，现场问题会越来越多，形成"按下葫芦浮起瓢"的混乱局面。

5.2 现场管理三大工具

5.2.1 标准化管理

5.2.1.1 标准化

定义：对于一项任务，将目前认为最好的实施方法作为标准，让所有做这项工作的人执行这个标准并不断完善它，整个过程称之为标准化。

这些标准就是企业里各种各样的规范，如规程、规定、规则、标准等，这些规范形成文字化的东西统称为标准（或称标准书）。制定标准，而后依标准付诸行动则称之为标准化。那些认为编制或制定了标准即认为已完成标准化的观点是错误的，只有经过指导、训练、实施才能算是实施了标准化。标准化实施过程如图5-2所示。

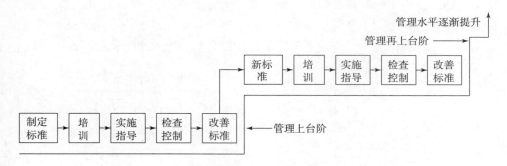

图5-2 标准化实施过程图

标准化是一个实施过程，不能指望本月发出红头文件，下个月各种符合要求的标准就完成了。在实施标准化时一定要有耐心。要将重点、关键工序（部件）、成熟的东西编制成册作为标准。

制定标准时应广泛征求意见，公司技术人员、部门领导、车间领导、经验丰富的师傅等要通通参与进来，合理分工；还要营造良好的改善氛围，比如通过管理看板、合理化提案制度、部门或者公司改善发表大会、改善能手竞赛活动等方式，让做得好的员工有成就感，做得不好的有压力，逐步引导，最终完成有效的标准化过程。

5.2.1.2 标准化的作用

标准化的作用主要是把企业内部成员所积累的技术、经验，通过文件的方式来加以保存，而不会因为人员的流动，整个技术、经验跟着流失。要达到个人知道多少，组织就知道多少的目的，也就是将个人的经验转化为企业的财富。有了标准化，每一项工作即使换了不同的人来操作，也不会因为不同的人，在效率与品质上出现太大的差异。标准化的作用有如下几个方面：

（1）便利性和通用化。因为有了标准化，就会给采购、储存、生产、维修等工作带来极大便利，减少了管理上的难度，从而降低了生产成本。

（2）减少变化，使工作结果保持一致性。没有标准化，不同的师傅将带出不同的徒弟，其工作结果的差异性比较大，产品的质量特性不能保持一致，会给客户造成困惑或困难。

（3）积累技术。如果一个员工在工作实践中找到了做某项工作的最佳方法，却没有拿出来与他人共享，那么这个方法将随着这位员工的离开而流失。推行标准化就可以让这些好方法留在企业。

（4）明确责任。在标准化实施过程中，如果一项不好的操作程序导致问题出现，就很容易进行判断。如果操作人员确实按照作业指导书进行作业操作，出现了问题，说明该标准存在缺陷，就需要在今后的工作中进行改进。如此进行，标准会越来越规范，企业管理水平会不断提高。标准化是防止企业管理水平下滑的制动力。没有标准化，企业不可能维持在较高的管理水平上，如图 5-3 所示。

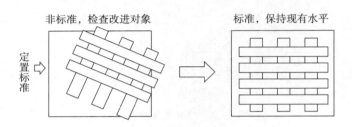

图 5-3　标准化明确责任示意图

5.2.1.3　标准化的种类

标准规范的制定，是围绕着管理五大核心要素进行编制。

（1）人员：主要有组织机构设置、部门职能、岗位说明书和各项管理规章制度、员工行为准则等。

（2）设备：安全操作规程、维护保养标准、设备点巡标准、"五定"润滑标准、设备性能检测标准等。

（3）材料：质量标准、检验规程、技术标准（图纸资料）、材料消耗定额、BOM 表等。

（4）方法：工艺标准、工艺流程、作业指导书、生产计划（管理技术）、管理标准等。

（5）环境：5S 标准、消防安全标准、噪声、粉尘、腐蚀（污染）等控制标准等。

5.2.1.4　标准的制定要求

（1）根据企业实际，依据国家、行业有关规范以及有关体系（质量、安全、环境）的要求制定标准。

（2）企业内部标准制定要简单、可操作。多用数字定量描述，尽量减少抽象、定性的描述，例如：

热处理——正火标准：温度 727℃～912℃，保温 ×× 时间（而不要用"保温一段时间"）。

零件尺寸公差 $\phi 100 \pm 0.01$。

（3）制定标准时，要求要明确，可以按照"五按、五干、五检查"方式进行编制。

①五按：按程序、按线路、按标准、按时间、按操作指令。

②五干：干什么、怎么干、什么时间干、按什么标准干、干到什么程度。

③五检查：由谁来检查、什么时间检查、检查什么项目、检查的标准是什么、检查的结果由谁来落实。

5.2.1.5　如何让员工按照标准作业

（1）公司领导要有决心推动标准作业，并且要亲力亲为，要率先垂范。

（2）宣传、贯彻、讲解，让员工理解标准作业的意义。

（3）部门主管、技术人员、车间主任、班组长现场指导、跟踪检查、帮助确认，确实贯彻"现场、现物、现时"的"三现"原则。

（4）对于标准，敢于接受别人的质疑，采取"否定之否定"的工作态度。

（5）对违规者要敢于批评、纠正，对员工进行考核。

（6）不断完善、修正标准，追求更高标准。

5.2.2　5S管理

5.2.2.1　5S起源

5S起源于日本，是指在生产现场中对人员、机器、材料、方法、环境等生产要素进行有效的管理，这是日本企业一种行之有效的管理办法。

日本劳动安全协会在1950年推行的口号是：安全始于整理、整顿，而终于整理、整顿。可见日本早期只推行5S中的整理、整顿，目的在于确保安全的作业空间。在活动开展过程中，额外收获了效率、品质、成本等诸多好处。

随着生产管理需求和水准的提高，扩大到环境卫生，增加了清扫、清洁、素养，而成为现在的5S，着眼点已不限于安全。到了1986年，日本5S的著作逐渐问世，从而对整个现场管理模式起到了冲击作用，并由此掀起了5S的热潮。

5.2.2.2　5S管理

5S是现代企业现场管理行之有效的管理方式，所谓5S：即整理、整顿、清扫、清洁、素养。随着5S管理活动的开展，有人提出了6S管理，增加了安全；之后，有人又提出了7S管理，增加了节约；后来，有人又提出了8S管理，增加了学习。

（1）整理：

定义：区分现场中要与不要的物品，而且现场只保留必需的物品。

目的：

①改善和增加作业面积。

②现场无杂物，行道通畅，提高产品工作效率。

③减少产品磕碰的机会,保障安全,提高质量。
④消除管理上的混放、混料等差错事故。
⑤有利于减少库存量,节约资金。
⑥改变工作作风,提高员工士气。

意义:把要与不要的人、事、物分开,再将不需要的人、事、物加以处理。首先,对生产现场现实摆放和停滞的各种物品进行分类,区分什么是现场需要的,什么是现场不需要的;其次,对于车间里各个工位或设备的前后、通道左右、厂房上下、工具箱内外,以及车间的各个死角,都要彻底搜寻和清理,达到现场无不用之物。图5-4展示了日本某企业生产现场。

图5-4 日本某企业生产现场

(2) 整顿:

定义:必需品依规定定位,摆放整齐有序,明确标识。

目的:不浪费时间寻找物品,以便提高工作效率和产品质量,保障生产安全。

意义:把需要的人、事、物加以定位、定量。通过前一步整理后,对生产现场需要留下的物品进行科学合理的布置和摆放,以便用最快的速度取得所需之物,在最有效的规章、制度和最简洁的流程下完成作业。

要点：

①物品摆放要有固定的地点和区域，以便于寻找，消除因混放而造成的差错。

②物品摆放地点要科学合理，例如，根据物品使用的频率，经常使用的东西应放得近些（如放在作业区内，并顺手可取，甚至不需要用眼睛扫视）；偶尔使用或不常使用的东西则应放得远些（如集中放在车间某处）。

③物品摆放目视化，使定量装载的物品做到过目知数；摆放不同物品的区域采用不同的色彩和标记加以区别。

（3）清扫：

定义：清除现场内的污垢，清除作业区域的物料垃圾。

目的：清除污垢，保持现场干净、明亮。

意义：将工作场所的污垢去除，使异常的发生源很容易发现，是实施自主保养的第一步，提升设备维护保养水平。

要点：

①自己使用的物品，如设备、工具等，要自己清扫，而不要依赖他人，不增加专门的清扫工。

②对设备的清扫，着眼于对设备的维护保养；清扫设备要同设备的点检结合起来，清扫即点检；清扫设备时要同时做设备的润滑工作，清扫也是保养。

③清扫也是为了现场改善。如，当清扫地面发现有飞屑或油水泄漏时，要查明原因，并采取措施加以改进。

（4）整洁：

定义：将整理、整顿、清扫实施的做法制度化、规范化，标准化，维持其成果。

目的：认真维护并坚持整理、整顿、清扫的效果，使其保持最佳状态。

意义：通过对整理、整顿、清扫活动的坚持与深入，从而消除发生安全事故的根源，创造一个良好的工作环境，使员工能愉快地工作。

要点：

①车间环境不仅要整齐，而且要做到清洁卫生，保证工人身体健康，提高工人劳动热情。

②不仅物品要清洁，而且员人本身也要做到清洁，如工作服要清洁，仪容仪表要整洁，做到及时理发、刮须、修指甲、洗澡等。

③员工不仅要做到形体上的清洁，而且要做到精神上的"清洁"，待人要讲礼貌，要尊重别人。

④要使环境不受污染，进一步消除浑浊的空气及粉尘、噪声和污染源，消灭

职业病。

(5) 素养：

定义：人人按章操作，依规行事，养成良好的习惯，使每个人都成为有教养的人。

目的：提升"人的品质"，培养对任何工作都讲究认真的人。

意义：努力提高员工的自身修养，使员工养成良好的工作、生活习惯和作风。员工通过开展5S活动，获得人身境界的提升。与企业共同进步，是5S活动的核心。

5.2.2.3 推行5S的益处

推行5S活动，能为企业带来巨大的好处，不仅可以改善企业的品质、提高生产效率、降低成本、确保准时交货，同时还能确保企业安全文明生产，持续不断地增强员工们高昂的士气。所以，一个企业要想改善和不断地提高企业形象，就必须推行5S活动。

(1) 改善和提高企业的知名度和信誉。俗话说："百闻不如一见。"一个脏乱差的工作环境，与一个规范有序、整洁干净的工作场所，无不体现着企业的管理理念、管理水平。透过现象看本质，孰好孰坏一目了然，客户自然而然地会作出选择。与一个规范管理的企业合作，对产品质量、交期、信誉及至服务会更放心。同时，由于口碑的相传，从而能大大提高企业的知名度和信誉。

(2) 现场管理规范，产品质量稳定提高。通过推行5S活动，现场管理标准规范，员工按照标准化作业并养成了习惯，工作效率提高、产品成本降低，会为稳定的产品质量打下基础。

(3) 消除故障，保证安全生产。通过推行5S活动，企业工作现场规范有序，消除各种障碍，确保通道畅通，避免人流、物流、车辆通行出现安全事故；设备维护保养到位，确保安全运行；消除人员因不遵守安全规则导致的各类事故、故障的发生；消除因灰尘或油污所引起的公害等，因而能使生产安全得到落实。

(4) 提高生产效率。良好的工作环境和工作氛围，再加上安全畅通的工作场所，减少了生产过程中寻找物料、工装机具和倒运等辅助时间；质量、设备、安全等各类故障明显减少；同时，员工在这样的工作环境下工作，精神舒畅、情绪饱满、集中精神，认认真真地干好本职工作，必然能大大地提高生产效率。

(5) 降低生产成本。通过推行5S活动，一是减少了生产中寻找物料、倒运的辅助时间，提升了工作效率；二是降低了设备的故障率，提高了设备使用效率，降低了检修费用；三是降低了安全事故及其作业风险，从而可降低生产成本。因此，企业推行5S活动是提高效率、降低成本的重要措施，是企业杜绝浪费、厉行节约的有效方法和管理模式。

(6) 缩短作业周期，确保交货。通过推动5S活动，现场管理规范，作业效率提升，企业产能自然得到提升，产品交期缩短，交货及时。

(7) 扩大产品销售。5S是一名很好的"业务员"，拥有一个清洁、整齐、安全、舒适的环境，就会给客户一个良好的印象；企业产品质量好、价格合适、交货日期快、服务好，客户满意度高，从而促进产品销售。

(8) 改善员工的精神面貌，组织焕发活力。推行5S活动，可以明显地改善员工的精神面貌，使组织焕发一种强大的活力。员工在一个优秀的企业、良好的环境下工作，感到体面和有尊严，更会感到有成就感，从而进一步促进现场管理工作，形成良性循环。

5.2.2.4　简单深刻理解5S的实质的精髓

虽然许多企业都在强调整理、整顿，也知道推行5S活动的好处，但是，说来容易做来难，实际上大多数工厂推行5S的效果并不好。为了确保推行5S的效果，要深刻理解5S的实质及精髓。

(1) 整理：就像企业"精简人员"一样，处理掉不需要的东西称为整理；关键是今后不再"制造"不必要的东西。例如，工作中所需要的备件拆卸下的包装等废料、垃圾等要随时放进专用容器，而不能随意丢弃在工作现场，并做到工完场清。

(2) 整顿：将需要的东西整齐地摆放好只能称为整齐，关键是需要的东西可以随时拿到，这称之为整顿。在生产现场管理中，我们必须要做好整理、整顿工作。还有，整顿后，要实行可视化、标准化管理，使现场异常问题即刻暴露，一目了然（见图5-3标准化明确责任示意图）。

(3) 清扫：由于工厂里会产生大量的粉末和灰尘，所以必须彻底打扫干净。不要觉得清扫是清洁工的工作而对周围的环境漠不关心。工作环境是我们工作和生活的场所，工作环境的改善需要大家的共同努力，否则无论清洁工怎样打扫，还是会又脏又乱。

(4) 整洁：色彩管理（机器设备、设施涂上不同的色彩）与5S所提到的清扫后的整洁是不一样的。推行5S活动，实际上追求的是整洁、干净的工作场所，安全健康的作业环境，这才是最重要的。要保证员工自身不受伤害，不生病（不因环境卫生差导致生病）。

(5) 素养：在日本，也称"教养"。通常认为通过培训和训练将员工培养成按照标准化和规范化的要求工作和生活的良好习惯，员工素养得到提高。更进一步理解，它是一种修养。可能在实际生活中想要做到有教养很难，做到所谓的修养就更难。修养必须从小事做起，"不以善小而不为"，真正做到有教养、有修养恰恰是从小培养的，要从小事做起。要使员工有素养，需要上司或者长辈对员工错误的地方加以批评指导，如果大家都视而不见或是缄口不言，那么根本也达不到推行5S的效果。

5.2.3 目视化管理

5.2.3.1 概念

目视化管理是利用形象直观而又色彩适宜的各种视觉感知信息来组织现场生产活动，达到提高劳动生产率的一种管理手段。目视化管理，也叫可视化管理。日本某企业目视化管理如图5-5所示。

图5-5　日本某企业目视化管理

目视化管理是一种以公开化和视觉显示为特征的管理方式。它综合运用了管理学、生理学、心理学、社会学等多学科的研究成果，将生产、设备、质量、安全、现场5S、标准化管理等各项管理活动利用管理板（中国企业习惯称为"看板"，后面就沿用中国企业的习惯称为"看板"；但在丰田"看板"的概念是生产计划性质）、标识线、警示线等方式公开显示出来，是一种行之有效的科学管理手段与方法。它也是丰田生产方式的重要组成部分。

在日本企业，当你走进车间必经之路的过道、走廊以及车间内部的墙壁上，各类看板琳琅满目，应有尽有，有力促进了企业管理活动，如图5-6所示。

图5-6 日本某企业通道墙壁上的看板(局部)

看板是发现问题、解决问题的非常有效且直观的手段,是优秀的现场管理必不可少的工具之一。该方法是日本企业的管理者特别喜爱的管理方法。

5.2.3.2 看板的种类

(1)生产计划发布:将生产计划实时发布到生产现场。

(2)实时产量统计:实时收集生产现场产量(可利用电子显示屏自动显示)。

(3)生产线异常通报:出现缺料、设备故障等异常,实时通报相关人员(利用报警装置)。

(4)处理流程跟踪:跟踪异常处理过程,督促相关人员及时处理。

(5)生产效率统计:统计生产效率,并对各生产线效率进行统计分析。

(6)异常状况统计:统计各类异常状况次数及时间,并进行归类分析。

5.2.3.3 信号灯

在日本企业生产现场,广泛采用报警信号灯传递信息的方式,他们称为"安灯",即安全信号灯的意思,如图5-7所示。只要现场出现异常情况,不管是设备故障还是原材料短缺、质量问题、生产任务不能按时完成等一切异常问题,必须第一时间按下"安灯",通知有关人员给予支持与协助。通过这种方式,将现场的异常情况利用警报方式通知相关人员,快速反应,及时得到处理,达到节约时间、提高效率的目的。

5.2.3.4 看板

"在必要的时间,只生产必要的数量、必要的产品",这是丰田生产方式的根本理念,丰田人称为准时制(JIT)。它是丰田生产方式两大支柱之一(另一支

图5-7 日本某企业"安灯"方式之一

柱为"自働化",本章5.4节讲解)。实施准时制,有一个重要的类似于传票的东西,丰田人称为看板,如图5-8所示,这是大野耐一先生受"超级市场补货"方式启发独创的一种生产计划管理模式。这种生产计划方式,信息全、准、快,成本低,真正实现在"必要的时间,以最低的成本生产必要的数量必要产品"。

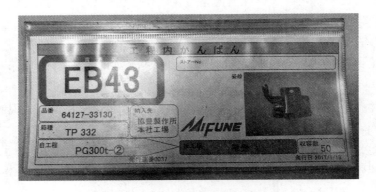

图5-8 丰田某供应商所使用的看板

一张看板代表一周转箱产品,给你送达10张看板,就只能生产10箱产品。看板的信息非常全面,包括产品名称、编号、规格型号、产品形状(图片)、数量/箱、交货时间、周转次数等,信息一应俱全。通过这个看板,将丰田内部各工序、外部各供应商连成为一个整体系统,并且深受供应商的喜爱。2018年作者到丰田学习时,某供应商称赞:"尽管丰田给的利润低,但非常愿意跟丰田合作,这种看板方式,计划性非常强,效率非常高。"但这种计划方式,是丰田独有的,到目前为止,除丰田及丰田供应商之外,日本国内其他汽车生产厂商没有一家能够成功模仿。

5.3 现场改善与七大浪费

5.3.1 现场改善

丰田生产方式又叫精益生产。精益生产的精神实质来源于丰田生产方式，是一脉相承的。丰田生产方式是丰田制胜的法宝；同样，精益理念也能引领其他企业、行业走向成功。从 2017 年起，日本政府将精益理念导入农业生产领域。现在，中国企业正在转型升级，精益经营理念值得广大企业学习与推行，要成为一门必修课。

5.3.1.1 现场维持与改善的理念和内涵

丰田生产方式的基石是 5S 与改善活动。它有两个深刻内涵：一是通过 5S 活动，将现场管理标准化，日常管理控制工作严格地执行标准，这叫维持；二是通过可视化，将现场中的问题暴露出来，从而加以改善，使现场管理水平不断提高。如图 5-9 所示。

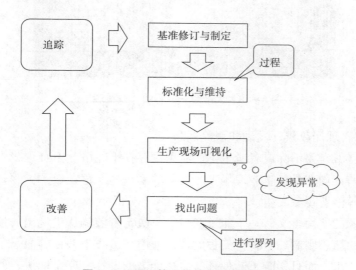

图 5-9 现场管理维持与改善示意图

丰田生产方式的鼻祖大野耐一先生教诲丰田人树立这样的观念：每个人都要坚持每天改善的理念，把现场的问题暴露出来，寻找问题产生的真正原因，并要解决这些问题。在这样的组织文化氛围中培育人才，进一步传承这样的基因。所谓改善魂，唯有如是而已，别无他途。正如大野耐一先生题写的"改善魂"（见图 5-10）：

明知这样去做会更好,就必须坚持去做,这就是"改善魂"。

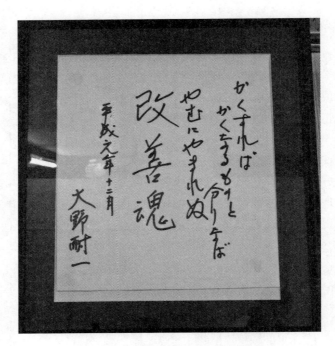

图 5-10　大野耐一题写的"改善魂"

5.3.1.2　现场改善,发现和消除瓶颈

现场改善就是要消除或者减少生产流程中存在不经济、不合理、不均衡的浪费现象。所谓不均衡是指生产现场工序之间的不平衡,存在瓶颈工序,导致生产停顿、等待等浪费现象发生。

正如瓶颈的字面含义,一个瓶子瓶口大小决定着液体从中流出的速度。生产运作流程中的瓶颈则制约着整个流程的产出速度。流程中存在的瓶颈不仅限制了一个流程的产出,而且影响了其他环节生产能力的发挥。广义地讲,所谓瓶颈是指整个流程中制约产出的各种因素。例如,在有些情况下,可能利用的人力不足,原材料不能及时到位,某环节的设备发生故障,出现质量故障,信息流阻滞等,都可以称为瓶颈。这些瓶颈是最值得改善的地方,也是改善见效比较明显的地方。

(1) 发现瓶颈,提高生产能力。

工序瓶颈最明显的表现是耗时多、效率低,往往是现场改善的好机会、切入点。设备及工装机具故障问题、信息不畅造成生产的停顿、人力资源的浪费是急需改善的重点,如图 5-11 所示。

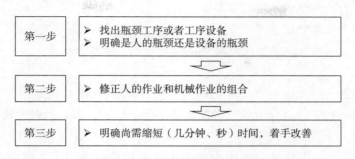

图 5-11 现场瓶颈改善示意图

(2)现场改善方法。

①人的瓶颈改善方法。

a. 多人作业的地方,通过作业重组来取得作业平衡。

b. 通过现场改善,缩短步行距离,或者减少不必要的动作。

c. 进行人机分离,缩短手工作业时间。

d. 人员技能培训,提高作业技巧。

②设备瓶颈改善方法。

a. 设备启动能否提前,或者缩短预热时间。

b. 缩短输送行程距离,缩短输送时间。

c. 使机械多个动作并行,缩短加工外时间。

d. 调整工作机构快进快退的速度。

e. 如果是故障问题,要加强维护保养力度。

【案例】

找出停机的真正原因

有一次,大野耐一得知生产线上的机器总是停转,虽然修过多次但仍不见好转。于是,大野耐一与工人进行了以下的问答:

一问:为什么机器停了?

答:因为设备超过了负荷,保险丝烧断了。

二问:为什么超负荷呢?

答:因为轴承的润滑不够。

三问:为什么润滑不够?

答:因为润滑油泵吸不上油来。

四问:为什么吸不上油来?

答:因为油泵进油口过滤器堵塞了。

五问:为什么堵塞了呢?

答:因为油箱、滤油器没有按定期清理油泥、铁屑等杂质。

经过反复追问上述5个"为什么",就会找到问题的真正原因。如果"为什么"没有问到底,换上保险丝或者换上油泵就完事了,那么,以后就会再次发生同样的故障。

按照大野耐一的说法:丰田生产方式也不妨说是丰田人反复问5个"为什么",积累并发扬科学的认知态度才创造出来的。自问自答这5个"为什么",就可以查明事情的因果关系或者隐藏在背后真正的原因。

"为什么企业里,1名操作员只能管1台机器(而纺织企业里1名青年女工却能管40~50台自动织布机)?"

提出这个问题,就能得到这样的解答:"因为机器没有配备加工完毕或者出现故障就停止的装置。"由此得到启发,便产生了"自働化"的想法。

"为什么会出现生产过量的浪费呢?"针对这个问题,会得出因为"没有控制过量生产的机能"的答案,据此展开便产生了目视化管理的设想,进而引出看板的构思。

丰田生产方式的根本目的在于杜绝浪费。"为什么会产生浪费呢?"由于提出了这样的问题,就探讨了企业继续存在的条件,即利润的意义,以至于人的劳动价值的本质意义是什么也可以得出答案。

就生产现场而言,既要重视"数据",更要最重视"事实"。一旦发生问题,如果原因追查不彻底,解决办法也就不会奏效。因此,就要反复提出5个"为什么",这是构成丰田生产方式科学态度的基本内涵。

5.3.2 七大浪费

在企业生产现场里,产品从原材料开始,到最终成为产品或服务为止,要经历一连串的加工流程才能完成。在每一个流程中,将价值附加入产品内(在服务业里,是把价值附加入文件或其他的信息内),然后再送到下一个流程。在每一个流程里的人力或机器资源,若不是从事有附加价值的动作,就是进行无附加价值的动作。不产生附加价值的动作,即为浪费。

所谓浪费,是指所有导致成本增加不必要的因素或活动。

浪费实际上有以下两层含义:

（1）一切不为客户创造价值的活动都是浪费。

（2）虽然创造价值，但所消耗的资源如果超过了"绝对最少"的界限，也是浪费。

为了杜绝工厂中的浪费现象，首先需要发现不合理的地方，然后想办法解决这些问题，这就需要推行精益生产方式。

丰田人在长期作业和改善过程中对于浪费的内容进行了归类总结，称为"七大浪费"，分别是动作的浪费、等待的浪费、生产过剩的浪费、不良修正的浪费、搬运的浪费、库存的浪费、加工的浪费，如图 5-12 所示。图中的序号表示改进的难易程度，现场改善是按照先易后难的顺序进行。

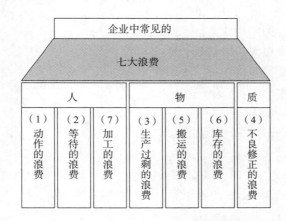

图 5-12　企业中常见的七大浪费

5.3.2.1　动作的浪费

动作的浪费是指工位、物品、设备等布置不合理，或者使用工具和操作方法不得当，而造成动作上的浪费。一个作业员工的劳动可以分成三部分：一是纯作业，即创造附加价值的作业；二是无附加价值但又必需的作业，如装卸作业和搬运作业；三是无效劳动，即作业中毫无必要的劳动动作。据美国工程师协会统计，在生产劳作中，纯作业只占加工作业的 5%，其他两项作业占 95%，可见动作中的浪费比重之大。

任何人体的动作，若是没有直接产生附加价值，就没有生产力。例如，人在走路时，他并没有产生附加价值。一位维修工程师手上拿着工具，走了一段距离的路，他也是在做没有附加价值的动作。只有使用工具修理、保养或安装机器的动作，才算是有附加价值的。特别是，工作人员提起或手持着一个重物走路，需用作业人员付出一部分体力的动作，应予以避免。这不只是因为工作困难，增加人员的体力消耗，也是因为这代表着浪费。可以借由工作地点的重新安排，来消除作业人员手持重物走路的动作，消除体力及时间的浪费。多余的动作代表着没有附加价值，例如拿起或放下工作物。在生产现场，经常可看到同一件工作物，先由右手拿起然后再交由左手持着。举例来说，操作缝衣机的作业人员，先从供料箱中拿出几块衣料，然后放在机器平台上，最后才取一件衣料放进缝衣机缝制，这就是动作的浪费。供料箱应重新摆置，使作业人员能拿起一块衣料，直接放进缝衣机缝制。要认定动作的浪费，需详细观察作业人员手脚使用的方式；然后，必须重新安排物料放置的方式或者开发适当的工具及夹具。

企业作业中常见的12种动作浪费如下：

（1）两手空闲。
（2）单手空闲。
（3）作业动作突然停止。
（4）作业动作过大，必然延长时间。
（5）左右手交换工件。
（6）步行过多。
（7）转身的角度太大。
（8）工件移动中上下、前后翻转。
（9）工作技巧不合理。
（10）伸背动作。
（11）弯腰、下蹲动作。
（12）寻找物料、判断作业等。

5.3.2.2 等待的浪费

等待的浪费是由于劳动分工过细，生产工人只管生产操作，设备坏了要找维修工人，检查质量要找检验工，更换磨具要找调整工，这些停机找人现象都是等待的浪费。作业人员双手停滞不动时，就是等待的浪费发生的时候。生产线不平衡、缺料、机器故障，使得作业人员工作停滞，或者机器在进行附加价值的加工时，而作业员在机器旁监视机器，这些都是等待的浪费，这类的浪费很容易看得出来。

另一方面，由于工作量变动幅度过大，造成员工有时忙、有时闲；在生产线上不同工件、工种之间切换时，如果准备工作不够充分或上道工序出现问题，就会使下道工序无事可做等，这些原因造成的等待，也是等待的浪费。

企业中常见的等待现象如下：

（1）不合格品造成停工。
（2）生产线工序不平衡。
（3）工作量多时，忙忙碌碌；工作量少时，无所事事。

（4）制造通知或设计图纸未按时送达。

（5）设备故障维修，造成生产停滞。

（6）产品切换或更换模具造成生产停顿。

（7）质量不良自动停机，造成员工作业停顿。

（8）物料供应或前工序能力不足造成停工待料。在个别企业，由于资金问题、计划问题，造成材料短缺，停工待料现象严重。所以，原材物料的准备、工装器具的准备，是企业生产管理者一个重要的工作，俗话说"兵马未动，粮草先行"，"不打无准备之仗"，讲的就是这个道理。

5.3.2.3　生产过剩的浪费（制造过多或过早浪费）

有些企业由于生产能力比较强大，为了不浪费生产能力（认为停线、停机是坏事）而不断地进行生产；有时也是为了照顾生产人员的利益，而制造过多、过早的产品，这是最恶劣的浪费。因为生产过剩，导致生产中各种问题被掩盖，失去了改善的机会，给企业造成的损失一再发生。制造过多的浪费，是生产线督导人员的心理作用造成的。他担心机器会出故障、不合格品产生，以及员工缺席等，而被迫生产比需要数量更多的产品，以确保生产运行安全。

生产过多或过早会产生巨大的浪费。如提早耗用原材料，浪费人力，增加了容器、托盘，增加了机器负荷，制品堆满了生产现场和仓库，增加了制造场地及库存所需的面积；产生无用的搬运，增加了叉车、运输车辆费用；增加资金利息负担和管理费用等。

5.3.2.4　品质不良的浪费

品质不良的浪费是指由于企业内出现不良品，在进行处置时，企业就需要在时间、人力、物力上再投入，而由此所造成的相关损失的浪费。这类浪费具体包括：员工在工时上的损失；设备占用的损失；材料的损失；额外的修复、鉴别、追加检查的损失；不良品变成废品的损失；降价处理的损失；误期的损失以及工厂信誉下降的损失等。

企业中常见的品质不良浪费现象如下：

（1）不良品返工、售后服务等相关工作使成本增加，例如，工时、人力、工具、设备、管理费用等都会增加相应的成本。

（2）出现废品后，废品处理本身就是一种浪费。当客户退货时，还需要额外的索赔及相应的费用支出。

（3）质量问题会导致信用等级的降低。一家企业失去信誉，就等于失去了市场，市场宣传推广的无形成本也会加大。

5.3.2.5　搬运的浪费

搬运在工厂里是必要的，但是搬运不产生任何附加价值，只会增加运行成本。从本质说，搬运统统都是浪费。

有些工厂由于平面布置、物流组织不合理，造成搬运路线过长，中转环节过多，不仅增加了搬运的费用，还会带来搬运过程中物品的损坏和丢失，这些都是浪费。

在现场，可看到各种不同的搬运，如卡车、堆高机及输送带。搬运是工厂营运的一个主要部分，但是移动这些材料或产品，并不能产生附加价值。更糟的是，在搬运过程中，经常会发生物品的损伤和丢失，产生不必要的浪费。为消除这些搬运的浪费，任何与主生产线分离的所谓离岛作业，应尽可能并入主生产线内。

搬运浪费又包含放置、堆积、移动、整理等动作的浪费，甚至产生等待的浪费。

5.3.2.6 库存的浪费

产品只有跟客户交易后才能变为金钱，进入资金流。产品库存期间，是不会产生任何附加价值的，反而增加了营运的成本，皆是浪费。因为，成品、半成品占用了大量的库存空间，还需要额外的机器及设施，例如，叉车、堆高机等。此外，仓库还需要额外的人员来操作及管理。在制品和库存物资都要很多人去清点、整理整顿，这种无效劳动和浪费隐藏在企业每个角落。

多余的库存品会积满灰尘，需要人员去清理，其质量会随着时间而发生变化。更糟的是，会因遭逢火灾或其他灾害而化为灰烬。如果没有存货的浪费，就可以避免许多浪费。存货是由生产过多所造成的。如果说制造过多是浪费的话，那么"库存是万恶之源"。不幸的是，我们都知道生产管理人员总是觉得"如果没有足够的库存"，夜晚就难以入眠。存货有时被比作为隐藏问题的水库。当库存的水位高涨时，管理者就感受不到问题的严重性，如质量的问题、机器故障及员工缺勤，也因此而失去了改善的机会。

而问题在精益生产者眼里被认为是宝藏，问题如果能不断地被发现解决，则利益便会不断地产生。

存货"水位"降低时，有助于发掘需要关注的地方，以及迫使要去面对处理的问题，这是丰田生产方式所追求的目标，使"改善"成为每日必行的活动。

5.3.2.7 加工的浪费

加工浪费又称过分加工的浪费，它是指在机械加工作业中，所有与工程进度及加工精度无关的不必要的加工都是浪费。

机械加工企业中常见的加工浪费如下：

（1）没有严格执行工艺程序或者工艺本身存在某些方面的问题，因而造成加工工时过多、损坏加工设备及工具、降低工作质量等浪费。例如，工件选用的材料尺寸过大，加工量增加，造成材料的浪费及金钱的浪费等。

（2）需要多余的作业时间和辅助设备，还要增加生产用电、用气、用油等能源的浪费，另外还增加了管理的费用。

（3）多余的加工和过分精确的加工。

（4）习以为常并认为现在的做法好，而对一些无用的加工程序没有进行省略、替代、重组或合并。例如，有些企业不同的组件在不同的生产线进行组装（或者加工）时，为避免组件在搬运、入库时表面受到刮伤，每一个组件都用包装材料进行包扎；然后在另外一条装配线上做总装配时，又要拆除这些包装材料。如果进行必要的优化组合，将组件直接连接到总装配线，最终装配时，就可剔除包装、拆除的作业动作，还会节省包装材料。

在许多实例中，加工浪费也是由于流程无法同步所造成的。作业人员经常把工作分得太精细，超越了需要的程度，这些都是加工浪费的例子。

5.5.3 现场"观察"是消除浪费的一个重要工作

哪里为顾客提供产品与服务，哪里就有价值，否则就是浪费。作为一名优秀的生产管理者，应注意避免各种不必要的浪费，降低成本，节约资源。如果仅仅是学习这些知识，知道现场存在这些浪费，或者仅仅关注现场存在的问题，而不解决它，也只是增长了"知识"而已。特别是中小企业，为了降低成本，减少人工，生产管理者、车间主任既当指挥员又当战斗员，很多时间投入到具体的生产劳作中，没有时间和精力去解决这些浪费现象；即使解决，也没有从根本上消除这些问题，只是充当了一个"救火队员"的角色，甚至承担了车间物料倒运、装卸货工作，这无疑是舍本逐末。即使表面上轰轰烈烈，但实际效果也很有限，问题还会重复发生。俗话说，即使"浑身是铁也打不了几个钉"，与其自己动手，不如出主意、想办法，做现场改善，消除这些浪费现象，从根本上解决问题，使问题不再重复发生。所以，作为一名优秀的生产车间管理者，更重要的工作是现场"观察"，发现问题，解决问题，而不是投身到车间辅助工作的生产劳作中。

"没有调查，就没有发言权。"现场的浪费比比皆是，作为生产现场的管理者、组织者，对有些浪费现象不一定全面了解，而生产一线员工，亲身经历工作上的一些难点和"痛点"，最了解现场的问题。"群众的眼睛是雪亮的。"因此，也可以充分发动群众，开展合理化建议活动，或者采用调查问卷方式，找到现场存在的浪费问题。例如，某企业采取了浪费调研表方式，发动员工寻找现场浪费问题，收到了好的效果。如表 5-1 所示。

表 5-1　浪费调研表

项目	浪费内容	建议措施	备注
动作的浪费			
等待的浪费			
生产过剩的浪费			
不良修正的浪费			
搬运的浪费			
库存的浪费			
加工的浪费			
其他的浪费			

由于是员工自己提出的问题，所以，问题改善的参与度空前提高，极大地调动了企业员工参与管理的热情。通过调研，企业管理层将问题进行了汇总分析，去粗取精，制定措施，落实责任，取得了又快、又好的效果。某企业浪费改善措施如表 5-2 所示。

表 5-2　浪费改善措施（部分）

序号	内容	责任部门	责任人	配合部门	措施	要求完成时间	跟踪
1	BOM 没有分解到五金件，导致采购不及时	技术		物控	发现 1 次，次日必须更正过来	随时	设计正式表格
2	半成品合不合格都入了库，装配时才发现不合格，造成退料、再领料。	品质		物控	按照检验单入库	3月10日执行	比以前要好
3	个别加工工序漏序（或者缺陷），装配时发现（或者下道工序），重新返工	品质		物控/质检	加强自检、质检验收，加大考核	3月10日执行	比以前要好
4	分解单出错，需自己去开单领料（如何改正流程，一旦出错，就要立即整改）	技术		物控/装配	发现 1 次，次日必须更正过来	随时	设计正式表格

续表

序号	内容	责任部门	责任人	配合部门	措施	要求完成时间	跟踪
5	箱体设计不合理，如13120130M、12120100B14等	技术		质检/加工车间	（1）加工车间提出不合理问题；（2）技术人员负责改进设计	3月6日开始	
6	（1）加工中心攻丝，丝锥断掉未发现，导致返修；（2）加工孔径小，未检查导致返修；（3）齿轮毛刺清理不好，导致返修，甚至装配完成后，声音不对，导致重新拆装	品质		各加工车间	加强自检，执行《质量管理办法》	3月6日开始	
7	工装、刀具、量具无明确标识，每次需要查找，浪费时间	质检		物控	标识清楚，定点存放	下月研究	
8	（1）装配时油封漏油、油封有脏东西；（2）110、130铸铁配件铁屑太多，清洗困难；（3）涡轮轮芯漏气（工艺上已解决）；（4）铝箱体铝屑太多；（5）小速比噪声不稳定	RV车间		质检员	加强自检，执行《质量管理办法》	3月6日开始	已改进

综上所述，通过杜绝浪费可以大幅提高工作效率，最重要的是充分掌握以下两点：

第一，提高效率只有同降低成本结合起来才有意义。为此，必须朝着以最少量的人员、只生产所需要数量的产品这一方向努力。

第二，提高效率必须从每一个操作人员开始，放手发动群众，从点滴改善入手，从整个企业着眼，以生产现场为中心，每个环节都要提高，这样才能收到整体效果。

5.4 现场布局与防错技术

企业生产的最高法则是"高效率、低成本"。即使生产处于淡季阶段,也要保持高效率,而不可放慢生产节奏。企业追求利润最大化、成本最小化是永恒的课题。企业追求利润是为了承担未来的风险,未来永远是未知的,不可预测和不可确定的。德鲁克认为:"工业经济中的利润实际上构成了承担未来风险的'报酬',换句话说,承担着企业持续经营的回报。"成本是一个与现在、将来有关的事情。现在的工作好与坏,决定着将来成本的高与低,以及管理的有效性,关乎企业今后的生存与发展。

企业生产运营成本的高低,一是与企业最初设立时工艺布局、厂房设施的合理布置有很大的关系,布局的合理与否决定了企业今后运营成本及其现场管理的有效性;二是企业投入运营后,通过几年众多小的、不显眼的技术及工艺和设备的持续不断地改进,可以进一步降低生产成本,这也是精益生产之道。

5.4.1 企业总平面布局关系着企业运营成本及管理效果

下面,先来了解一个案例。2007 年某企业集团在广东佛山购置 200 000m² 土地,筹建铝合金加工项目,工程分为两期,每期各占 100 000m²。一期工程于 2008 年开工建设,设计产能为 11 万吨再生铝合金圆锭。二期工程于 2009 年 12 月建成投产。二期工程项目平面布置效果如图 5-13 所示。

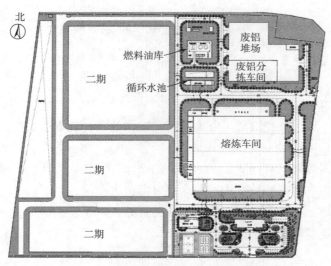

图 5-13 某铝熔炼二期工程项目平面布置效果图

二期工程项目于 2009 年 12 月建成投产，投产运行过程中遇到的第一个问题是：熔铝炉所用燃料油送达不过来，主要原因是该项目工艺设计选择的燃料油为 180 号重油，黏度大，输送距离较远。由图 5-13 可以看出，熔炼车间位于工厂南北向中位，而油库位于厂区北面。由于此项目已经建成，更改厂区布局的可能性已经没有，最后只好增加投资，增加一热水锅炉伴热运行，以解决 180 号重油黏稠问题。广东属于亚热带气候，但进入冬季（12 月）就要开启热水锅炉，春夏秋季关闭锅炉。第二个问题是废铝分拣车间与熔炼车间也有一段距离，主要原料废铝需要长距离倒运，无形中增加了倒运车辆及其成本。由于废铝原料属于当地铝合金门窗型材废料，比较松散，倒运困难不说，倒运过程中沿路散落的废料又需要增加人员清理，增加了人工成本以及现场管理的困难。

该项目自 2009 年 12 月投产以来，一直处于亏损状态，被迫于 2013 年停产，给企业造成较大的损失。当然，停产的原因是多方面的，但是平面布局设计不合理，对生产运营成本欠考虑，是其中原因之一。企业内部物流只能增加企业成本，不会为产品创造价值。一些企业在进行建设时，往往追求"大气壮观"，从而造成企业运营成本的增加。类似这样的例子，在企业内部不同程度存在，教训极为深刻。

生产企业平面布局，决定了企业内部物料流向，本质上属于价值流问题，与企业生产运营成本息息相关，不能不重视。生产企业平面布局源于生产工艺设计，生产工艺决定了厂房布局以及设备布局。厂房布局、设备布局又决定了物料流，即价值流。对于价值流来说，要以全局的视野通盘考虑设计，通常采用一字形、L 形、U 形布局更具有合理性。如图 5-14 所示，车间布局采用 U 形布局。

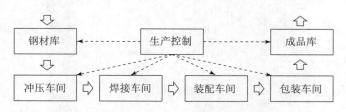

图 5-14　生产车间 U 形布局示意图

国内很多企业推行 5S 管理，同样也会出现这样的情况，根据厂房的面积定置画线，物料、成品远离机器设备，增加了人员步行距离以及动作的浪费，降低了员工劳动效率，增加了员工的体力消耗。2018 年，作者到日本企业考察学习丰田生产方式时，发现一个不一样的现象，日本企业的设备布局非常紧凑，生产人员都是站立工作，物料取用顺手可及，很少看到现场人员走来走去的现象，效率之高令人叹为观止。

5.4.2 "自働化"与防错

5.4.2.1 "自働化"

丰田生产方式两大支柱:准时制(JIT)与"自働化"。"自动化"与"自働化"是两个不同的名词。在日语中"动"与"働"是两个不同的字,发音和意义都不相同。"动"是直接从中文引进的,"働"则是日本造字。自动化即机器自动运转。"自働化"是将人的智慧赋予机器的意思。"自働化"这一思想的发端是从丰田公司开山鼻祖——丰田佐吉先生的自动纺织机开始的。丰田自动纺织机在经纱断了或纬纱没有了的时候,机器会立即停车,这是通过装有使机器能判断工作状态好坏的简单装置实现的。丰田公司不仅把这种想法用于机器,而且也扩大到流水线上的操作者。这就是说,如果发生异常,任何一名操作者都可以使整个流水线停车。"自働化"的优点是,能够防止产生不良品,防止批质量事故发生;此外,还能自动控制生产现场发生的异常现象。在丰田生产方式中,始终强调必须是带人字旁的"自働化"。图5-15为丰田展览馆工作人员演示织布机"自働化"装置。

图5-15 丰田展览馆工作人员演示"自働化"装置

5.4.2.2 防错

另外,在日本企业生产现场,可以看到各种各样利用简单机械或者电控形式制作的防错装置。这些防错装置构思精妙又简单易行,他们称为"简易机械"。企业不同,设备不同,各具特色。这些简易机械装置都是广大员工、生产骨干、班组长、管理人员的奇思妙想,并利用生产废料在业余时间发明创造的。这些防错装置成本低,效果好,充分体现了丰田的"精益"理念,也是"不生产不良品、不转移不良品、不接受不良品""三不原则"的具体体现。

(1) 防错法的提出。

防错是指任何一种能够防止人为错误的发生,或者是一眼就能让人发现错误的装置或设施。防错法最早由日本管理专家新乡重夫提出,又称为防呆法。防错法主要探讨如何避免做错事情的方法,例如,我们常用的 U 盘,插反了就放不进去,能够插进去即证明是对了。

新乡重夫认为遗忘有两种情况:一种是疏漏;另一种是忘却。他建议采用一些措施来预防产品缺陷的诱因,也就是说,经济简便地对生产出来的每一个部件进行检验以杜绝缺陷出现。

(2) 防错的基本理念。

①决不允许哪怕具有一点点缺陷的产品出现。要想成为世界级的企业,不仅在观念上,而且必须在实际上达到零缺陷。

②生产现场是一个复杂的环境,每天随时都可能出现差错导致缺陷,缺陷导致顾客不满意和资源浪费。图 5 – 16 为日本某企业物料防错措施,将生产现场暂时不用的物料,盖好箱盖,防止误拿误送。

图 5 – 16　日本某企业物料防错措施

③我们不可能完全消除差错,但是必须及时发现差错,立即纠正差错,防止差错形成缺陷。

(3) 错误是如何发生的？

①遗忘：有时当我们不集中精神时我们会忘记事情。例如，出门时忘记了锁门或关煤气。

②理解错误：比如在我们熟悉情况前得出错误结论时会出错。例如，口服药有些是1日3次，有些是1日2次，如果不注意，就会出现错误。

③识别错误：有时由于人员看得太快或太远，看不清楚会导致错误判断。例如，将数字8误认作数字6。

④新手错误：由于缺乏经验而产生错误。例如，新工人不知操作程序或刚开始工作，不熟练时会出现错误。

⑤意愿错误：当我们在特定的环境下决定不理睬某些规则时会发生错误。例如，由于在视线内没有车辆时，闯红灯过马路。

⑥疏忽错误：有时由于心不在焉而犯错误，而且不知道是如何发生的。例如，有些人无意识地穿过街道而没有注意到亮着的红灯。

⑦迟钝的错误：有时当我们的行动由于判断的延迟而导致动作迟缓，会犯错误。例如，刚学习开车的人踩刹车较慢。

⑧缺乏标准导致的错误：有时由于缺乏指引或工作标准时会发生错误。

⑨意外错误：当设备运行状况与预期不符时会发生错误。例如，机器可能在无警示的情况下出现故障。

⑩故意错误：有些人故意制造错误。犯罪和破坏就是例子。

(4) 五大防错思路。

五大防错思路如表5-3所示。

表5-3 五大防错思路

防错思路	目标	方法	评价
消除	消除可能的失误	通过产品及制造过程的重新设计，加入防错方法	最好
替代	用更可靠的过程代替目前的过程以降低失误	运用机器人技术或自动化生产技术	较好
简化	使作业更容易完成	合并生产步骤，实施工业工程改善	较好
检测	在缺陷流入下工序前对其进行检测并剔除	使用计算机软件，在操作失误时予以告警	较好
减少	将失误影响降至最低	采用保险丝进行过载保护等	好

(1) 削除：

最好的防错方法。

①从设计角度考虑到可能出现作业失误等，并用防错方法进行预防。

②从源头防止失误和缺陷，符合质量的经济性原则，是防错法的主要发展方向。

（2）替代。

对硬件设施进行更新和改善，使过程不过多依赖于作业人员，从而降低由于人为原因造成的失误。

优点：可大大降低失误率。

缺点：投入过大（但好的创意能大大节约成本），但又会因设备或防错装置出问题，从而导致出现其他问题。

（3）简化。

①通过合并、削减等方法对作业流程进行简化。

②流程越简单，出现操作失误的概率越低。

③简化流程是较好的防错法之一，但流程简化并不能完全防止人为缺陷的产生。

崔西定律：是指任何工作的困难度与其执行步骤的数目平方成正比。例如，完成一件工作有三个执行步骤，则此工作的困难度是 9；而完成另一工作有五个执行步骤，则此工作的困难度是 25，所以必须要简化工作流程。

（4）检测。

①在作业失误时自动阻止或提示的防错方法。

②目前往往靠通过计算机软件实现。

③虽然是事后的方法但由于几乎可以用于所有的特性，因而可以广泛应用。

新乡重夫提出了三种不同的检测方法：

判断式检测：指把次品从产品中挑出来，剩下合格品。这种方法有时也叫质检。新乡重夫认同大家的观点，认为质检不是有效的质量管理方法，应慎用。

信息式检测：指运用检测中得来的数据控制生产流程，防止次品出现。新乡重夫担心，传统的统计式质量管理（SQC）不能在生产之后即时检查，因此不能提供最好的信息来确定质量问题的起因，并用于将来的防错。

溯源式检测：指在事件发生之前就进行确认，是生产流程能否进行高质量生产所必需的条件。这就需要在生产之前检查，确保员工的操作条件，而不是在生产之后再检查。新乡重夫认为，溯源式检测是一种理想的质控手段，因为生产流程在开始运作之前就能获得有关反馈，以便预防差错发生。

（5）减少。

从减少工作失误造成损失最小化的思路和方法出发，将损失降至最低或可接受范围。

5.4.3 工序流程化

5.4.3.1 传统设备布局

车间设备传统布局方式是以设备为中心，将同类设备（工序）布置在一起，如图 5-17 所示。

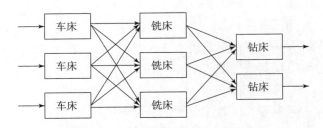

图 5-17 车间传统设备布局示意图

这种方式的设备布局优缺点如下：

（1）优点：
①设备投资相对较少。
②机器利用率高。
③设备和人员的柔性程度高，更改产品品种和数量方便。
④操作人员专业化程度高。

（2）缺点：
①中间在制品数量多，库存量相对较大。
②物料搬运频繁，物流量大。
③物料搬运距离长，有回流，生产周期长。
④生产计划与控制较复杂。

5.4.3.2 工序流程化

按照精益思想理念，永远追求零目标，即库存为零，在线中间半制品最小化的目标要求，设备布局方式打破传统，以产品为中心，以不同工序设备流程化方式布局，实现前工序加工一结束就立即转到下一个工序加工，建立一种无间断的流程，以此实现流程化生产。如图 5-18 所示。

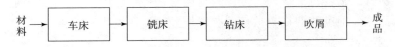

图 5-18 工序流程化设备布局示意图

流程化强调生产应该是一个迅速流动的过程,当客户下订单时,便会指示流程取得完成客户订单所需要的原材料,而且只提供这个订单所需要的原材料。接着,这些原材料立即被输送到工厂,在工厂内无间断地流经各个工序。在这个流程中,要求等候时间减至最少,流程距离最短,迅速而顺畅的流程能减少总生产时间。流程化生产使得零部件的运动就像是水流过一根管子一样顺畅而无间隔,从而消除各道工序内部、各道工序之间的物料停滞,改善混乱的物流状态。

为了做到流程化生产,不同工序设备布局彼此更靠近,使材料和信息在各流程之间的输送更加顺畅。理想的状态是加工一件,移动一件,即"一个流"生产。图5-19为日本某企业"一个流"生产现场。

图 5-19 日本某企业"一个流"生产现场

(1) 工序流程化的优点。
①在线中间半成品明显降低。
②产品产出率高,单位产品成本低。
③每一产品都按工艺流程布置设备,因此加工件经过的路程最直接、最短,无用的停滞时间也最少。
④物料搬运明显减少,搬运费用降低。
⑤厂房空间利用率提高,生产环境改善。
⑥可实现一人操作多台设备,用工人员减少。
⑦生产管理和采购、库存控制等工作也相对简单。
(2) 缺点或者实施的难点。
①生产操作人员需要经过严格的培训,人员要求素质高(一人操作多工序)。
②各工序、设备标准化要求程度高。

③生产产品品种单一。

(3) 流程化设备布局五种类型。

串联布局：也称为一字布局，如图 5-18 所示。

其余四种分别为：并联布局，也称为二字形布局；U 形布局；V 形布局；L 形布局，如图 5-20 所示。

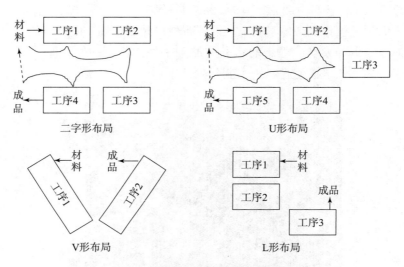

图 5-20　四种设备布局示意图

企业推行设备流程化布局，首先必须做好员工多能工技能培训，使其掌握各个工序（各台设备）的操作技能，并经考核合格，方可上岗；其次，应该考虑到由过去传统设备布局，改为现在的流程化布局。在实施过程中，会出现各种各样的问题，如设备控制因素增加、技术不熟练、动作协调配合不好等问题。这些问题会逐渐暴露出来，要随时进行调整和解决，却不可疏忽大意，以免半途而废。正因为如此，企业推行设备流程化布局时，应该先小范围试验，取得经验后，再逐渐推广。

本 章 小 结

A. 现场管理概述

(1) 现场：包含"现"与"场"两个因素。"现"指现在，现时，强调的是时间性；"场"指的是地点、场所，强调的是空间性。现场，就是赋予了一定时间的特定区域。

(2) 现场管理：用科学的方法和标准对生产现场各生产要素，包括人、机、料、法、环、信息等进行合理有效的计划、组织、协调、控制和检测,使其处于良好的结合状态,达到优质、高效、低耗、均衡、安全、文明生产的目的。现场管理,立足点就在现场。现场管理的黄金法则是"现场、现时、现物"。

B. 现场管理三大工具

(1) 标准化:对于一项任务,将目前认为最好的实施方法作为标准,让所有做这项工作的人执行这个标准并不断完善,整个过程称之为标准化。标准化强调的是过程,制定标准,而后依标准付诸行动则称之为标准化。这一过程,培训与现场指导是必不可少的。

(2) 5S活动:推行5S活动,关键是推行后现场不再"制造"不必要的东西。其次,将现场需要的东西整齐地摆放好只能称为整列,关键是需要的东西可以随时拿到称为整顿。最后,整顿后,要实行可视化、标准化管理,使现场异常问题即刻暴露,一目了然。

(3) 目视化管理:是利用形象直观而又色彩适宜的各种视觉感知信息来组织现场生产活动,达到提高劳动生产率的一种管理手段,是一种以公开化和视觉显示为特征的管理方式。

C. 现场改善与七大浪费

(1) 现场改善5个"为什么",就生产现场而言,既要重视"数据",更要重视"事实"。一旦发生问题,如果原因追查不彻底,解决办法也就不会奏效。因此,就要反复提出5个"为什么",这是构成丰田生产方式科学态度的基本内涵。

(2) 浪费:所谓浪费是指所有导致成本增加不必要的因素或活动。

D. 现场布局与防错技术

(1) 企业总平面图布局关系着企业运营成本及管理效果。

(2) 防错是指任何一种能够防止人为错误的发生,或者是一眼就能让人发现错误的装置或设施。"自働化"与防错技术,充分体现了丰田的"精益"理念。

(3) 工序流程化生产是降低库存、减少倒运,提升生产效率的有效途径。

第 6 章 人力资源与绩效考核

6.1 企业与人力资源

6.1.1 企业

传统社会中,人类使用一些祖辈流传或者自己制造的工具,能够实现独立生产,如农民、狩猎者、放牧人。即使是工匠和有专业技能的人,如裁缝、郎中等职业,都能使用简单的工具,有效地、独立地完成自己的"产品"生产。即使这样,有些工作也离不开家庭成员、邻里之间的合作。人类历史上都一直存在着一些交易活动,如裁缝的工具——剪刀,就是铁匠的产品,交易活动的结果。这种交易活动也是某种意义上的"合作"的行为。个人必须要依赖合作,才能有效地工作,才能获得成果。

合作即意味着"组织"的生成。即使是家庭作坊,也是一级组织。家庭是人类社会最基本的"组织单位"。进入工业社会,大规模生产体系逐渐形成,劳动者自己已经无法完成生产,他必须融入由人、机器和工具等生产要素组成的复杂组织系统,也就是到工厂中去,才能发挥作用。任何一种产品的产出会用到整个工厂的所有资源。这是一种"集体性"的产品。企业就是一种大型、集体性的,为了满足社会需求和需要而将人集合起来的组织。

6.1.1.1 工业企业的特点

企业作为一种集体组织,主要有三个特点。

(1) 从规模上来说,它必须"大"。

(2) 从对社会结构的影响来说,企业催生了两类新的阶层:一是企业的高层管理者;二是由技术骨干、专家、会计师及中层管理者组成的中间阶层。这两类阶层尽管也享有相当的权力和巨大的社会声望,但他们受雇于人,具有依附性和从属性的特点。

(3) 从履行社会职能来看,企业首先是一个经济性组织,同时又具有政府性和社会性，是一种"三重性"的组织。

6.1.1.2 企业的三重性

（1）企业的第一责任是保证经济效益，因此，是一种经济性组织。它肩负着执行关键经济职能的责任，是工业社会主要的经济工具。

从经济的角度来看企业，它最重要的特点是其"集总性"。作为一种生产组织，企业实际上是将一群人按照确定的相互关系以及他们与机器工具的确定关系组织在一起的。在企业中，无论是工人，还是经理，都不可能完全依靠自身实现生产。

（2）企业又是"政府性组织"，不可避免地、必然地履行着"政府职能"。企业控制着人们能否进入一个生产组织的权力，而工业社会中的个人一旦脱离了生产组织是无法自己生产的。因此，可以说企业控制着公民的生存。在西方社会，一个人的声望来自他所从事的交易活动和职业。

即使在企业内部，也像是一个"政府"。工业生产组织需要基于"权威—服从"的内部秩序，也就是说在企业内部存在着明显的权力关系。

企业中的掌权者也行使着一些常规的类似政府的职能，也制定"法律"，规定每个人的行为准则、解决冲突的规则，规定并实施违规行为的处罚等。企业可以通过解雇而使个人遭遇失业的困境，以至于丧失社会地位与自尊。这种处罚的权力实际上很大。

企业对其成员还拥有相当大的执行权。企业所做的决策及其所设定的政策能直接影响到个人的生存、未来及社会与经济地位。它决定员工的工作内容、工作时间和工作地点。它将一群原本无组织的人员组织成一个有着特定职能的生产性团队。

（3）企业是"社会性"组织。企业还担负着社会性职责，它不仅解决就业问题，满足工人的经济需求，同时满足人的尊严、社会地位与声望。

企业追求利润最大化不是企业经营活动的唯一目的。企业没有利润，就不能持续，利润只是对企业经营活动的检验——有无存在的价值及能否存在下去的衡量指标。企业存在的目的，不能从自身去寻找，只能从外部，从为社会创造财富，贡献社会，为客户创造价值去寻找。

正是企业，尤其是大型企业担负着一个地区或一个国家市场经济繁荣程度和就业水平的职责，甚至连市场景气指数、社会稳定、对当前经济信心及看法无不由大型企业所左右。在这个社会上，绝大部分人的生计都直接或间接依赖大型企业，正是大型工业企业占据着市场中心战略地位。小企业、自由职业者、有专长的人，甚至农民，他们要么作为大企业的供应者，要么作为大企业产品的经销者而得以生存。

德鲁克认为："真正能够解决就业与收入保障问题的是微观的经济主体——企业，而不是国家。"企业可以通过收入的平稳甚至专项基金的建立等方法来保证员工有一个较长远的就业和收入的预期。正是就业和收入，进一步促进了消费，如超市、饭馆顾客增多了，市场经济更加繁荣；同时，也保障了员工的正常生活，稳定了家庭及社会。

6.1.1.3 经济业绩优先原则

对企业成员来说，企业的政府性和社会性职能是最重要的。但是对企业本身来说，甚至对社会来说，企业作为这个社会的核心经济组织，其经济性职能是最重要的。对企业本身而言，经济性职能之所以是最重要的，是因为企业的生存延续依赖于其出色的经济业绩；对社会而言，经济性职能之所以是重要的，是因为从社会的角度来看，经济业绩是企业存在的目的和理由。因此，经济效益是企业的第一法则。

6.1.2 人力资源

德鲁克说："在工业经济中，劳动力是一种资本性资源。"

如果我们把员工视为资源——人力资源，就必须了解这种资源的特性是什么。当我们把重点放在"资源"或者"劳工"上，会得到截然不同的两种答案。作为资源，人力不仅能被企业所使用，而且，资源可以不断开发、创新、整合（或者组织），从而爆发出巨大的能量；作为劳工，几乎是单纯的雇佣关系，合同关系。

德鲁克又进一步指出："人力资源是所有经济资源中，使用效率最低的资源——也是最有希望提高经济效益的资源。"提升经济绩效，最大契机完全在于企业能否提升员工的工作效能，这种说法在美国管理界几乎已经变成老生常谈了。企业能否提高经营绩效，完全要看能否促使员工提高工作绩效。因此，管理员工和人力资源的开发利用，是管理的基本功能之一。

6.1.2.1 高层管理者

管理层是企业的一个器官，而器官的功能就是服务于它所属的机体。那么，管理层作为一个企业中占统治地位的器官，当然要为企业负责，为企业的生存与繁荣负责。

具体地说，要求高层管理者要履行好以下三种关键职能：

（1）确保企业在经济生产中的生存，也就是说，要确保企业的盈利性，即产品占有市场和持续性。

（2）确保企业的人力资源得到很好的组织，使之能得到有效的运用。

（3）确保企业能充分地、有秩序地、高效地、连续地运转。

企业最高管理层的高效率是组织建设的重要一环。实际上，这应该是第一位的，因为任何组织离开一个高效的高层管理团队，就不可能是富有效率的。高层管理团队组织不好，则意味着企业由上到下的摩擦、不满意、无效率及生产率低下，这种不良影响能传递到企业的最低层次。因此，企业的最高管理层常常是最有改进余地的部分。

人力资源组织必然是高层管理者的一个职能，涉及管理政策、具体措施及工作态度等，只有当企业的高层管理者定下基调，才可能在企业中得到实现。有很多高层管理者，他们对人力资源组织的职责一无所知，有的甚至连人力资源这种事物的意义都没有认识清楚，却会认为他们的组织有着简洁而清晰的政策。事实上，每家企业的最高管理层也都在开发利用或浪费人力资源。

6.1.2.2　中层管理者

管理者的基本职能是组织并充分运用企业的人力资源。在工业组织中，不是个人，而是一个人力资源组织才能真正实现生产。要实现并保持一个人力资源组织的生产能力，就意味着管理者必须肩负起以下责任：最有效地设计每个人的工作，将单个人组织成一个工作团队，将小的团队有序地组织成一个富有生产能力的整体。这其中包括班组长及中层管理者的组织，而这两者，正如我们在前文中讨论过的那样，成了为企业的集体的核心。

一个车间，集企业管理要素于一身，生产、设备、质量、安全、现场、物资等样样都有，同时，还集中了企业最大多数人力资源——产业工人队伍。所以，车间主任这一岗位，需要"十八般武艺"，不说"样样精通"，但需要全面了解。车间主任这一岗位是最锻炼人的岗位，也是企业培养高层干部的"主战场"。一个车间主任，能够管理好一个车间，即能担当企业生产总监（或者生产厂长）这一岗位。

一个车间，一般来说人力资源规模相当于部队的一个连，车间主任就是连长，担负着人员的组织及其战斗力的形成。车间人员，成分复杂，性别不同，年龄不一，文化程度、生活习性不一。因此，管理人，比管理物难，甚至比部队管理还要难。人是最积极、最活跃的要素，也是最难组织、最难管理的要素。如何最大限度地挖掘人的潜力，调动大家的积极性，使人力资源更有活力来执行工作任务，通过生产性的工作来取得成绩，既有管理，又有艺术，的确不易。

要想让职工取得成就，就要把人真正当人来对待，而不是看成物或者"动物"。要换位思考，要以心换心，要关心下级，嘘寒问暖；要学会做思想工作，解决矛盾，化解冲突，鼓舞士气，创造氛围；要积极开展技术培训，现场指导，培育人才。中层管理者既是领导，又是导师，还是职工的良师益友；要掌握并利用不同的科学管理手段，计划、目标、激励、考核等方法与技巧，让广大职工的聪明才智以及业务灵感能得到充分的发挥，从而使组织的总体效益得到成倍的增长。

企业最高层负责制定政策、决定生产模式，中层管理者必须将其付诸实施。实施的必要途径是控制与监督、鼓励和引导（循循善诱）。对于工人来说，他们的监督就是"领导"，代表了企业。中层管理者将永远是企业和工人之间交流和了解的主要渠道。

另一方面，对于高层管理者来说，中层管理者，代表了"组织"。尽管总经理也会考察企业，但他们更多的关注一堆复杂的数据（指标、结果）。企业只有通过中层管理者与基层员工的沟通与交流、指导与服务，工人才能真切"感受"到他的企业。因此，如果中层管理人员不具备组织与监督职能，企业必将面临缺乏领导力的困扰。

美国、日本等企业管理界（尤其是丰田）早已意识到领导层，尤其是中层领导现场管理与监督的重要性。然而，迄今为止，在国内，尤其是中小企业的管理群体中，在理解整体与自身职能时是最为困难的。在这里，有地域文化、面子工程、"不好意思"以及种种不良习俗等因素影响，造成中层管理者一旦遇到问题，一筹莫展，其实质还是管理能力、管理艺术、管理手段的缺乏。

对于中层管理者来说，从工人到管理岗位，原来是直接面对着机器、面对着产品，工作很明确，现在则是和生产计划打交道，制作报表，操纵一堆概念和数字，所有这些都是高度抽象的，如果不学习，不接受一些管理技能的培训及其应用，可能会感到茫然无措。

6.1.2.3 员工

员工的工作方式是可以改变的，过去的农民变成了今天的产业大军。今天我们还面临着另一个重大变革，以"新旧动能转换""供给侧改革"为重点的企业转型升级，以5G、人工智能、大数据、云计算、量子通信为代表的第四次工业革命浪潮。新科技再度为整个工作群体创造了提升的契机。很多企业引进了数控车床、加工中心、机器人、自动化生产线等，需要经过高度训练的技术、专业和管理人员、操作人员、维护人员。可是，现实情况是，这部分人员明显匮乏，操作人员、维护人员、工装设计人员、检测人员所受训练培训不够，制约了企业的运营和发展。个别企业花重金购买的数控车床、加工中心，不注重设备维护保养，认为机器不出问题，就可以继续运转，"小车不倒尽管推"，坏了再说；操作人员培训不够，操作不够精细，导致机器3~5年就更新淘汰。老板苦苦思索，不明就里，发出了"为什么外资企业、合资企业的设备十几年都不坏，和新的一样"的天问。个别企业购买的机器，操作人员辞职了，机器就停止运转。这些现象，并非虚构，作者在咨询工作过程中亲耳所闻、亲眼所见。

国家统计局数据显示,2018 年中国 16～59 周岁的劳动年龄人口为 89 729 万人,占总人口的比重为 64.3%,首次跌破 9 亿大关,同时这也是中国劳动年龄人口连续第七年下降。中国劳动年龄人口在 2011 年达到 9.41 亿的峰值后,从 2012 年开始减少,其中,2013 年同比减少 244 万人,2015 年减少 487 万人,2017 年减少 548 万人。从 2011 年到 2018 年,中国减少劳动力 4 343 万人。

中国劳动力受教育程度严重不足。中山大学社会科学调查中心的一份报告显示,截止到 2015 年,中国劳动力平均受教育年限仅为 9.28 年,劳动力中大学本科以上受教育程度的比例仅为 5.17%;另外,2.93% 的劳动者没上过学。

据有关部门统计,目前我国技能劳动者不到 2 亿人,2.88 亿农民工中初中以下文化程度占比超过 70%,参加过职业技能培训的只有 30% 左右,到 2020 年我国制造业人才缺口将达 2 200 万人左右。全国人大常委会委员吴恒表示,职业教育和培训尚未满足市场需求和产业发展需要,是影响国家大力推进技术创新、大力推进制造强国进程中的顽症。

随着国家产业结构调整,新旧动能转换和战略性新兴产业的发展,技术工人特别是高技能人才短缺问题将会更加凸显,"人岗不匹配"的结构性矛盾正日益上升为就业领域的主要矛盾。一方面,技术技能人才严重短缺,2018 年,技能劳动力占从业人员的比重为 22%,技工求人倍率一直在 1.5 以上,造成的现实表现是部分企业招工难与部分劳动者就业难问题并存。另一方面,大龄、低技能劳动者就业和转岗矛盾突出。随着产业转型升级加快,传统行业低端就业岗位不断减少,年龄偏大的劳动者,技能单一,特别是在化解过剩产能、处置"僵尸企业"的过程中,年龄偏大的劳动者就业难度增大。同时,低端岗位市场用工条件与劳动者期望值不符,难以满足劳动者对高质量就业的期待,吸引力不够,导致"有活没人干"和"有人没活干"的现象并存。

6.1.3 效率与人工成本

生产效率的提高,必然带来产品单位成本的降低,包括固定成本与可变成本,如图 6-1 所示。

从图 6-1 可以看出,产品产出由 Q_1 提升到 Q_2,意味着生产效率的提高,但固定成本保持相对不变,单位产品分摊固定成本的比例降低,利润提升。作为可变成本的人工成本——工资,单位产品成本也相应地降低。

6.1.3.1 作为当期成本的工资

从企业的角度来看,工资是单位生产成本的必然组成部分。无论工资是按件支付还是按小时支付,企业通常都要将工资的成本平摊到每一件产品中。企业为了生存,甚至有所盈利,就必须将单位工资成本与企业所生产产品的销售价格挂

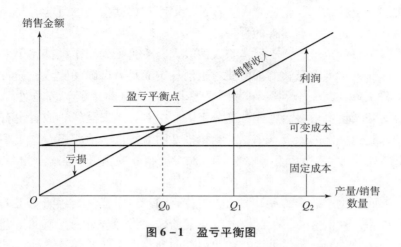

图 6-1 盈亏平衡图

钩。企业总成本中工资成本所占的比重越大,企业经营的"劳动密集"程度就越高。因此,不同行业、企业工资成本比例有所不同。作者所辅导的机械加工制造企业,人工成本控制比较好的企业为 4%,高的在 10% 左右,因此,作者认为合理的区间为 4%~8%。某企业属于机械产品加工企业,产品生产由月度生产 4 200 台,提升至 8 000 台左右,人工成本由 10% 降至 8%,利润率提升了 2%,效果非常明显。

劳动力成本随产量的高低上下变动,因此,作为生产企业,最大限度地提升生产率是降低成本、提高效益的法宝。市场竞争的本质,是质优价廉。作为企业来说,人工成本越低,抵抗经济风险能力就越强,竞争性就越强,生存的空间也就越大。当然,劳动力成本不是企业的唯一成本,但却是唯一一项不像原材料成本那样可以自我调节、自由变动,也不是像资本成本那样完全固定不变的成本。它也是唯一一项企业能够通过政策控制来决定可变还是固定的成本。因此,劳动力成本对企业而言至关重要。它可以通过降低工资率或减少雇用人数来降低。但是,无论哪种操作,都要慎之又慎,浮动的劳动力成本都是企业性命攸关的重要因素。

上述某企业,人工成本由 10% 降至 8%,但并不是说单个的劳动力工资的降低,反而是提升。实际上,提高生产效率,会使得单位产量的工资成本更低,工人的工资收入提高。其中的核心问题是,工人的工资提高比例与生产效率提升比例的关系应该如何控制。

6.1.3.2 作为收入的工资

在工业社会里,有一份工作和一定的薪水,对工人来说不仅仅意味着他有了收入的来源,还是社会地位的象征。一旦失业,工人们将会崩溃,他们的社会地位和声望将不复存在，甚至还有失去自尊、家庭和体面生活的危险。打工者出来打工就是挣钱，这是颠覆不灭的真理。

工人是工资的获得者，工资是工人的收入，也是工人用于维持整个家庭生计的基础，因此，工人有足够的理由要求生活稳定而且有保障的收入。通常工人自己会坚持将工资的"安全性"作为首要需求，他们认为工资"安全性"的高低要比工资的高低重要得多。因此，部分工人心中有一条安全线，或者说有一个收入的预期，到达一定的工资水平，劳动积极性明显降低。他们担心"干多了，企业会降低工资定额"，所以会采取不同的方式抵制效率提升。当然，工人希望工资越多越好。

另一方面，生产效率的提升，工人单位时间产出率提升，意味着工人收入的提升。如果是计件工资，工人的收入就会成倍增加，即会带来严重的问题，打破了企业内外部的平衡，不仅会引起企业内部的动荡，企业外部及本地区其他企业也会提出强烈的抗议。对企业来说，工资不仅是纯经济问题，还是一个社会稳定问题。

从企业的角度来看，企业希望高效率、低成本，但也并不是说人工成本越低越好。人工成本低下，也会带来生产效率低下、招工困难、人员流失等问题。但是，从经验上看，高工资也并不会带来高效率，这的确是一个两难的问题。人工成本在企业总成本中所占比例并不高，企业也不希望工资水平低于当地企业平均水平，也希望自己员工生活富足，体面并且有尊严；同时，还能保持员工队伍的稳定。因此，工人的工资，不仅是企业生产过程中支付商品消耗的当期成本，还是用来保存和增加生产过程中所需人力资源的远期成本，是企业在人力资源的投入。

根本的问题在于企业和员工对待工资的不同态度，企业将其视为"成本"，而工人们将其视为"收入"。应该说，它实际上并不是企业的经济问题，而是一个平衡、稳定问题。关键是，企业和工人两方面的观点都是正确的，都有理有据，而且的确都是必要的。因此，我们必须找到一种解决方法，既能满足企业对可变工资成本的需求，又能够满足工人们将工资视为收入和家庭稳定的基础的需要。

6.2 企业管理干部的学习与培养

《史记·高祖本纪》记载：

......置酒洛阳南宫高祖曰："列侯诸将无敢隐朕，皆言其情。吾所以有天下者何？项氏之所以失天下者何？"高起、王陵对曰："陛下，慢而侮人，项羽仁而爱人。然使人攻城略地，所降下者因之予之，与天下同利也。项羽嫉贤妒能，有功者害之，贤者疑之，战胜而不予人功，得地而不予人利，此所以失天下也。"刘邦曰："公知其一，未知其二。夫运筹帷帐之中，决胜千里之外，吾不如子房。镇国家，抚百姓，给馈饷，而不绝粮道，吾不如萧何。连百万之军，战必胜，攻必取，吾不如韩信。此三人者，皆人杰也，吾能用之，此吾所以取天下也。项羽有一范增而不能用，此其所以为我擒也。"

刘邦之所以得天下之原因，在于用人，在于将帅，得人者，得天下。

同理，企业的兴衰，根本原因也在于人。企业是一群人的组合。企业所有资源中，人是最重要的资源。很多企业，特别是中小企业，越来越感到人力资源的匮乏，不仅是工人的匮乏，包括管理干部，从高管到中层管理干部、技术人员的匮乏。同时，企业管理干部不能与时俱进，不能适应企业的发展，影响了企业的运营与生存。每到春节过后，各地企业，各显神通，展开"招工大战"即是证明。从公开数据显示，中国中小企业的平均寿命只有2.5年。企业的败落，固然有经营决策失误的原因，但归根到底，还是人的问题，人才问题、能力问题。

松下幸之助曾经说过："松下公司不是做产品的，而是培养人的大学校。"的确如此，有了人才，什么样的产品都能做出来。没有人才，就如同做米饭没有米一样，要烧火没有柴一样，口渴的时候没有水一样。对于成就大事的人而言，人才就是一个宝库。因此，能广揽人才，选贤任能，是成就事业的杰出人物的共同特点。

中国企业及企业集团正在逐步认识到企业教育培训的重要性，采取各种形式开展企业培训教育，如海尔大学，各类企业举办的商学院，以及临时性的教育培训、咨询培训等。美的公司每年对招聘入职大学生进行军训，也是一种教育培训方式。也并不是说每家企业都要办学，对于中小企业来说，要根据企业的具体情况决定开展什么形式的教育培训。企业管理层对教育的重视与干部的培养是非常必要的，而且应该采取行动。

现在的企业家都在学习，尤其是沿海地区的企业家，如珠三角、长三角以及山东一带经济发达地区，对企业管理理论与方法的学习热情非常高涨，这是一个好的现象。但也有部分中小企业及大部分中层管理干部学习积极性并不高，不知如何学习，不知学什么、为什么要学。问到不学习的理由，几乎是众口一词："忙，没有时间。"

对于这种现象，毛泽东是这样看的：

"没有功夫"这已成为不要学习的理由、躲懒的根据了。有问题就要想法子解决……在忙的中间，想一个法子，叫作"挤"，用"挤"来对付忙。好比开会的时候，人多得很，就要挤进去，才能有座位。又好比木匠师傅钉一个钉子到木头上，就可以挂衣裳了，这就是木匠向木头一"挤"，木头让了步，才成功的。自从木头让步以来，多少木头钉上钉子，把看不见的纤维细孔"挤"出这样大的窟窿来，可见"挤"是一个好办法。

1947年12月，中央在延安米脂县杨家沟召开会议期间，毛泽东再一次劝导当时在座的各位领导：

你们长期做实际工作，没有学习时间，这不要紧，没时间可以挤。我们现在钻山沟，将来要管城市。你一年读这么薄薄的一本，两年不就两本了嘛！三年不就三本了嘛！这样，十几年就可以读十几本嘛！

为什么部队特别出人才，许多转业官兵，能文能武，素质全面，到新的工作岗位后很快就能适应环境，打开局面，这与他们在部队期间认真学习理论是分不开的。通过学习理论，各级干部的理论水平和工作能力明显提高，实际工作中少走了许多弯路。

毛泽东说："从战争中学习战争——这是我们的主要方法。"也就是说，军人从战争中学习打仗，同样的道理，企业管理干部也可以从管理中学习管理。企业管理干部在企业管理工作中边干边学，边学边干，这是最好的学习路径。

6.2.1 干什么，学什么

理论联系实际是毛泽东思想的精髓，也是毛泽东育人思想的精髓。他强调学理论、学知识本身不是目的，关键是要从实际出发，提高解决实际问题的能力。实际工作最需要什么，就学什么，缺什么，就补什么。急用的先学，"不急之务"则后学或暂时不学。

那么，对于企业管理干部来说，做生产管理的就要学习生产管理的理论与方法；做设备管理的就要学习全员生产维修体制（TPM）；做质量管理的要学习全面质量管理（TQM）理论与方法，还有现场管理、物控管理等。干什么，学什么，缺什么，补什么，形成一个浓厚的学习氛围，企业的整体管理水平就会得到迅速提升。关键在于企业高层的正确引导和坚持，以及率先垂范，起到模范带头作用。

企业管理是实践科学，理论是抽象的，实践出真知。企业管理人员，尤其是年轻的管理人员，如果没有在市场上拼搏过，又如何能运筹帷幄呢？理论要与企业具体实际相结合，这种结合是一个长期的探索与应用的过程。理论是能力的助力，而不是万灵丹。当管理者真正扎根企业，了解了企业的人与物，管理者定会鹤立鸡群。

6.2.2 企业管理干部的培养

毛泽东指出："正确的路线确定之后，干部就是决定的因素。"因为干部是上情下达的纽带，是支撑事业的柱石，所以，培养和使用好干部相当重要。

"经营之神"松下先生，以"研究使用有干劲的人，并且委托他们去干事业的形式来进行工作"的方式来经营企业，这一思想值得研究。企业经营，也是人才的经营。

中小企业初创时期，老板、合伙人以及亲戚朋友就是骨干。所以，普遍认为创业时期，效率特别高；企业形成规模了，有了发展了，有了效益了，效率反而低了，其根本原因是：

一是企业规模小的时候，事情相对较少，老板又亲力亲为，加班加点，能够应对；企业规模不断扩大，人员成倍增加，需要处理应对的事情不断增多，骨干的数量、到骨干的能力支撑不起企业的发展，所以感到困难重重。

二是在企业发展过程中，忽视了骨干的培养与培训。企业普遍重视市场、产品开发，而疏于管理，直到现在很多中小企业没有人力资源管理职能，更谈不上设置人力资源管理部门（企业小，人员少，可以不设人力资源部门，但该职能职责、人员设置要有），既不造血又不补血，企业无法新陈代谢。

三是原来的部分骨干思想已经发生变化，对企业的经营与发展产生了不同的看法，甚至对企业经营理念产生了根本性的分歧。归根结底，造成企业经营困难的局面是人的问题、人才问题、骨干培养问题。

6.2.2.1 企业内部的职业培训是长期投资

企业往往在购买土地、建厂房、添置新设备等方面舍得花钱，而在用人方面算计得比较仔细，不舍得多花一分钱多雇用一个人，造成的局面是管理人员、车间主任，既是指挥员又是战斗员。很多企业的车间主任，兼职车间物流人员，忙于应付杂七杂八的事情，影响了管理工作，表面上看是节约了劳力，实际造成的浪费远远大于人工的节约。

当然，还有一种现象是，车间管理人员，受管理能力的局限，不善于做管理工作，宁愿到现场出大力、流大汗，干一些显性的、表面的工作，而不愿意去做计划、做规划、数据统计分析等工作。某企业的生产厂长、车间主任每天忙忙碌碌碌，加班加点，但订单仍然完不成，生产上不去。他们没有认识到计划的重要性，生产没有计划，车间有什么物料，就生产什么，造成了大量的库存，车间堆满了大量的半制品。后来，引进企业管理咨询，经过4个月的咨询辅导，生产效能提升50%以上，并且采购费用降低了500多万元（参见附件2）。

现代企业必然需要大量的前期投资。今天的投资也许在很长的时间里都不会带来产出。即使开始有产出之后，也需要相当长时间的持续产出，才能实现投资的收回。对机械设备、厂房和机器等而言，这一点是毫无疑同的。这一原则，同样也适用于人力资源，我们同样需要对人力资源进行大量的前期投资，经过一段较长的时间才会看到产出。就像家庭一样，培养一个孩子，需要从小学到大学一段漫长的时期。

企业的教育培训，是企业的投资，并且是长期投资，是比企业购置设备投资回报率更好的投资。教育培训费用是任何一个企业必须支出的费用，企业有"职业教育培训的职责"（下一节讨论这个问题）。实际上，在管理上、在生产上等各个环节造成的浪费要比教育培训费用大得多。

6.2.2.2 干部培养的有效路径

民营企业应多招聘一些年轻、有知识的青年人，充实到企业，作为干部储备、培养对象。作者有20多年的国营企业工作经历，也是国营企业把作者从一个技术人员培养成一名企业管理干部。国营企业在干部储备、培养方面有比较成熟的程序和标准，值得中小企业学习。新招聘的大专院校的学生，进入公司，首先是见习期，然后大部分人员分配到技术、质量部门，从事自己的专业方面的工作。在工作过程中，通过一段时间（几年、十几年）的观察、考评、培养，再逐渐从众多的年轻人中，选拔企业管理干部；然后按照每个人的资质及特点，分派到不同的管理岗位，如生产、设备、质量、销售、采购、安全等岗位担任主管。在这个过程中，有些人会逐渐脱离自己的所学专业，有些人还继续从事自己的专业工作。一般情况下，先担当部门的副职，从事于接近自己专业的工作，例如，担当车间副主任，分管设备、技术、质量方面的工作。车间主任（正职）负责车间全面工作，分管生产、安全以及人员组织管理等工作。安全属于企业一把手工程，必须实行首长负责制。副职在工作过程中，不仅是承担所分管的工作，还是一个向正职领导学习的过程，学习正职领导的管理经验。这种安排称为"老带新"，或者是"老中青三结合"。老领导经验丰富，年轻人干劲十足。

"工作轮换"的工作方式用于许多大型企业，包括日本、美国企业。通过这样一种方式，以确保员工获得适当的复合经验，为将来承担高层管理工作做准备。一般情况下，部门的正职经过一段时间的培养和锻炼，具备了丰富的工作经验，再选拔到不同专业的部门担当领导管理工作，其原先所在部门的副职获得提升的机会，或者老领导退出领导岗位，年轻人得以提升。同时，其他技术人员也有了担当副职的机会及提升的空间。通过这个工作轮换方式，不仅能培养和选拔优秀的领导干部，还能使整个公司人员的知识和技实现协同效应。

由于市场劳动力的短缺，人才流动率高，致使企业尤其是民营企业在职业培训方面投资慎重，投入少，这的确是一个两难的选择。企业的发展，人才的培养，是一个大浪淘沙的过程，必然有人选择离开企业，也有人选择投身到企业的怀抱。如果因为人员流失，而选择不培训，必然会导致人员流失、招聘、再流失、再招聘的恶性循环。

管理干部的培养和选拔，是企业人力资源管理的重要工作，不仅要确保具有技能和经验的人员满足现在的工作需要，还要帮助他们在工作中不断成长，为未来晋升和担当高层管理工作做好准备。

当企业人才储备不足，或者公司经营状况很好，外部招聘通常也是企业的选择，这是一项十分艰难又必须慎重的工作。

6.2.2.3 什么样的人不适合当主管

有一句名言："若肯做，每件事一定找得到成功的方法；若不肯做，每件事也一定能找出失败的借口。"

在心态上，主管常犯三种错误，就是所谓的"三不"：不主动，不学习，不负责。

（1）不主动。有人说，干得多，犯错多，由此，很多主管都抱着多一事不如少一事的心态，不会主动找问题，特别是那种刚由基层员工升为主管的人，通常会有这样的心态。因为以前他们都是等候命令，然后执行命令，现在他们虽然担任了主管，但内心里还存着下属心态：上面有交办的事就做，若没交办的事就不会主动去做。

这种主管最讨厌下属来找他。在政府机关就常有这种情况。有时候主管是按照论资排辈逐渐升迁，不犯错就是成功。很多机关工作也都有固定流程，一切事情萧规曹随，按部就班进行。市场经济下，若担任主管的人有这种"最好什么问题都没有，天下太平"的心态，企业发展就停顿了。以某种角度来说，企业要想存活，就要与时俱进。当市场一片平静时，你要创造新局面，这样才有新的竞争力。若只是照本宣科，和以前一样处理日常事务，头痛医头，脚痛医脚，那么企业将失去竞争力。一个企业，这样的主管越多，企业越没有希望。

（2）不学习。从基层员工变成主管，多了什么？不只是多了薪水，也多了责任。事实上，整个价值观都应改变。

一个主管要学习的东西很多。

专业上，你必须懂得更深入、更全面，这样下属碰到问题时，你才能解决。

管理上，你要学会如何带人，如何让事情的完成度更高、更有效率；甚至从格局上，你要学会从老板的角度看事情，要了解企业所属产业的发展状况，了解发展趋势。

总之，身为主管一定要多学习。但我们经常看到这样的主管，虽然从基层员工变成了主管，但还是和以前一样，平常也不学习，不提高管理水平，只会请示工作、汇报工作。一个不上进的主管，常常会变成一个好好先生。

比如，下属呈上一个提案，建议团队怎样做。一个好的主管应该仔细评估，并适时称赞下属并指导下属。但好好先生就会说："好好好，就照这样做。"一个好好先生，要老板交代了事情才去做；老板没交代，就永远不会找问题来解决。一个好好先生，也常反被下属牵着鼻子走，既是个"鸵鸟心态"的老好人，也是个无能的"橡皮图章"。企业最不需要的就是这种人，他们只会报喜不报忧，没有丝毫治理企业的本事。在一个企业里，发现问题，解决问题，才能不断地改进与提升。在丰田，这叫问题意识。"问题"在精益生产者眼里被认为是宝藏，如果能不断地发现问题并解决问题，则问题便会不断地产生。海尔集团有句名言："把顾客的抱怨当成企业创新的课题；把顾客的痛苦，当成新的商机。"有句话很有道理："没问题，就是有问题，也是最大的问题。"

（3）不负责。比起前面两种主管状态，不负责的状态更糟。可怕的是，现代企业里有很多主管同时具备这三个状态。可以这样描述他们的形象：平常我做事情的态度就是不主动；但你来找我，我也不拒绝；若出了事，我也不负责。借口永远比方法多。

不负责的主管有很多种。传统定义里的不负责表现是：主管带领团队做事情，一旦出了事，就把问题都推给底下的人，这是典型的不负责表现。还有一种不负责的主管，不会分工，不会调动大家的积极性，不能发挥团队作战优势，所有的事情都自己亲自做。他不肯授权给下属做，他认为下属能力不够，做不好，或者安排工作感到为难。若下属做不好，老板骂的还是我，干脆自己"不辞劳苦"，亲自动手，下属还无所事事。这种人，一是领导能力欠缺，二是格局气量非常狭小。这种人非常不适合当主管。他既不信任下属，也不指导下属，不让下属有更多的磨炼机会，也害怕担责任。

6.3　生产员工的培训

《孙子兵法》被国内外军事家、企业家广泛研读与应用。三国时期，蜀汉丞相、杰出的军事家诸葛亮也有兵法——《诸葛亮兵法》，其内容包括：《将苑》《便宜十六策》《诸葛亮传》。

《将苑》包括50篇，从各个方面阐述了为将之道，做一名优秀的将帅所应具备的各种素质和应注意的各种问题。

在《将苑·习练》篇中，诸葛亮认为：为使军队、军人得以发挥功能，必须施以训练及教育，使之勤练习日常所备之战技。所以他说："夫军无习练，百不当一；习而用之，一可当百。"由此得知，勤习战技，果能以一当百，何患敌人之军强将猛呢！对于和平时期企业生产来说，"订单产品"就是我们要"消灭"的"敌人"，有了能工巧匠，何愁产品做不出来，订单完不成。

同时，诸葛亮督习之战法，颇富启示意义，特引述如下："一人可教十人，十人可教百人，百人可教千人，千人可教万人，可教三军，然后教练而敌可胜矣。"

一名组织管理者，其首要职责在于激发部属的工作活力以及员工对企业、对领导的奉献精神和忠诚。关于此点，诸葛亮的看法是："古之善将者，养人如养己子。"此意说一名好将领，必须以爱护子女的心善待部属。又说："有难，则以身先亡；有功，则以身后之；伤者，泣而抚之；死者，哀而葬之；饥者，淳（chún，古同'醇'，酒味厚，纯）食而食之；寒者，解衣而衣之；智者，礼而禄之；勇者，赏而功之。"一名将领若能如此对待兵士，则无人不以死图报，遭逢战争，唯死命杀敌，以报将者之恩，那么何愁不获捷报呢？

诸葛亮对于"管理"的态度，一贯以"信赏必罚"为基本原则，认为仅凭严苛的惩罚制度不能深得人心，反而体恤之心，以怜悯之情往往最能感动兵士，更能激发兵士刚猛向前的奋战精神。由此可知将欲士力战，必兼备德威二者。

人的一生，对于教育来说，可以简单分为三个阶段，即家庭教育阶段、学校教育阶段和工作后岗位学习阶段。学校教育主要教授理论、基础知识。医生这个职业即是证明，无论你是什么医学院的学生，本科或者是研究生毕业，进入医院工作，担当助理医师，但还不能授予处方权。不是理论不够，当医生要具有丰富的实际操作经验。工作一年后，考取了执业医师资格证后，方可授予处方权。岗位教育必须由企业担当起来，因为，它关系着企业的业绩，就像部队的士兵训练一样，关系着战争的胜负。

6.3.1 企业岗位培训

一般观念认为，教育是基本的、整体的、长期的，而岗位培训只是一种短期教育，阶段教育，是一种补充教育。其目的是配合企业特定需要，传授某种专门知识与技能，以适应任职的需要。岗位培训虽然是阶段教育，但对于员工来说，不同的职业阶段，及时采用各种方法、手段进行教育培训，是必不可少的；对于企业来说，岗位培训又是一个长期的、持续的工作，需要专门人员负责管理与实施。

6.3.1.1 岗位培训的目的

岗位培训的主要目的归纳如下：

（1）提高效率。通过岗位教育培训，提升企业各类、各级人员技术及综合素质，确保企业投入的物力、财力、人力和时间资源产出效率；同时，减少停顿、故障等，以降低生产损失。

（2）培养、发掘、发现人员潜力。人尽其才，量才使用，为企业今后发展培养后备人才。

（3）不断改进求新，以奠定企业的可持续发展基础。鼓励企业员工在工作中不断学习新知识，以适应工作需要，确保企业市场竞争力和可持续发展。

6.3.1.2 岗位培训的作用

（1）建立企业员工与企业之间的情感与友谊，使员工了解个人利益与企业发展的密切关系，从而愿意为企业全力以赴服务。

（2）提升员工工作上所需要的特定技能，掌握工作方法与内容，并防止意外事件的发生。

（3）加强团体意识，使各级人员之间增进友谊，培育全局意识，培养和提高员工的合作意识与服务精神。

（4）补充学校教育的不足，增强员工理论与实际的联系，在实际工作中灵活运用理论。

6.3.1.3 岗位培训的主要内容如下：

（1）厂史教育培训。讲解企业历史、企业性质、企业荣誉、企业规模及市场地位，展现企业稳定发展良好现状及未来发展目标。

（2）企业文化塑造培训。讲解企业现行政策、规章制度、工作流程、组织管理体制等，使企业员工明了工作职责、本身地位、工作条件及自身工作对企业的作用，逐步形成企业的凝聚力与向心力，培植企业优秀文化。

（3）技能培训。包括安全意识、质量意识、技术工艺（包括新技术、新工艺、新方法等）、操作技能（设备、工器具等）及现场环境及物料设施利用法则。

6.3.1.4 岗位培训方法

企业培训教育应立足于企业现有条件和人力物力，开展不同形式的培训。

（1）言教法。采用各类培训班方式，充分利用企业生产现场作为实践培训基地，达到理论与实际相结合的目的。

例如，对于新入厂员工，开展职前培训。一是使新入厂员工了解企业的组织机构及业务概况，并告之其所任工作在本企业全部工作中所占的地位及与其他部门的关系；二是开展上岗前的安全教育，新员工学习安全有关规章制度、安全操作规程及安全意识及注意事项，确保安全文明生产。此种方式为期较短，大约是一周至一个月。

除组织较正规的培训班之外，还可以组织讲演、座谈、讲评等方式，传授企业管理新概念或革新观念；然后再运用讨论方式帮助新员工树立正确的价值观念；之后，根据员工与环境的各种情况作个别辅导、集体辅导。

（2）身教法（现场教学法）。常言道：言教不如身教。企业教育最好的方法就是结合企业生产现场，通过日常的工作、现场问题，及时进行教育培训。工作场所就是教室，上司就是老师，日常工作就是教材，这就是所谓的 OJT（工作场所内训，On Job Training，OJT）。

作者在日本企业参观学习时，看到很多日本企业，车间场地虽然非常紧凑，但也会在车间一角开辟一小块现场培训场地，利用老设备进行现场技能培训。在进入车间现场参观学习之前，企业老板或生产部长都亲自为我们进行 1 小时左右的课堂培训，然后再带领我们到现场参观，不厌其烦地耐心讲解。我们深受感动，受益颇丰，值得中国企业学习。

现场教学是针对着某项生产工艺、操作方法的具体指导，效果好，见效快，具体步骤如下：

第一步，说给他听；第二步，做给他看（演示）；第三步，让他叙述一遍（即让他说给你听）；第四步，让他做给你看，从中发现问题；第五步，再给他指导与纠正，让他熟练掌握，并帮助他确认与鼓励。这种方法叫"五他教学法"。

英国著名心理学家、记忆术专家托尼·布赞说："如果你想记住什么，你要做的就是将它与已知或已记住的东西联系起来。"

通过现场示范指导、亲身体验、协作配合等方式，辅助受训人员，养成正确的习惯，形成正确的学习和工作态度，掌握生产技能。其要领为主管亲临现场，以身作则，受训人员试行模仿；之后，主管帮助受训人员检讨得失，逐步协助其形成标准行为的习惯。此法适用于现场操作、动作性内容的教育训练。

（3）师徒法。新进厂员工，要指定师傅专人指导，即一面工作一面学习。企业应详制订培训计划及进度，使受训者获得各方面的知识与技能，并定期考核其实际工作成效，期满合格后正式任用，不合格则予以淘汰。

这种方法在企业广泛应用，但培训效果有待讨论。许多中小企业，把招聘、面试、考评与选拔全部交给车间主任。有些企业行政管理人员（一般是企业综合办公室人员）将应聘人员交给车间主任，即算完成工作。企业没有完善的人员招聘计划、培训计划及有关的考评管理制度。类似的"师徒协议"等激励机制也不健全，造成了师傅教授徒弟积极性不高，责任心不强，人员得而复失，这方面的浪费无法计量。

"教会徒弟，饿死师傅"这一不良陋习，还时不时地会表现出来，作为企业管理人员应予以正确引导、科学管理，实施正向的激励政策，调动师徒双方面的积极性。

（4）境教法。运用情境的影响力，通过参观标杆工厂、厂史馆（如某企业保留企业创业时的设备、设施，作为厂史文物，开展厂史教育）、播放视频等方法，使新员工在动态环境中了解企业、适应企业，从而达成教育训练的功能。

6.3.2 态度也是生产力

2002年世界杯赛，是中国足球的高光时刻，中国男足在世界名教米卢的指导下，第一次打进世界杯，这也是迄今为止国足唯一一次打进世界杯决赛圈。毫无疑问，那时的国足是最团结、最有使命感的一届国家队。米卢提出的"态度决定一切"，至今仍在中国足球圈流传。米卢强调的是精神、责任和担当。

狭路相逢勇者胜。面对激烈的战斗，需要一股特别的精神力量，部队习惯称之为战斗作风、战斗精神，其核心是"一不怕苦，二不怕死。"正如毛泽东所说："具有一往无前的精神，敢于压倒一切敌人而绝不被敌人所屈服。"

美国军人一向自视很高，很少能够看得起人，唯独对中国军人十分敬重。原因在于第二次世界大战后，美军对外用兵超过240多次，真正吃了大亏的只有两次，即朝鲜战争和越南战争。朝鲜战争是美军与中国军队交锋。当时美国的国力、军力处于鼎盛时期，美军武器装备更是远远优于中国人民志愿军。可双方交起手来，美军却是一败再败，想尽各种招数，始终无法取胜，最后不得不老老实实地坐到谈判桌前。由此，美军不得不钦佩中国军人，认为他们具有"谜一样的东方精神"。显然，这种"谜一样的东方精神"中，就包含优良的战斗作风。

古今中外的军事家无不重视对军队优良作风的培养。例如，曾国藩带兵就特别强调"军事以气为主"，带兵的人要"无官气而有血性"，能够"扎死寨，打硬仗"，将部队带成具有"呼吸相顾，痛痒相关，赴火同行，蹈汤同往，胜则举杯酒以让功，败则出死力以相救"的铁军。

当过兵的人都知道，部队内部特别推崇主力部队，主力部队的官兵常有一种优越感。为什么会如此？原因之一就在于主力部队大都是战斗力最强、作风最优良的部队。

2020年年初，武汉爆发新型冠状肺炎，疫情突如其来，人命关天，十万火急。在党中央的周密部署、精心安排下，决定建造武汉火神山、雷神山两所医院。

1月24日凌晨，相关建筑设计单位60多人的应急项目团队，连夜加班，在

5小时内拿出了设计方案，不到24小时画出了设计图；接着，上百台挖掘机、推土机从各处赶来，立即机器轰鸣，仅用一天的时间，原来布满藕塘、土丘的土地被整平；1月25日，火神山医院正式施工，高峰期间，施工现场有7 000多名工人，800多台挖掘机、推土机等设备同时作业；2月1日，基础设施全部完成，全面展开医疗配套设备安装；2月2日，火神山医院完工并正式交付使用。

7 000多名建设者，24小时不间断作业，从规划到完工，仅用了10天时间。火神山医院有500个房间、1 000个床位。每间病房床前配有吸氧管道，还配备了双层隔离传递舱。每个病房里配有卫生间、浴室和电视，用来帮助病人缓解焦虑。从内到外，所有细节，都经过严格考虑和精密设计。而建成这样一所建筑面积3.4万平方米的传染病医院，国际上平均时间至少需要两年。

同时，雷神山医院也在2月5日完工并交付使用，用时11天，总面积7.5万平方米，提供1 600张床位。火神山医院、雷神山医院的建设速度，气势磅礴，展示着中国力量，不得不令人惊叹。

态度也是一种生产要素和生产力。态度所积蓄的生产能力，绝不比大规模生产原则所挖掘的生产能力要小。这种态度，在部队称之为"战斗作风"；在工业企业里，称之为"主人翁精神"。

现代管理之父、美国目标管理专家彼得·德鲁克说：

> 影响生产中人力资源效率的主要因素是什么？主要因素并非技术和薪水，首要的是态度。这种态度是个体在对待其本职工作和生产产品时能够采取管理者的视角，也就是从企业整体和产品的角度看待自己的工作。

因此，企业开展员工教育培训，不能是局限于生产技能、工作方法的培训，首要的是培养员工的主人翁精神。我们会看到，培养员工的主人翁精神和战斗作风，对提高生产效率的影响——几乎使生产率倍增。

6.4 绩效考核

绩效，从管理学的角度看，包括组织绩效和个人绩效两个方面。

从字面意思分析，绩效是"绩"与"效"的组合。

"绩"就是成绩，体现企业的利润目标和部门（或个人）职能职责要求。

企业要有企业的目标，个人要有个人的目标要求。目标管理（MBO）能保证企业向着希望的方向前进，实现目标或者超额完成目标可以给予奖励，比如奖金、提成、效益工资等；职责要求就是对员工日常工作的要求，比如业务员除了完成销售目标外，还要做新客户开发、市场分析报告等工作，对这些职责工作也有要求，这个要求的体现形式就是工资。

"效"就是成效，包括效率、效果、态度、品行、行为、方法、方式等。效是一种行为，体现的是企业管理的成熟度目标。行为包括纪律和品行两方面。纪律包括企业的规章制度、规范等，纪律严明的员工可以得到荣誉和肯定，比如表彰、奖励等；品行指个人的行为，"小用看业绩，大用看品行"，只有业绩突出且品行优秀的人员才能够得到晋升和重用。绩效与薪酬的对应关系如图6-2所示。

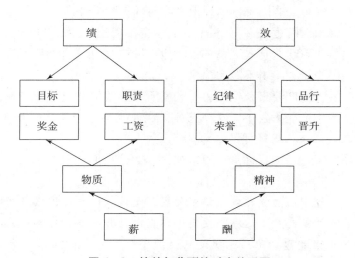

图6-2 绩效与薪酬的对应关系图

绩效是一个组织或个人在一定时期内的投入产出情况。投入指的是人力、物力等有形资源，时间、个人的情感、情绪等无形资源；产出指的是工作任务在数量、质量及效率方面的完成情况。

企业追求最终目标是企业经营的绩效，而这个绩效可以用销售额、利润（率）、产值（或产量），也可以用市场占有率或者客户满意度等来表示。如果企业的经营长期不赚钱或者亏损，可以说企业的经营是无效的。企业必须追求有效的经营，由此衍生出了绩效管理的概念。

所谓绩效管理，是指各级管理者和员工为了达到组织目标共同参与的绩效计划制订、绩效辅导沟通、绩效考核评价、绩效结果应用、绩效目标提升的持续循环过程。绩效管理的目的是持续提升个人、部门和组织的绩效。

6.4.1 绩效考核的内容和作用

6.4.1.1 绩效考核的内容

绩效考核是企业管理中的一个环节,是考核主体对照工作目标和绩效标准,采用科学的考核方式,评定员工的工作任务完成情况、员工的工作职责履行程度和员工的发展情况,并且将评定结果反馈给员工的过程。对员工而言,绩效考核是对优秀勤奋员工的一种"绩效认定";也是对懒散懈怠员工的一种"正式警告",有正反两面的激励效果,因此,无论是企事业单位还是政府机关都很重视。

目前在企业单位和政府机关中,最常见的一种绩效考核是年终考评。政府是由组织部门负责年终考评;企业一般是人力资源部门或者综合办公室负责组织有关年度考核工作,以作为来年晋升、加薪、调动的依据,以及年终奖金或其他福利的标准。

绩效考核若失之公平,不仅不能达成考核的效果,反而会挫伤员工士气。因此,如何制定一套公平的考核标准,使优秀的人才能获得适当的激励而更加努力,同时也使绩效不佳人员警醒而改善今后的工作,这是每一位经理人应该深入思考和认真处理的问题。

6.4.1.2 绩效考核的作用

(1)提高公司绩效,改善各项经营管理指标。例如,某公司经过一年的绩效考核,车间质量指标明显改善,其中,齿箱车间质量合格率由1月的80.99%,提升为11月的99.47%,效果明显。

(2)发掘员工的潜能,借以选拔人才,使人力得到更有价值的运用。

(3)发掘员工在工作上特殊显著的优点或成就,据以改良作业方法或程序。

(4)发现员工在工作上的缺点,辅导其改善工作方法,进而提高工作品质及效率。

(5)促进上级与员工之间的沟通,营造良好的工作关系。

总之,绩效考核的目的是为了促进工作效率,鼓励员工的工作热情,改善员工本身的工作,发挥员工潜能,充实组织机构,使员工有努力的目标与方向。因此,考绩的意义很深远,是企业界绝不可忽视的课题。

6.4.2 绩效考核的对象

就绩效考核的对象而言,一般可分为以下四种类型:主管考核,自我考核,相互考核,下级评议,即360°考评方法。

6.4.2.1 主管考核

主管考评是指上级主管对下属员工的考评,这是最常见的一种考核方式。这种由上而下的考评，由于考评的主体是主管领导，所以能较准确地反映被考评者的实际状况。这种由上而下的考核方式的最大优点在于被考评者在心理上觉得很自然，没有压迫感。因为传统的观念一向如此，大家认为上级主管本来就有权力和义务去督导考核部属。但是，有时也会受主管领导的疏忽、偏见、感情等主观因素的影响而产生考评偏差。

6.4.2.2 自我考核

指被考评者本人对自己的工作实绩和行为表现作出评价。这种方式透明度较高，有利于被考评者在平时自觉地按考评标准约束自己，但最大的问题是存在"拔高"现象。

自我考核的意义是十分深远，因为传统的由上而下的考核方式往往会受主管本身主观因素的影响，使得考核结果与事实有所出入，此时若被考核者不提出异议，人力资源部门便将错就错而失去公平合理的原则，这对企业的人才发展会形成阻力。因此，增加自我考核一项，等于公开了考核的范围，被考核者在平日工作时自然便会兢兢业业遵照目标行事；同时，也可叙述工作情况及自我评价，以供主管参考。

一般情况下，部门主管对下属的考评，采用自我考核与主管考核相结合的办法，第一步先进行自我考核；然后，主管根据对下属工作情况的了解与掌握程度，进行主管考核，以便减少偏差，达到公平公正的考核目的。某企业对一般管理干部月度绩效考核如表6-1所示。

表6-1 一般管理干部月度绩效考核表　考核月份（　　）

部门	岗位	姓名

考核项目		分值	考核内容及评价依据	评分标准				自我评价	领导评价
				优秀	良好	合格	一般		
工作业绩	工作质量	10	任务完成结果正确，与目标一致，无差错	10	9~8	7~6	5~0		
	工作数量	10	按时完成各项目标计划，工作任务量饱和	10	9~8	7~6	5~0		
	信息反馈	10	各项任务、数据报表及时，无拖延、无差错	10	9~8	7~6	5~0		
	联系报告	10	日常工作考虑全面，与领导、部门人员沟通充分、准确、及时	10	9~8	7~6	5~0		

续表

考核项目		分值	考核内容及评价依据	评分标准				自我评价	领导评价
				优秀	良好	合格	一般		
工作能力	组织性	5	听从指挥,服从领导安排,按时完成工作任务	5	4	3	2~0		
	工作担当	5	正确理解上级指令,不推诿、不扯皮,达成目标	5	4	3	2~0		
	主动性	5	主动配合上级领导工作,克服困难,完成工作	5	4	3	2~0		
工作态度	敬业精神	5	工作敬业爱业,自觉履行职责,任劳任怨	5	4	3	2~0		
	纪律性	5	遵章守纪,对同事及外界人士热情礼貌	5	4	3	2~0		
	责任感	5	忠于职守,敢于承担责任,对部门、上级负责	5	4	3	2~0		
团结协作	执行力	5	执行力强,能够主动听取上级领导建议	5	4	3	2~0		
	协作性	5	能积极主动地协助其他部门完成工作任务	5	4	3	2~0		
	配合性	5	为相关部门提供及时、准确的相关信息,配合积极性较高	5	4	3	2~0		
综合素质	专业技能	5	具备现工作岗位专业知识及业务能力	5	4	3	2~0		
	学习精神	5	自觉学习专业知识、岗位技能及规章制度	5	4	3	2~0		
	品德修养	5	忠诚公司,严守职业道德、社会公德,言谈举止行为得体	5	4	3	2~0		
合计		100		综合得分					
其他奖惩			奖惩项目						
奖励情况									
惩处情况									
本人签认				最终得分					
分管副总经理意见									
企管中心意见									

6.4.2.3 相互考核

指同事间互相考评。这种方式体现了考评的民主性，但考评结果往往受被考评者人际关系的影响。

相互考核的办法盛行于第二次世界大战期间的美国军队，称为公评法。该办法是由某人的同事或部属联合起来对他加以评定，以作为升迁、考绩的参考。

此考核办法在企事业单位、政府部门年终考核，或者干部提升考察时经常采用，其优点是：

（1）评议可以集中进行，占用时间少，速度快，评议效果具有科学性。

（2）彰显单位民主作风，使员工感受到参与的荣誉感。

（3）大家朝夕相处，彼此了解，考核结果一般符合实际情况。

（4）相互考核只是定性、综合评价，并非评定某人的特定技能，在技术上较为简单易行。

相互考核也有可能产生以下弊端：

（1）人际关系好的往往好评如流，但人际关系好未必能体现他工作能力强。

（2）此种考核方式有时会被善于心机者利用，他可能会在人际关系上面下功夫使别人产生错觉。

（3）此种考核方式容易造成相互猜忌、内部失和、帮派之争等情况。

6.4.2.4 下属考评

指下属员工对他们的直接主管领导的考评。一般由人力资源部门（或者绩效考核组织部门）选择一些有代表性的员工，用直接打分法等进行考评，考评结果可以公开或不公开。

另外，在"360°考评法"中，有"顾客考评"项。顾客考评企业绩效具有可行性，比如满意度或者售后服务等方面，而考核企业管理干部绩效，在操作性上具有一定的难度。

6.4.3 绩效考核时间（或考核周期）

绩效考核是一个过程，是在一段时间内对工作成果的综合整理、分析与总结。如果考核周期太短，将导致考核成本加大，最直接的影响是各部门的考核工作量加大。另一方面，由于工作内容可能跨越考核周期，导致许多工作表现无法进行评估。如果评价周期过长，评价结果会带来严重的"近因效应"①，造成考核结果的失真。故在考核的时间上，要根据不同的考核对象、不同的考核项目，根据企业的具体情况，采取不同的考核时间，可分为三种方式。

6.4.3.1 平常考核

平常实施的考核可以归纳为有形考核与无形考核两种方式。

（1）有形的考核。

①考勤记录：是企业最基本的考核方式，尤其是迟到、早退、旷工及其他违反劳动纪律的记录，一定要严格、认真、清楚。

②生产记录：记录员工劳动成果与设备的产出情况，关系到员工的工资薪酬及其设备的产出效率。对于员工来说，这是很重要的，员工的要求就是具体、明了，账目清晰，每天的工作报酬心中有数，激励明天更加努力工作，争取更多的收获。其中最有效的考核办法是计件工资制。

③设备运行记录：包括设备的故障记录、维修保养情况记录等，关系着设备的运转效率，以便进行设备综合效率的评估及设备管理的有效性考核。

④质量检验记录及其他有关的记录等。

（2）无形考核。

我们所以称其为无形考核，主要是由于这种考核不像前者可以数量化具体地展示出来。无形考核主要是主管在平常的巡回检查中对员工的一种印象而已，主要是对员工的合作精神、负责性、处事能力、积极性、安全文明生产等方面的考核。虽然无形考核无法数量化，但是其重要性不亚于具体的数据。企业管理层切不可忽视了平常的无形考核。

6.4.3.2 定期考核

（1）月度考核。通常情况下，企业都会制订年度目标计划，建立年度目标体系；然后，将年目标分解到月度，落实到有关责任部门，实行月度结算管理制度。因此，月度考核可以很好地结合月度结算周期同步进行。月度考核结果明确、数据清晰、考核简便易行。

月度考核适应于企业所有员工。对于计件工资制同样适用，将员工的日常工作记录，进行月度汇总、结算，加上平时表现（违章违纪）进行奖惩，计算薪酬。对于管理干部，进行月度综合评价，总结上月经验教训，以便发扬成绩，纠正不足，更好地开展下月工作。

---

① "近因效应"是指后面的绩效表现影响了前面绩效考核结果的心理效应，1957年由心理学家卢琴斯根据实验首次提出。实验证明，在有两个或两个以上意义不同的刺激物依次出现的场合，印象形成的决定因素是后来新出现的刺激物。

（2）季度考核、半年考核。适用于中层以上管理干部，如某公司采取在月度考核的基础上，再对管理干部季度内三个月情况进行综合评价，设立季度绩效奖励，进一步调动了管理干部的积极性，生产效能显著提高。该公司的考核内容如下：

①加大绩效考核力度，实行月度考核、季度激励、半年累计考核。

②月度考核主要实行月度 KPI 绩效评分考核办法。

③季度激励主要针对车间副主任以上管理干部，采取三个月平均分数考核办法。

④半年累计考核实行半年累计，如超额完成半年目标计划，车间副主任以上管理干部再激励两个季度平均绩效一次。

（3）年度考核。适应于中层以上管理干部，主要方法利用 360°考评法对中层以上管理干部进行综合评价，作为来年晋升、加薪、人员调整的依据，以及高层管理人员年薪兑现、公司年终工作奖金发放或其他福利的标准。

6.4.4 绩效考核方法

绩效考核是一项系统工程。绩效考核是绩效管理过程中的一种手段。绩效考核方法包括 360°考评法、关键绩效指标考核法（KPI）、目标管理法（BMO）、平衡记分卡等考核方法。一般情况下，企业经常采用的方法有 360°考评法、关键绩效指标（KPI）法。

6.4.4.1 360°考核法

又称交叉考核（PIV），即将原本由上到下，由上司评定下属绩效的旧方法，转变为全方位 360°交叉形式的绩效考核。在考核时，通过上级评价、同事相互评价、下级评价等全方位的交叉评价，从中发现问题并进行改革提升。实际操作中，由于客户评价操作性不强，并且客户对公司管理人员不能全方位了解和掌握，一般情况下不进行客户评价。360°考核法如图 6-3 所示。

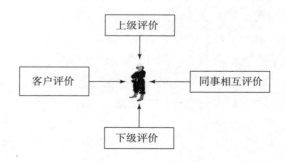

图 6-3　360°考核法

该方法采用100分制，设计时，上级评价权重占40%，同事相互评价权重占30%，下级评价权重占30%。同事及下级的评议方式，根据人员多少，采取去掉1~2个最高分，去掉1~2个最低分，然后加权平均方式计算分值。

6.4.4.2 关键绩效指标考核法

（1）关键绩效指标考核法是通过对工作绩效特征的分析，提炼出最能代表绩效的若干关键指标体系，是用于评估和管理被评估者（团队）绩效的定量化或者行为化的标准体系。随着科学技术的进步，企业活动变得越来越数据化，成为一个"可计量、可分析"系统一部分，关键绩效指标考核法是企业数据化的具体应用。

（2）关键绩效指标考核法的特点。

①来自对公司战略目标的分解。关键绩效指标考核法所体现的衡量内容最终取决于公司的战略目标。一般情况下，公司年度目标，如销售额、产量（或者产值）、质量目标、设备运转率、安全指标等指标作为关键绩效考核指标。

②关键绩效指标是对绩效构成中可控部分的衡量，关键绩效指标应尽量反映员工（团队）工作的直接可控效果；关键绩效指标是对重点经营活动的衡量，而不是对所有操作过程的反映。

③关键绩效指标是组织上下认同的。关键绩效指标的制定过程是由上级与部门负责人（员工）共同参与和完成的，是双方所达成一致意见的体现。

（3）关键绩效指标制定要点。

①制定关键绩效指标要与部门负责人/员工沟通，达成共识。

②制定关键绩效指标要符合SMART原则。

③公司目标要与部门目标关联。

④关键绩效指标要与各部门的目标相互配合。

⑤根据重要程度合理设置权重。

（4）部门关键绩效指标的四大来源。

①公司年度目标分解到部门/岗位的目标，如生产部门的产量指标，质量部门的质量指标、销售部门的销售指标等。

②部门/岗位最重要的职责指标，如质量部门的成品合格率、过程工序产品合格率、退货率等。

③部门/岗位的最急需改善管理短板指标，如质量部门的质量损失指标。

④公司最希望改变的是一些考核指标，如现场管理改善指标等。

某企业车间主任月度关键绩效指标考核表如表6-2所示。

表 6-2 车间主任月度关键绩效指标考核表

被考核部门：			被考核人签名：		考核月份		考核得分	
序号	目标		权重比例/%	考核标准与计算方式	月度完成	数据提供	考核说明	分项得分
	考核项	考核指标	目标值						
1	生产任务	生产计划完成率	98%	40	（月度实际生产完成半成品入库总量/月度计划生产总量）×100%；完成计划的98%，每±1%，权重比例相应±1%，上下限控制在20%		生产部	生产月报	
2	品质管理	成品、半成品合格率	年度考核目标值99%	20	按照质量部报表，以目标值为基准，每±0.2%，则绩效比例±1%，实际控制绩效比例在10%		质量部	质量月报	
3	设备管理	运转率	平均每台设备平均每月停机2小时	10	[（设备事故停机时间－设备定额停机时间）/设备定额停机时间]×100%。每降低2%，则绩效比例+1%；每增加2%，绩效比例-1%。实际控制绩效比例5%~15%		设备部	设备月表	
4	员工管理	出勤率	员工人数×（月日历天数-2）	5	车间员工实际出勤天数×[员工人数×（月日历天数-规定休假时间）]×100%。每升降1%，得分±1%（员工人数不含新工人、工伤工人），控制比例100%		总经办	考勤表	
5	现场管理	6s达标	100%	10	每周1次，通过督查督办人员打分评比，实得分为每周得分的平均值；上限控制在100%		总经办	督查督办报表	

续表

序号	目标			权重比例/%	考核标准与计算方式	月度完成	数据提供	考核说明	分项得分
	考核项	考核指标	目标值						
6	安全管理	工伤或事故	零工伤事故	10	厂内发生重大工伤事故或者灾害事故额度，每100元，减1%，最高控制在50%以内；发生死亡事故，一票否决全月绩效		总经办	工伤事故记录表	
7	工作计划	完成率	按项次考核	5	按项目完成考核百分比，无计划零分（每一项完不成，-1分）		总经办	月度任务跟踪	
公司领导审批：					分管领导意见：				

（5）SMART 原则。

制定关键绩效考核指标时，要遵循 SMART 原则。一是为了利于员工更加高效地工作，指标必须明确、具体；二是为了管理者对员工实施关键绩效考核时按照公平、公正、公开性要求，确保考核目标和考核标准科学化、规范化、数据量化。

S（Specific）——明确具体：指关键绩效考核要切中特定的工作指标，不能笼统。

M（Measurable）——可量化：指关键绩效指标是数量化或者行为化的，验证这些绩效指标的数据或者信息是可以获得的。

A（Attainable）——可实现：指关键绩效指标在付出努力的情况下可以实现，避免设立过高或过低的目标。

R（Relevant）——相关性：绩关键效指标是与本职工作相关联的，不是被考核者的工作不设定考核目标。

T（Time——bound）——有时限：注重完关键成绩效指标的特定期限。

6.4.5 工时定额与计件工资

我们在前面的描述中，工人的计件工资制也是一种绩效考核办法——有形考核办法，并且是目前企业行之有效的考核办法。企业推行计件工资制，可以极大地提升工人的劳动积极性和提升劳动生产率。

中国改革开放是从农村开始的，是从家庭联产承包责任制开始的。家庭联产承包责任制是农民以家庭为单位,向集体经济组织(主要是村、组)承包土地等生产资料和生产任务的农业生产责任制形式。它是我国现阶段农村的一项基本经济制度。

1978年年末,安徽省凤阳县小岗村18位农民签下"生死状"(见图6-4),将村内土地分开承包,开创了家庭联产承包责任制的先河。当时,这个举动是冒天下之大不韪,也是一个勇敢的甚至是伟大的壮举。

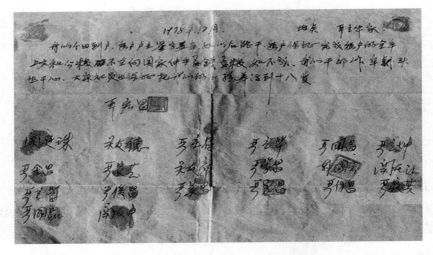

图6-4 凤阳县小岗村18位农民签下的"生死状",现收藏于中国国家博物馆

当年,小岗村粮食大丰收。1979年10月,小岗村打谷场上一片金黄,经计算,当年粮食总产量66吨,相当于全队1966年到1970年5年粮食产量的总和。这一壮举,极大地解放了生产力,提升了资源利用率及生产效率。

在工业企业,我们不能像农村一样搞联产承包责任制,但可以实行以下方法:

(1) 工作任务责任到人。

(2) 工作任务量化,也就是实行定额管理。

(3) 工作任务能够划分到最小单位——个人,一定要划分到个人,即实行计件、计时工资制;不能划分到个人的,工作任务组合人员越少越好。

譬如,大多数人都有过拔河比赛的体验:当每队两个人时,两人的合力最多只有两人总力量的90%;4个人时大概只有80%;8个人时可能就只有60%。人员越多,总的力量虽然越大,但效率却越低。这是因为大家的力没有使在同一个方向上,所以,要让组织发挥出最大效力,管理组织者尤其是生产车间管理人员要明白这个道理。

对于某些工作任务，管理者在计划及布置工作任务时，如果不能实行计件工资制，一定要明确完成任务的时间（即工时），以工时结算工资或者绩效，而不是以出勤日历天数为结算依据，避免怠工现象的发生。

本 章 小 结

A. 企业与人力资源

（1）企业是一个大型、集体性的，将人集合起来的组织，它具有三重性：即经济性、政府性、社会性。经济效益是企业的第一法则。

（2）高层管理者要履行好三种关键职能：①确保企业的盈利性；②确保企业的人力资源得到很好的组织；③确保企业能充分地、有秩序地、高效地、连续地运转。

（3）中层管理者的基本职能是组织并充分运用企业的人力资源。要实现并保持一个人力资源组织的生产能力，中层管理者必须肩负起以下责任：最有效地设计每个人的工作，将单个人组织成一个工作团队，将小的团队有序地组织成一个富有生产能力的整体。

（4）生产效率的提高，必然带来产品单位成本的降低，包括固定成本与可变成本。从企业的角度来看，员工"工资"是单位生产成本的必然组成部分，而员工们将其视为家庭"收入"。工资问题，并不单纯是企业的经济问题，而是一个平衡、稳定问题，还是企业在人力资源上的投入问题。

B. 管理干部的学习与培养

（1）毛泽东说："从战争中学习战争——这是我们的主要方法。"同样的道理，企业管理干部也可以从管理中学习管理。企业管理干部在企业管理工作中，边干边学，边学边干，是最好的学习路径。

（2）企业的教育培训，是企业的投资，并且是长期投资；管理干部的培养和选拔，是企业人力资源管理的重要工作。

C. 生产员工的培训

（1）生产员工的教育培训是企业长期的、持续的工作，需要专门人员负责管理与实施。培训方法有言教法、身教法、师徒法、境教法。

（2）态度也是一种生产要素和生产力。态度所积蓄的生产能力，绝不比大规模生产原则所挖掘的生产能力要小。这种态度，在部队称之为"战斗作风"，在工业企业称之为"主人翁精神"。

D. 绩效考核

（1）绩效考核是企业管理中的一个环节，是考核主体对照工作目标和绩效标准，科学评定员工的工作任务完成情况、工作职责履行程度，并且将评定结果反馈给员工的过程。企业常用绩效考核方法有：360°考核法、KPI法、BMO法。

（2）计件工资制也是一种绩效考核办法——有形考核办法，并且是目前企业行之有效的考核办法。企业推行计件工资制，可以极大地提升工人的劳动积极性，提升劳动生产率。

结　　语

精益生产的根本目的是实现高效率高质量低成本

企业是一个组织。这个组织不仅仅是人员的组织，还有厂内物流的组织，各项管理流程的有效组织。企业又是一个系统，它是将企业人员、设备、设施、物料、能源、信息等各种要素资源组织起来，形成一个复杂的、庞大的有机系统，并使之有效高速运转。就像一部机器一样，是由各种零件组成部件，又由各种部件组成一部复杂的、精密的机器。同样，企业也是由人员组合成的部门，然后由各个部门，例如生产部门、设备部门、质量部门、物控部门等组合成企业。而机器设备由于零件与零件之间的相互作用与摩擦，在运转过程中必然造成效率的损失、能量的损失。企业这部机器，由于人与人之间、部门与部门之间、各种要素之间也存在着相互作用与摩擦，必然造成效率的损失、经济损失。如图1所示。

根据木桶原理（见图2），木桶的盛水量不是由长板决定的，而是由短板决定的。同样，企业的效率不是由最高效率的部门决定的，而是由最低效率的部门决定的。就像拖拉机，即使安装上了宝马的发动机，仍然不会跑出宝马的速度。企业价值链条的总效率，定义为"统合综效"[①]，是由最弱的环节决定的。

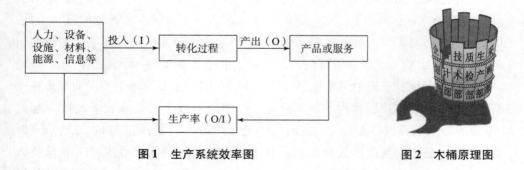

图1　生产系统效率图　　　　　图2　木桶原理图

---

① 统合综效：出自史蒂芬·柯维的《高效人士的七个习惯》。统合综效就是通过创造性合作，实现整体大于部分之和，即1+1>2的成效。本书借用这一概念，用于企业组织成效。

只有企业内部每一个环节的效率发挥到极致，效率达到100%，企业的统合综效才能达到100%。这是一种最理想的状态。实际上是不可能的。如果有一个部门的效率只能达到95%，尽管其他部门、环节都达到了100%，企业的统合综效只能达到95%。如表1所示。

表1 企业价值链条与统合综效

部门	人资	计划	车间	质量	技术	物控	设备	能源	信息	……	统合综效
价值链											
单一效能	100%	100%	100%	100%	100%	100%	100%	100%	100%	……	100%
	100%	100%	100%	100%	100%	95%	100%	100%	……		95%
	100%	100%	100%	100%	95%	95%	100%	100%	……		90%
	95%	95%	95%	95%	95%	95%	95%	95%	95%		63%

如果企业价值链条中有两个部门或者环节，效率只能达到95%，那么，这个企业、这个组织的统合综效只有90%。

即：100% × 100% × 100% × 100% × 100% × 95% × 95% × 100% × 100% = 90%

如果每个部门或者环节的效率，只能发挥到95%，企业的统合综效只有63%。

即：95% × 95% × 95% × 95% × 95% × 95% × 95% × 95% × 95% = 63%

这个结果，如此惊人，以至于大家可能觉到怀疑。

1985年，麻省理工学院一个偶然的活动，启动了国际汽车计划项目，由此，几十位学者历时5年，对世界15个国家的90家汽车整车厂进行了实际考察与研究，于1990出版了《改变世界的机器：精益生产之道》这一经典之作。

学者们也没有忘记中国。他们走访了当时中国的主要汽车生产工业基地——长春一汽和湖北二汽，得出了如下结论："中国的汽车工业从就业人数（超过160万人）来看是世界上最大，然而从产量（1990年计划产量为60万辆）来看却是世界上最小。与此形成对比的是日本在1989年拥有50万汽车工业从业人员，年产量却高达1 300万辆。由此看出，这两个被日本海隔开500英里①的国家，生产效率之比竟高达70∶1。"

---

① 1英里＝1.609 344千米。

结　语

　　这一数字，令人们瞠目结舌，但又仿佛就在眼前，不得不信服。随着中国改革开放，中国的汽车工业也有了长足的发展。现在，国产汽车，如吉利、BYD、长城在汽车市场竞争中，也占有一席之地，值得我们骄傲与自豪。

　　如果企业中，每一个部门，每一环节，效率由95%提升到96%，这是轻而易举的事情，只要我们稍加努力，沟通协调到位就很容易做到。那么，企业的统合综效又是多少呢？请看如下计算：

　　$96\% \times 96\% \times 96\% \times 96\% \times 96\% \times 96\% \times 96\% \times 96\% \times 96\% = 69\%$

　　从63%，到69%，统合综效提升了6%，这一数字，也是惊人的。我们似乎也很难想象，但事实就是这样，数字不会欺骗人。这正是："个人的一小步，团队的一大步；团队的一小步，企业的一大步。"

　　每天进步一点点并不难。干什么，学什么，各职能部门有关人员积极学习有关专业管理知识，并在实际管理工作中加以运用，部门效率如果从96%再次提升到97%，那么，企业的整体管理水平即会不断提高，提高的速度，也是惊人的：

　　$97\% \times 97\% \times 97\% \times 97\% \times 97\% \times 97\% \times 97\% \times 97\% \times 97\% = 76\%$

　　部门效率从95%到97%，这点距离如此简单，甚至不需要企业附加投资，只要每个人、每个部门注意改善或者避免工作中的一些小失误、小问题，唾手可得，但给企业统合综效的贡献是如此惊人：13%（76% − 63%），这一数字似乎是具有魔力。正所谓：人心齐，泰山移。

　　提高企业统合综效的途径很多，归纳起来，主要有两种办法：一是增加资源的投入，如更新设备、引进技术、吸引人才等；二是通过教育训练，从改进方法入手，提高劳动者的积极性、技术水平和操作熟练程度，充分挖掘企业的内部潜力，努力降低成本，促使企业走内涵发展的道路。影响企业统合综效提高的因素很多，也很复杂：既有人的因素，也有物的因素；既有宏观因素，也有微观因素；既有客观因素，也有主观因素；既有历史因素，也有现实因素；既有技术因素，也有管理和政策因素；还有教育、训练、文化等因素。在这些因素中，有的是生产系统本身的构成因素，有的则是生产系统外部的环境因素。在提高企业统合综效的过程中，它们相互影响发挥作用。

　　对于企业这部既复杂又精密的机器，影响企业统合综效各种因素，如表2所示。

表2　影响企业统合综效提高的因素表

主要的影响因素	人力资源、管理与政策、技术与设备、现场5S
直接的影响因素	生产组织合理性、管理与激励、员工素质、产品设计
至关重要的因素	人力资源与开发、技术创新与进步、管理变革

在影响企业统合综效的因素分析中，人力资源状况是影响统合综效的首要因素。因此，越来越多的企业在采用第一种方法提高统合综效的基础上，需更加重视第二种方法，重视人力资源的开放与利用。员工教育、培训是企业可持续发展重要途径。

可能有人会说：提高效率，会影响产品质量。其实，产品质量不好，报废多，返修率高，也意味着效率低。某企业齿箱车间质量合格率由 2017 年 1 月的 80.99%，提升为 11 月的 99.47%，不仅是节约了原材料，杜绝了浪费，降低了成本，还意味着这个车间生产效率无形中提升了 18.48%。

一言以蔽之，精益生产的根本目的就是提高效率，提高产品质量，实现低成本生产。

附件1

邢台××××传动件制造有限公司
企业管理咨询项目成果总结报告

2018年8月11日

2016年11月,企业管理咨询专家李春生老师与邢台××××传动件制造有限公司经过友好协商,就该企业"内部管理规范化升级"事宜达成共识,并正式启动咨询管理工作。该咨询工作经过双方密切配合,尤其是××××公司董事长×××、总经理×××全力支持与强力推行,公司中高层管理干部共同努力,管理咨询工作达到预期目标,于2018年8月圆满结束。

在历时2年的咨询合作过程中,严格遵循"量体裁衣、标本兼治、循序渐进、授人以渔"的工作原则,结合企业实际发展状况,帮助企业构建了"以总经理办公会为纲领,以月度经营工作会议、日生产调度会议"为主要形式的企业运营管控机制;帮助企业导入了"全员生产设备维修体制(TPM)""全面质量管理(TQM)""生产现场6S管理"及其"督查督办"管理模式、"生产月度计划、周滚动生产计划"管理模式等基础管理工作,全面推行"精益生产方式"取得初步成效;引导企业开展员工教育培训工作,并组建"×××职工培训中心";帮助企业开展"绩效考核体系"等主要咨询工作,取得良好效果。

咨询带来的主要经营管理指标成果：

（1）生产效能提升为原来的 2.65 倍；

（2）设备故障率由原 4.5% 降低为 1%；

（3）半成品入库质量合格率由 91.77% 提升为 99.18%；成品市场销售退货率由 5% 降低到现在的 1% 以下。

董事长评价：

董事长：
盖　章：

附件 2

浙江速博机械科技有限公司
企业管理咨询项目第一阶段成果总结报告

2019 年 5 月 8 日

2018 年 12 月 22 日，企业管理咨询专家李春生与浙江速博机械科技有限公司经过友好协商，就该企业"内部管理规范化升级"事宜达成共识，第一阶段初步规划 4 个月，产能目标提升 20% 以上，并正式启动咨询管理工作。该咨询工作经过双方密切配合，尤其是速博机械科技有限公司董事长高董、总经理陶总、生产总监莫总全力支持与强力推行，公司中高层管理干部共同努力，管理咨询工作第一阶段达到预期目标。

在历时 4 个月的咨询合作过程中，严格遵循"量体裁衣、标本兼治、循序渐进、授人以渔"的工作原则，结合企业实际发展状况，帮助企业构建了"以月度订单计划为总纲领，辅助周订单滚动计划、车间日生产实施计划、日生产调度会议"为主要形式的企业生产运营管控机制；帮助企业逐步导入"全面质量管理（TQM）""生产现场管理"及其"督查督办"管理模式。在此基础上，积极引导推行"精益生产方式"取得初步成效；帮助企业开展"绩效考核体系"等主要咨询工作，取得较好效果。

咨询带来的主要经营管理指标成果：

时间	1月	2月	3月	4月
平均日装配产量/台	103	122.5	133.9	156.38台
提升比例/%	0	18.93	30	51.83

评价：

公司领导：
盖 章：

附件 3

企业管理咨询项目成果认定书

(2016 年 12 月至 2017 年 2 月)

企业管理咨询专家：李春生
项目认定单位：夏津县宝鼎铸造有限公司
项目认定时间：2017 年 2 月 18 日

一、项目背景

企业管理咨询专家李春生老师于 2016 年 11 月份与夏津县宝鼎铸造有限公司达成《企业管理咨询战略合作协议》，并于 2016 年 12 月进驻企业，正式开展了企业管理咨询工作。该咨询项目经过宝鼎铸造企业中高层管理人员全力配合，进展顺利，于 2017 年 2 月份第三期咨询项目结束，完成了企业管理咨询合作协议任务，取得了阶段性令人满意的效果。

二、咨询回顾与评价

在三期咨询合作过程中，咨询指导专家遵循"量体裁衣、标本兼治、循序渐进、授人以渔"的工作原则，针对企业实际情况与需求，咨询专家在明确企业发展方向与经营目标的同时，重点改善与构建公司组织管理、生产计划管理、设备管理、安全管理、班组绩效考核等基础管理模式，并推动各项管理模式有效实施，教会企业操控和持续自我完善，达到了预期咨询效果，具体体现如下：

(1) 组织效能提升：咨询专家根据企业实际状况、发展规模，结合企业人力资源情况，科学合理的设计了"宝鼎铸造企业组织架构"，制定出"企业组织运行方案"，编制出"部门职能"和主要"岗位职责"。通过《岗位职责》的制定与实施，明确了管理人员的岗位职责，进一步提升了组织效能和管理团队的组织领导能力。

(2) 实现生产计划管理模式正常运行：咨询专家本着严谨负责和高度敬业的态度，针对企业需求，重点指导了生产计划管理模式建设，润物无声，通过科学编制生产计划、有效组织生产调度会等方式，极大地提升生产效能的同时，各项基础管理工作相互协调、相互促进，运转有序，不断提升。

(3) 初步构建企业"现场管理、设备安全管理模式：车间现场合理划分，分工负责，采用定期检查与不定期检查相结合的办法，达到管理规范，道路畅通,进一步提升生产效能和现场管理水平;设备管理由过去"救火队"改变为"保健站",初步建立"定期与不定期巡回检查、预防维修为重点"设备管理体制;安全管理从无到有,科学规范,为公司安全文明生产提升了保驾护航的能力,不断提升企业管理水平和企业形象。

(4)绩效考核正在形成一股新的动能:通过制定"生产线车间""炼铁车间"生产一线绩效考核管理办法,提出绩效考核是"以激励为主"新理念,员工薪酬与产量、质量挂钩,辅以"超产奖、成品率奖、全勤奖、安全奖"等激励手段,极大地提升了员工的积极性,提升了车间、班组团队士气,调动了员工的能动性,推动了企业产能极大地发挥,实现了企业与员工的双赢的文化,后续还将会不断提升,进一步创造企业活力和凝聚力。

(5)自我改进机制:由于企业中高层人员管理能力的提升和管理意识是提高,将会实现企业经营能力和管理水平的持续改善,推动企业健康发展。

三、咨询带来的具体经营和管理指标成果

(1)企业综合产能:由咨询前11月的499吨,提升到现在750吨,提升了50.3%。

(2)生产线产能:由咨询前11月的260吨,提升到现在500吨,提升了96%。

(3)生产线成材率:由咨询前的83%提高到90%以上。

四、综合评价与说明

经过3个月的咨询合作,宝鼎铸造有限公司管理现状与运营效能发生了较大转变,综合表现在:

(1)公司管理团队的系统思维能力、领导能力和执行能力得到显著的提高,管理咨询专家李春生老师带来的追求务实管理理念和强调落地效果与方法得到了管理团队的广泛认可。

(2)计划明确,方向一致,管理团队工作主动性与部门之间的协同协调性显著提高,形成良好的沟通反馈机制;

(3)基础管理方法与应用工具明确,操作上有标准,评价有依据;

(4)降低和控制了管理成本及制造成本,使企业利润得到了最大释放,经济效益显著提高。

总经理(签字):

盖　章:

参 考 文 献

[1] 沃麦克，琼斯，鲁斯. 改变世界的机器：精益生产之道［M］. 余锋，张冬，陶建刚，译. 北京：机械工业出版社，2017.

[2] 大野耐一. 丰田生产方式［M］. 谢克俭，李颖秋，译. 北京：中国铁道出版社，2016.

[3] 彼得·德鲁克. 管理的实践［M］. 齐若兰，译. 北京：机械工业出版社，2015.

[4] 任南. 做最优秀的设备管理者［M］. 北京：北京工业大学出版社，2013.

[5] 约瑟夫·A·笛福，约瑟夫·M·朱兰. 朱兰的卓越领导者 质量管理精要［M］. 赵晓雯，译. 北京：机械工业出版社，2018.

[6] 约瑟夫·A·德费欧，弗兰克·M·格里纳. 朱兰质量管理与分析［M］. 苏秦，张鹏伟，译. 北京：机械工业出版社，2017.

[7] 杨华. 精益仓储管理实战手册［M］. 北京：化学工业出版社，2018.

[8] 大野耐一. 大野耐一的现场管理［M］. 崔柳，等，译. 北京：机械工业出版社，2016.

[9] 易树平，郭伏. 基础工业工程［M］. 北京：机械工业出版社，2013.

[10] 彼得·德鲁克. 新社会［M］. 石晓军，覃筱，等，译. 北京：机械工业出版社，2006.

[11] 李凯城. 向毛泽东学管理［M］. 北京：当代中国出版社，2010.

[12] 王兴阁，陈长元，等. 松下用人之道［M］. 北京：中国书籍出版社，1998.

[13] 陈涛. 诸葛亮的智慧［M］. 西安：三秦出版社，2014.